Walter Jens: Literat und Protestant

Karl-Josef Kuschel

Walter Jens
Literat und Protestant

2., aktualisierte Auflage 2013 aus Anlass des 90. Geburtstages von Walter Jens

Mit einem Text von Walter Jens:
Über die Freude. Schiller und Beethoven

Prof. Dr. Karl-Josef Kuschel ist Professor an der Kath.-Theologischen Fakultät der Eberhard-Karls-Universität Tübingen und lehrt dort Theologie der Kultur und des interreligiösen Dialogs.

Umschlagabbildung: © ullstein bild – JOKER / David Ausserhofer

Bibliografische Information der Deutschen Nationalbibliothek

Die Deutsche Nationalbibliothek verzeichnet diese Publikation in der Deutschen Nationalbibliografie; detaillierte bibliografische Daten sind im Internet über <http://dnb.d-nb.de> abrufbar.

2., aktualisierte Auflage 2013
1. Auflage 2008

Dischingerweg 5 · D-72070 Tübingen

Gedruckt auf chlorfrei gebleichtem und säurefreiem Werkdruckpapier.

Internet: http://www.attempto-verlag.de
E-Mail: info@attempto-verlag.de

Printed in Germany

ISBN 978-3-89308-433-3

INHALTSVERZEICHNIS

Beides zugleich? Literat und Protestant?

Am 8. März 2013 wird Walter Jens 90 Jahre alt. Seit Ende 2004 ist sein Leben von einer schweren Krankheit überschattet: Walter Jens ist dement. Er kann weder lesen noch schreiben, ja nicht einmal mehr sprechen. Ein betroffen machendes „Schicksal“: Der große Rhetor der Republik vermag in diesem Stadium seines Lebens die Probleme des Alltags weder zu erkennen noch in Sprache zu fassen, geschweige denn eine öffentliche Diskussion anzustoßen. Er lebt in einem Raum jenseits der uns zugänglichen Wirklichkeit. Unter diesen Umständen ist es mir als Autor und dem Verlag ein besonderes Anliegen, das Werk von Walter Jens im Bewusstsein der Öffentlichkeit zu halten, haben doch die Auseinandersetzung des Literaten und Protestanten mit Grundfragen der menschlichen Existenz nichts von ihrer Aktualität eingebüßt. Mehr noch: Niemand unter den Schriftstellern der deutschen Literatur nach 1945 hat sich derart wie Jens mit den Überlieferungen des Christlichen auseinandergesetzt. Niemand hat dieses Niveau der poetischen, poetologischen und theologischen Reflexionen auf dem Grenzgebiet zwischen Theologie und Literatur(wissenschaft) zu bieten. Niemand hat dieses Werkprofil: Sechs Bücher des Neuen Testamentes übersetzt; Annäherungen an die Gestalt Jesu Christi gesucht; zahlreiche Spiegelfiguren benutzt, Petrus, Pilatus, Judas, Maria Magdalena, um dem Geheimnis des Nazareners auf die Spur zu kommen; Bibelexegesen betrieben, Predigten und Meditationen gehalten. Und immer wieder neu wurde das Spannungsfeld Deutschtum – Christentum – Judentum vermessen, wurden Fragen einer Ethik des Friedens im Zeitalter der Massenvernichtungswaffen im Medium literarischer Entwürfe reflektiert. Jens hat einen „literarischen Blick“ und ein Sprachniveau in die Bibelauslegung eingeführt, das es vorher so nicht gab. Er hat eine Bandbreite literarischer Formen in die Behandlung theologischer Themen eingeführt, die vorher undenkbar waren. Wer als Theologe von den Erfahrungen der Schriftsteller zu lernen bereit ist und umgekehrt: wer als Literat die Deutungskraft biblischer und theologischer Figuren und Themen entdecken will, für den ist die präzise Kenntnis des Werkes von Walter Jens unverzichtbar. Unter seinem Stil- und Sprachniveau sollte keine Theologie getrieben werden, die den Anspruch erhebt, Menschen unserer Zeit ergreifen zu wollen.

Jens verkörpert so auf ganz eigene Weise ein Zugleich von literaturhistorischer Gelehrsamkeit, philologischer Kompetenz, literarischer Imagination und rhetorischer Kraft, dessen Wirkung nicht nur im Raum der Gesellschaft, sondern auch im Raum der Kirche zu spüren ist. Er verkörpert in Deutschland das, was man im Amerikanischen einen „public intellectual" nennt[1], jemanden also im Raum der Kultur, der nicht nur den Geheimcode seiner Zunft spricht, sondern aufgrund seiner Sach- und Sprachkompetenz in der allgemeinen Öffentlichkeit wahrgenommen und verstanden wird und aufgrund seines Selbstverständnisses Wissenschaftsfragen als Lebensfragen transparent zu machen versteht.

Diesem „Zugleich" gilt die hier vorgelegte Studie, die meine Arbeiten auf dem Grenzgebiet von Theologie und Literatur(wissenschaft) vorantreibt[2]. Sie will am exemplarischen „Fall" der Frage nachgehen, wie sich Themen des Christseins im Medium der Literatur heute darstellen lassen, ohne an literarisch-ästhetischer und religiös-theologischer Tiefe und Überzeugungskraft zu verlieren. Wie hat das „Christsein" dieses Autors dessen politische Überzeugungen verschärft, die literarische Imagination inspiriert und die öffentlichen Wirkungsmöglichkeiten verbreitert? Wie ist seine Art von „Christsein" geworden, was sie ist? Wie hat es sich behauptet in den politisch-gesellschaftlichen Konflikten der vergangenen Jahrzehnte, in denen Jens als Präsident des PEN-Zentrums der Bundesrepublik Deutschland (1976-1982) und als Präsident der Akademie der Künste zu Berlin (1989-1997) auch kulturpolitische Verantwortung trug?

Die Aufhellung des genannten „Zugleich" kann freilich nur dadurch geschehen, daß wir einen Blick in die Werkstatt dieses Autors tun, in sein Labor der Stoff- und Figurenverarbeitung. Das „Handwerk des Dichters" gilt es zu analysieren, im Sinne jenes Jorge Luis Borges, der von sich bekannte, eine Bibliothek sei „so etwas wie eine Zauberhöhle voll von Toten. Und diese Toten können neu geboren, wieder zum Leben gebracht werden, wenn man ihre Seiten öffnet ... Was ist denn schon ein Buch an sich? Ein Buch ist ein physisches Objekt in einer Welt physischer Objekte. Es ist eine Serie toter Symbole. Und dann kommt der richtige Leser vorbei, und die Wörter – oder besser die Dichtung hinter den Wörtern, denn die Wörter selbst sind bloße Symbole – werden lebendig, und wir haben eine Auferstehung des Wortes."[3]

Auch das Werk von Jens braucht diesen „richtigen Leser". Denn es ist mittlerweile komplex genug. Seine Geschichte beginnt mit einer ersten kleinen Prosa-Arbeit „Das weiße Taschentuch" 1947. Seither ist in über fünf Jahrzehnten eine selbst für Kenner unübersichtlich gewordene Fülle literarischer Formen ausprobiert worden: fiktionale Prosa steht neben Essays und Predigten, Vorlesungen neben Portraits, Reden neben Übersetzungen, Denkspiele neben Hörspielen und Theaterstücken, öffentliche Manifestationen neben zahlreichen Herausgeberschaften. Was sind dominante Themen dieses Werkes? Wie hat sich das geistige Profil dieses Autors herausgebildet, wie hat es sich verschärft? Die Orientierung an der Figur des Nazareners war ja nicht von vornherein da. Die politischen und religiösen Überzeugungen haben sich in den sechziger Jahren deutlich verändert. Das christliche Profil wurde schärfer, das politische Engagement radikaler. Bestehen Wechselwirkungen zwischen Christ-Sein und Politisch-Sein? Wenn ja, welche? Was sind die Schlüsseltexte für das Verständnis von Christ-Sein? Kurz: Welchen Prozeß hat Jens durchlaufen, bis er 1988 seine Position in dieser bestechenden Klarheit formulieren konnte:

> „Warum bin ich Christ? Weil ich mir keine verbindlichere, humanere und den Einzelnen verpflichtendere Lebensanweisung als die Botschaft Jesu Christi vorstellen kann. Das Gebot der Feindesliebe transzendiert jede andere religiöse oder philosophische Lebens- und Handlungsanweisung. Das zum ersten. Zum zweiten: Ich finde nirgendwo außer im Neuen Testament die verpflichtende Anweisung: Suche alles, was dir begegnet, aus der Perspektive der Opfer, der Mühseligen und Beladenen, der kleinen Leute anzuschauen; denke immer daran, daß die Ersten die Letzten und die Letzten die Ersten sein werden. Das ist für mich seit sehr langer Zeit Aufgabe und Verpflichtung."[4]

Um das geistige Profil dieses Autors zumindest in Umrissen zu bestimmen, setze ich auf den Begriff „Protestant" – und zwar bewußt auf den Doppelsinn dieses Begriffs. Gemeint ist sowohl die religiöse Heimat als auch das politische und literarische Selbstverständnis. „Protestant" meint im Falle von Jens beides zugleich: christliche Identität und ästhetisch-politisches Programm, Herkunft und Auftrag, geistige Heimat und politische Verpflichtung. Jens steht in der Traditionslinie eines zum jeweiligen Zeit- und Kirchengeist widerständigen Protestantismus, der sich dem Erbe Luthers und Lessings verpflichtet weiß. Protestant ist er im Sinne jenes *Heinrich Heine*, der in seinen „Geständnissen" von 1854 der Öffentlichkeit damals unumwunden mitteilte: „Und so blieb ich ein Protestant, nach wie vor, ein protestierender Protestant, und ich protestiere ..."[5]

Wie Heine sieht sich auch Jens – im Blick auf *Martin Luther* – als „Zwerg, der auf den Schultern des Riesen steht". Wie Heine verehrt auch er Luther als Sprachkünstler in seiner Bibelübersetzung, aber weit darüber hinaus auch als „Prediger, Poeten und Publizisten", eine Jens'sche Trias, die ein Ideal von kommunikativer Wirkung in der Öffentlichkeit beschreibt. Gerade der Essay über Luther (einer der mitreißendsten, den er je schrieb) liest sich wie ein idealisiertes Selbstportrait: „Was immer er schrieb, Martin Luther: Vorlesungen, Streitschriften, Übersetzungen, Predigten, Postillen, Dispute, Sermone, Handreichungen, Traktate – jeder Satz war adressatenbezogen, nahm den Leser in Pflicht, provozierte Widerspruch oder Akklamation." Luther, der Schriftsteller? „Das ist zugleich der unermüdliche Ich-Erzähler, der, wenn er David, Jesaja, den Psalmisten, Paulus (und, natürlich, den Teufel) auftreten läßt, von sich selbst, den eigenen Anfechtungen, dem eigenen Pfahl im Fleisch spricht, und es ist auch der wortgewaltige Verfasser einer comédie humaine des 16. Jahrhunderts."[6]

Mehr noch: Wie Heine verehrt auch Jens den Kritiker und streitbaren theologischen Publizisten und Theatermann *Gotthold Ephraim Lessing*. Über wenige hat er so viel geschrieben wie über den Wolfenbüttler Bibliothekar, der sich einen „Liebhaber der Theologie" zu nennen pflegte.[7] Kein Zufall, daß Jens in einem seiner kühnsten Geisterdialoge Heine und Lessing einmal zu einem Gespräch versammelte – an Lessings legendärer Wirkungsstätte, der Herzog-August-Bibliothek zu Wolfenbüttel: „Der Teufel lebt nicht mehr, mein Herr, ..." – „Nothelfer" sind ihm Lessing und Heine stets gewesen, Nothelfer bei der Selbstverpflichtung auf ein Schreibprogramm, das darauf abzielt, die „radikal-demokratische, bürgerlich-fortschrittliche, libertäre und humanistische Tradition ins Blickfeld (zu) rücken: das ungeliebte und verleugnete Erbe der Aufklärer, Jakobiner und Achtundvierziger, dessen Wiedergewinnung und Aneignung ... unabdingbar ist".[8]

Im Spiegel dieses Werkes schreiben wir auch ein Stück politischer und literarischer Zeitgeschichte, notwendig skizzenhaft, wie es der gesetzte Rahmen dieses Buches erlaubt. Denn das Werk von Jens ist nicht zu verstehen ohne seine Verbindungen zu oppositionellen kirchlichen Gruppen in der DDR. Nicht zu verstehen ohne die Studentenbewegung und den Wahlsieg Willy Brandts 1968/69. Nicht zu verstehen ohne die damals von vielen Intellektuellen in Deutschland geteilte Hoffnung auf einen wahrhaft demokratischen Sozialismus, bei dem sich jesuanische und marxistische Ideale gegenseitig ergänzen. Nicht zu verstehen ohne den Einfluß von Ernst Bloch, Karl Barth und Helmut Gollwitzer. Wichtig aber auch die Verbindungen zu evangelischen Theologen wie Kurt Scharf und Heinrich Albertz und zu katholischen Theologen wie Hans Küng, dem Tübinger Nachbarn und Freund, dem Gefährten bei vielen öffentlichen Auftritten an der Universität Tübingen. Die Jens-Texte sind also immer auch Reaktionen auf jeweilige politische Herausforderungen der Zeit: Kampf gegen den Linksterrorismus einerseits und die Sicherheitsideologie bestimmter Staatsvertreter andererseits. Wahrnehmungsverschärfung im Blick auf den Komplex Juden – Christen – Deutsche; die Rolle von Auschwitz, insbesondere im Kontext des „Historikerstreits" der achtziger Jahre. Und dann vor allem der NATO-Doppelbeschluß von 1979 und das Engagement in der Friedens- und Widerstandsbewegung; die Demonstrationen vor Atom-Raketen-Depots auf der Schwäbischen Alb, Aktionen während des Golf-Kriegs. Schließlich die Wiedervereinigung Deutschlands mit all den gesellschaftlichen und kulturpolitischen Folgen.

Dabei bleibt stets zu beachten: Dieses Buch ist weder eine Biographie noch eine Darlegung der gesamten Werk- und Wirkungsgeschichte. Es kann weder lebensgeschichtlich all den Wurzeln und Wirkungen der Person noch literaturkritisch all den Stärken und Schwächen der einzelnen Bücher und Schriften nachgehen. Dies gilt auch für die zahlreichen politischen Stellungnahmen des Autors zu tages- und parteipolitischen Fragen. Jens hat hier, teils gewollt, teils ungewollt, immer auch polarisiert und Gegenkritik auf sich gezogen. Dabei haben seine Kritiker oft zu wenig bemerkt oder bemerken wollen, von welch moralisch-religiösen Grundlagen her das politische Engagement erfolgte und wie differenziert sich die politische Sachproblematik im literarischen Werk präsentiert. Zu viel Gegenkritik also ohne Kenntnis der Wurzeln des Ethos und der Komplexität des Werkes. Das vorgelegte Buch will diese Kenntnis fördern, und zwar durch analytische Freilegung des Ethos sowie der hermeneutischen Prinzipien dieses Autors. Es will – was erstmals in dieser Form geschieht – das theologisch-literarische Œuvre im Zusammenhang darstellen und so gerade auch neuen Generationen von Leserinnen und Lesern transparent machen. Es geht um exemplarische Fragen von Christsein und Gesellschaft, Religiosität und Intellektualität unter den Bedingungen der Nachkriegsgeschichte in Deutschland.

Tübingen, im Januar 2013 *Karl-Josef Kuschel*

I. Von Athen und Alexandrien nach Jerusalem: Themenwechsel und seine Hintergründe

„Griechische Götter sind gewaltige Menschen,
unendlich viel mehr als wir und gerade deshalb nicht sehr viel mehr.
Jesus Christus ist uns wesentlich näher als Zeus
oder andere Götter, und zu gleicher Zeit der ganz andere.
Und in dieser Identität von ungeheurer Nähe und Weltenferne –
und dem jederzeit möglichen Umschlag von einem ins andere –
wird für mich die Eigenart des Christlichen deutlich."[9]

Ein erster Einblick in die Werkgeschichte offenbart Rätselhaftes, das Erklärung verlangt. Eine erste Durchsicht der gut 50 Jahre währenden Publikationsgeschichte zeigt eine überraschende, widersprüchlich scheinende Vielfalt, die Verstehen fordert. Wie ist es möglich, daß so heterogene Titel von ein und demselben Mann verfaßt werden konnten? *Hier* in den 50er und beginnenden 60er Jahren Romane in raschester Folge: „Nein. Die Welt der Angeklagten" (1950), „Der Blinde" (1951), „Vergessene Gesichter" (1952), „Der Mann, der nicht alt werden wollte" (1955) und *dann* – gut zwei Jahrzehnte später – offenbar nur noch Bände mit Essays: „Republikanische Reden" (1976), „Ort der Handlung ist Deutschland" (1981), „Kanzel und Katheder" (1984), „Einspruch. Reden gegen Vorurteile" (1992).

Hier die literarische Vergegenwärtigung und gegenwartserhellende Erschließung der griechischen Antike: „Das Testament des Odysseus" (1957), „Die Götter sind sterblich" (1959) – und *dann* Titel, die den Eindruck erwecken, hier habe jemand sein früheres Œuvre abgetan und seine frühere Identität abgestreift wie eine alte Haut: „Am Anfang der Stall – am Ende der Galgen: Jesus von Nazareth", eine Übersetzung des Matthäus-Evangeliums (1972), genauso unerwartet wie die Herausgeberschaft von Büchern wie „Der barmherzige Samariter" (1973), „Warum ich Christ bin" (1979), „Frieden. Die Weihnachtsgeschichte in unserer Zeit" (1981) oder ganzer Buchreihen wie „Assoziationen. Gedanken zu biblischen Texten" (1978-1983).

Hier – zum Abschluß der ersten großen, ungemein produktiven literarischen Phase – der „Dialog über einen Roman" unter dem Titel „Herr Meister" (1963) und *dann*, zwölf Jahre später, noch einmal ein Roman, jetzt aber ein fiktiver Entwurf im Zeichen der Passionsgeschichte Jesu: „Der Fall Judas" (1975). Und dann immer wieder neue

Annäherungen und Vergegenwärtigungen des Nazareners, vor allem aus der Perspektive von Spiegelfiguren: Pilatus, Petrus, Maria Magdalena ... Wie geht das alles zusammen? Wie erklären sich Themen- und Formenwechsel? Wir machen uns an drei Fällen klar, was in diesem Werk passiert ist.

1. Der Mythos – vom Bildungskanon zum Arbeitsmodell

Fall I: Altphilologe ist er „von Hause aus". Rom und Athen sind seine Welt. In Freiburg/Breisgau promoviert er 1944 mit einer Arbeit über den Dialog in Sophokles' Tragödien[10]. In Tübingen erfolgt fünf Jahre später die Habilitation zum Thema „Tacitus und die Freiheit". Die klassische Philologie also ist sein Rüstzeug; das macht ihn von vornherein zeit-unabhängiger, weniger gegenwartsfixiert als andere. Vieles ist schon da gewesen, von den Alten ausprobiert: Mit dieser Gelassenheit wird er künftig als Literaturkritiker auftreten und urteilen. Homer, Sophokles, Aischylos und Euripides gehören genauso zu seinem Bildungskanon wie Vergil und Ovid. Das hat mit Gegenwartsflucht nichts, mit kultureller Kompetenz viel zu tun. Gerade die größten unter den Schriftstellern des 20. Jahrhunderts haben immer wieder mythische Muster oder große Figuren der Antike in ihr Schreiben einbezogen: Joyce und Odysseus, Broch und Vergil, Thomas Mann und Hermes, Camus und Sisyphos. In pointierten kleinen Studien weist Jens schon früh darauf hin: „Hofmannsthal und die Griechen" (1955), „Verkleidete Götter. Antikes und modernes Drama", „Der Gott der Diebe und sein Dichter. Thomas Mann und die Welt der Antike", nachzulesen in der ersten Auflage von „Statt einer Literaturgeschichte" (1957).

Wie sterblich sind die Götter?

Ja, wie sehr die Welt der Götter und ihrer Mythen normative Bezugsfolie für sein Schreiben ist, zeigen vor allem die Aufzeichnungen von einer Griechenlandreise, die 1959 unter dem Titel „Die Götter sind sterblich" erscheinen. Die Herausforderung an den Schriftsteller besteht hier vor allem darin, die Durchlässigkeit von Raum und Zeit zu zeigen. Man reist hier und jetzt durch konkrete Landschaften mit

Inseln, Bergen und Städten. Dem Kenner aber eröffnen sich noch ganz andere Räume. Die Landschaft von heute ist mit einem imaginären Spinnennetz von mythischen Verweisen überzogen. Der Landkarte heutiger Geographie unterliegt eine „geisterhafte Karte mythischer Geographie“[11]. So kann sich die Beschreibung der Inseln, Städte und Landschaften stets verweben mit der Erinnerung an die Mythen, die am jeweiligen Ort zu Hause sind: „In Delos wurde Apollon geboren. Von hier aus ging das Licht über die Welt. Delos war Bethlehem ... ein winziges Eiland, von Poseidon mit riesigen Balken am Grunde des Meeres verankert. Heiliger Boden: Wallfahrtsort und Sühneplatz, Einsiedeln und Lourdes, Jerusalem und Rom zugleich!“[12]

Wiederholungen also überall. Sie zu finden, stimuliert das literarische Wahrnehmungsprogramm. Deshalb immer wieder der Verweis auf Zusammenhänge: Was einstmals im Mythos ausgesprochen wurde, läuft auf neue Weise auch heute ab. Mehr noch: die Konfrontation mit den großen Dichtern, Homer allen voran, ergibt Maßstäbe sogar für heutiges Schreiben: „Homer war ein Handwerker: wie der Zimmermann und der Arzt; Mitglied der Zunft, ein Vertreter der Gilde. Er ging in die Schule und lernte, wie man das Fabel-Fleisch um das Gerüst der Formelverse legt – Phantasie und Erfindung, gebunden an den beinernen Stab der Repetition! So weit er sich auch, auf Erinnerungskraft und Gedächtnis gestützt, vom Ufer entfernte: das Gesetz der Wiederholung, Technik und Vorschrift, sorgten dafür, daß er in Sichtweite blieb“.[13] Diese Maßstäbe sind auch auf heutige literarische Arbeit übertragbar: „Die Form der Zukunft wird die Kurzform sein, Parabel und Gleichnis, Formel und Deutung; nicht Beschreibung einer Entwicklung, sondern Analyse der Situation. Wir müssen bescheidener werden.“[14]

Die Probe aufs Exempel liefert Jens mit seinem Reise-Buch. Beispiel Mykene/Kreta. Die Präsenz in den Ruinen des Königspalastes ruft Erinnerungen an eine berühmte Szene mit König Agamemnon und dessen Gattin Klytaimnestra wach: Aischylos’ „Orestie“, vor zweieinhalbtausend Jahren in Szene gesetzt, 458 v. Chr. Zehn Jahre hatte Klytaimnestra auf die Rückkehr ihres Gatten vom Trojanischen Krieg gewartet. In der Zwischenzeit ist es Aigistos gelungen, sie zu gewinnen. Dann kehrt Agamemnon zurück. Aber durch die effektvolle Darstellung ihres kummervollen Wartens, ihres qualvollen Alleinseins und ihrer Sehnsüchte nach dem geliebten Mann bietet Klytaimnestra zunächst eine perfekte Rolle. Alles ist glänzend gespielt, um anschließend nur umso ruchloser Agamemnon im Bad ermorden zu können. Eine schauerliche Szene in der Tat, die der Reisende sich an Ort und Stelle in Erinnerung ruft, nur um sie – die Montagetechnik erlaubt das – blitzartig mit Szenen aus der unmittelbaren Gegenwart in Verbindung zu bringen. *Mykene, 14. März.* Aus der Erinnerung steigt zunächst das auf, was Aischylos seiner Klytaimnestra in den Mund gelegt hatte, als sie Agamemnon das erste Mal wiedersieht:

> „Mir sind die Tränen ausgetrocknet, Agamemnon,
> leer der Quell, kein Tropfen Wassers auf dem Grund.
> Die Augen schmerzen mich, sie haben allzu lange
> wachen müssen, in den Nächten,
> wenn ich auf das Feuerzeichen wartete,
> das Zeichen, das nicht kommen wollte."[15]

Festgehalten also wird mit allem Pathos des antiken Originals das verzweifelte Warten der Frau auf die Rückkehr ihres Mannes. Aber was Aischylos schon damals beschrieb, wiederholt sich millionenfach neu, überall dort, wo Frauen in der gleichen Weise auf die Rückkehr ihrer Männer warten. Die Szene von Mykene wiederholt sich im Deutschland von heute, im Lager Friedland, Sammelstelle für heimkehrende deutsche Kriegsgefangene:

> „Mykene, 14. März. Friedland, 15. März. Ein neuer Transport.
> ‚Sibirien', sagte die Frau mit dem Kopftuch, ‚Kammergrab 505'."[16]

Das Reise-Buch ist das Dokument einer literarischen Imaginationskraft und einer hohen stilistischen Variabilität. Der Autor zeigt, wie sehr er selber beherrscht, was er bei anderen analysiert: das Handwerk von Metamorphosen, Variationen, Zitaten und Montagen.

Was hält diesen Reisebericht geistig zusammen? An welchen Koordinaten orientiert sich sein Autor im Jahre 1959? Der Titel des Buches gibt den Fingerzeig. Grundmuster des Schreibens ist ein Denken in Wieder-Holungen. Im Sinne Thomas Manns, der einst in seiner großen Festrede zum 80. Geburtstag von Sigmund Freud (1936) Programmatisches zur Bedeutung des Mythos für die Literatur des 20. Jahrhunderts geäußert hatte: „Das antike Ich und sein Bewußtsein von sich war ein anderes als das unsere, weniger ausschließlich, weniger scharf umgrenzt. Es stand gleichsam nach hinten offen und nahm vom Gewesenen vieles mit auf, was es gegenwärtig wiederholte und was mit ihm ‚wieder da' war". Jens versieht dies mit einem Kommentar, der sein eigenes Schreibprogramm scharf markiert:

„Wesen des Antiken ist also die Wiederholbarkeit des Vergangenen als eines ständig Präsenten, die Fähigkeit zur Reinkarnation des Mythos im hic et nunc des (festlichen) Augenblicks – das Zitat als Mittel der Iteration. Indem der Mensch, zumal beim Fest, der Ahnen gedenkt, identifiziert er sich mit ihnen, löst sich aus seiner Vereinzelung und wird seines nunmehr exemplarischen Schicksals inne. Der Augenblick verliert den Charakter des Einmalig-Momentanen und erscheint in der Dimension des ‚schon immer' und ‚jetzt wieder' vertraut und selbstverständlich. Diese, gerade von der klassischen Philologie in den letzten Jahrzehnten herausgestellte Vergegenwärtigung des Vergangenen, die über die Wiederholung zu lebendiger Neuschöpfung führt, zeigt sich, nach Thomas Mann, vor allem bei der Zelebrierung eines festlichen Ereignisses."[17]

Zum Beleg kann Jens auf Vertreter der klassischen Philologie verweisen, denen er sich besonders verpflichtet weiß: auf Bruno Snell (seinen Hamburger Lehrer), auf Wolfgang Schadewaldt (seinen Tübinger Kollegen) und auf Karl Kerényi, den Briefpartner u. a. von Thomas Mann in Sachen Mythos und Mythologie.

Die griechischen Götter also – doch unsterblich? Da ist der Jens'sche Buchtitel raffinierter. Er reagiert zunächst gegen einen bildungsgesättigten, selbstzufriedenen Unsterblichkeits-Jargon (nach der Devise: Die Klassiker sind ewig), wenn er programmatisch-provokativ formuliert: Götter sind *sterblich.* Das aber ist dialektisch zu verstehen. Gemeint ist: Gerade weil die griechischen Götter auch zu sterben vermögen, hat die Zeit keine Macht über sie. Das Vergessen rührt sie nicht an. Ihr Tod läßt sie alterslos sein. Deshalb gilt:

„Die griechischen Götter ... sind unsere treuesten Freunde, denn sie allein sind bereit, mit jedem Geschlecht, das vergeht, aufs Neue verworfen zu werden. Sie, die so vielfältig sind, schillernd in der Erscheinung, widerspruchsvoll wie die Wirklichkeit selbst, teilen unseren Tod. Sie verlassen uns nicht, und wenn sie wiederauferstehn, geschieht es in neuer, verwandelter, menschlicher Gestalt."[18]

„Unsere" treuesten Freunde? Von wem redet Jens hier? Wen meint er mit „uns" im Jahre 1959? Meint er die Bildungselite in der Bundesrepublik Deutschland, 14 Jahre nach Ende des Zweiten Weltkriegs? Meint er einen Kanon der Zukunft für alle Gebildeten, die die Geschichten der griechischen Götter noch beherrschen oder beherrschen sollten? Noch jedenfalls scheint das Vertrauen in den Bildungswert der klassischen Antike ungebrochen, noch scheint die Orientierungskraft des antiken Mythos intakt, wenn der Reisende sogar sagen kann:

> „Der griechische Mythos, dachte ich vor Jahren, in einem Gespräch mit Albert Camus ... das ist vielleicht die einzige, die letzte und unverlierbare Sprache, in der wir uns noch verständigen können. Auch in Chicago ist Apollon zu Hause, und über den Reisfeldern Chinas weht das grüne Mäntelchen des diebischen Gotts."[19]

Die letzte und unverlierbare Sprache? Das konnte – Albert Camus' Wiederbelebung des „Mythos von Sisyphos" (1942) hin oder her – nicht das letzte Wort in der Sache bleiben. Den griechischen Mythos so ungebrochen als *einzige*, *letzte* und *unverlierbare* Sprache zu präsentieren, konnte auf Dauer nicht gelingen. Die griechischen Götter – unsere *treuesten Freunde?* Die Situation in Deutschland – 15 Jahre nach Ende des Zweiten Weltkriegs – forderte mit der Zeit eine andere Antwort als die Wieder-Holung der Mythen, die Vergegenwärtigung klassischer Muster als Orientierungsnorm. Die Jens'sche Montagetechnik zeigte ja bereits, wir hart die Welt der Antike und die Welt von heute aufeinanderstoßen können – allen Wiederholungsspielen zum Trotz. Was aber bleibt?

Die Mythen: Modelle und Variationen

1971 nutzt Jens eine Rede zur 350-Jahr-Feier des Theodor-Heuss-Gymnasiums Heilbronn dazu, auf die veränderten geschichtlichen und gesellschaftlichen Rahmenbedingungen für eine Rezeption der antiken Welt zu reagieren. Vom griechischen Mythos als der „einzigen, letzten und unverlierbaren Sprache", von den griechischen Göttern als „unseren treuesten Freunden" ist nicht mehr die Rede. In einem geschichtlichen Rückblick macht Jens klar, wie die Antike in Deutschland in zwei großen Schüben politisch funktionalisiert wurde. In der Rezeption um 1800, vollzogen durch die Generation eines Schiller, Humboldt, Hölderlin und Hegel, war die Antike u. a. politisches Kampfinstrument zur Durchsetzung eines umfassenden Humanismus, der sich auch politisch im Ideal einer Republik mit Athen als Vorbild auswirken sollte. Mit dem Griechentum als rückwärts gewandter Utopie konnte man das „schlechte Bestehende an der Idealität des Vollkommenen" messen und die „Knechtschaft des Tags mit der vergangenen Freiheit konfrontieren", zumindest in der Idee.[20] Die gesellschaftliche Realität in Deutschland damals sah anders aus. Deshalb der „progressive" Rückgriff auf Griechenland.

Aber diese politisch-progressive Aneignung der Antike steht in völligem Kontrast zu dem, was dann im 19. Jahrhundert daraus wird. Deutschtümelnder Nationalismus bemächtigt sich der griechischen Antike, Klassendünkel nutzt das einst progressive Bildungsideal zur elitären Absonderung von den ungebildeten Schichten. Latein- und Griechisch-Unterricht als Drillinstrument preußischer Pädagogik. Statt republikanischem Freiheitsgeist – jetzt Einübung von heroischen Tugenden, von Wehrfähigkeit und Kampfbereitschaft. Das „klassische Erbe" verkommt zum „bürgerlichen Hausschatz". Der griechische Mythos – die einzige, letzte und unverlierbare Sprache; die griechischen Götter – unsere treuesten Freunde? Die gesellschaftliche Entwicklung spottet solchen Wunschbildern größeren Hohn denn je. Jens weiß das und präsentiert als einzige Alternative einer heute noch verantwortbaren Antike-Rezeption das *Werkstatt-Modell.*

Was konkret heißt: Der griechische Mythos ist für unsere Zeit nur dann zu retten, wenn er nicht mehr als „Weltanschauung", als „Kanon", als „Verbindlichkeit" verkauft wird (also nicht als *Ideologie*), sondern als Arbeitsmodell, als Material zum Weiterschreiben. Die Größe griechischer Stücke – so Jens jetzt im Jahre 1971 – ist „identisch mit ihrer Unfertigkeit", einer Unfertigkeit, „die den Charakter eines Versprechens hat und zu deren Wesen in erster Linie das Appellative gehört, der Wille, es noch einmal, zum zweiten oder hundertsten Mal zu versuchen und immer neue Variationen auszuprobieren: Odysseus als König und Prolet, als Höllensohn und christlicher Ritter, als stoischer Weiser und epikureischer Vielfraß, als Kriegsdienstverweigerer und Militarist, als Lutheraner und Jesuit, als Faschist und als Jude!"[21] Freilich: Ein zentraler Gedanke aus „Die Götter sind sterblich" bleibt auch jetzt noch erhalten: Nur durch ihre Vergänglichkeit werden die griechischen Göttern unsterblich! Aber Jens denkt jetzt diesen Gedanken politisch und ästhetisch zu Ende, wenn er Endlichkeit als „ständigen Veränderungsprozeß" bei der Rezeption der Antike begreift: „Nicht die Vollkommenheit, sondern die Vorläufigkeit, nicht die Klassizität, sondern das Moment jener Unzureichendheit auf höchstem Niveau, mit der sich die Nachfahren nicht abfinden können und die sie auszugleichen trachten ...: der

Aspekt der Fragilität und Veränderbarkeit ... die Endlichkeit ist es, die antike Phänomene immer wieder überdauern läßt".[22]

Die Rezeption der Antike dient somit am Ende bewußt der heilsamen Relativierung der Gegenwart. Gerade durch ihre Zeitenferne, gerade durch ihre Fremdartigkeit und Unzeitgemäßheit ermöglichen die klassischen Stücke heilsame „Kontrasterlebnisse" und „Fremderfahrungen", die eine „vorschnelle Identifikation mit dem jeweils Verlangten" verhindern. Ihre Rezeption dient dem Widerstand gegen jene zwanghafte Unmittelbarkeit, die, unter Effizienz-Gesichtspunkten den Wissenschaften abverlangt, „die Menschen daran hindert, den Mechanismus zu erkennen, der sie verstümmelt".[23] In diesem Sinne ist „Athen" nicht einfach abgetan im Werk von Walter Jens. Gebrochen zwar, aber nicht negiert. Die griechischen Mythen haben ihre normative Orientierungsfunktion verloren, aber nicht ihren Aufforderungscharakter zum literarischen Experiment, nicht ihre Fähigkeit zu Tiefenschärfe und Verweiskraft. Immer wieder werden denn auch – insbesondere unter friedensethischem Gesichtspunkt – griechische Stoffe bei Jens eine Rolle spielen: „Der Untergang" nach Euripides, „Die Friedensfrau" nach Aristophanes ... Wir werden mehr davon hören (Kap. V). Vom Reisebericht „Die Götter sind sterblich" jedenfalls führt eine direkte Linie zu „Die Mythen der Dichter. Modelle und Variationen" aus dem Jahr 1993, zu einem Buch, in dem Jens nicht nur Don Juan und Hamlet, sondern auch Odysseus, Antigone und Elektra noch einmal zum Leuchten bringt. Brücken über 40 Jahre hinweg. Und den Mittelpfeiler bilden die großen Übersetzungen griechischer Klassiker: Sophokles, Aischylos und Euripides.

2. Alles verfügbar? Alexandrien als Chiffre

Fall II: 1961 erscheint das Buch „Deutsche Literatur der Gegenwart. Themen, Stile, Tendenzen". Es ist der Versuch einer Zwischenbilanz der literarischen Situation im Nachkriegsdeutschland, der nicht nur Jens als Literaturkritiker zeigt, sondern auch noch einmal sein eigenes geistiges Profil Zeile für Zeile preisgibt. Was nach „Die Götter sind sterblich" nicht mehr überraschen kann, kehrt auch hier noch einmal wieder, jetzt unter dem zentralen Stichwort *Alexandrien*. Gemeint ist die von Alexander dem Großen im 4. Jahrhundert v.Chr. gegründete ägyptische Hafenstadt am Mittelmeer, Zentrum der von Athen ausgehenden hellenistischen Weltkultur. Was verbirgt sich hinter dieser Chiffre „Alexandrien“? Eine sehr spezifische Zeitdiagnose!

Poetologische Spiele: Huchels „Dezember 1942“

Schon in „Die Götter sind sterblich“ hatte es geheißen: „Dieses Geschwätz vom eigenen Stil! Beschränken wir uns: auch Alexandriens Metier ist von Wert. Metamorphose, Variation, Zitat und Montage – der Rhapsode hat ein Geschäft, das ihn ehrt“.[24] Jetzt heißt es noch dezidierter: „Wir haben Stile, aber keinen Stil“.[25] Gemeint ist: Schriftsteller bedienen sich heute in ihren Werken eines Reservoirs an Möglichkeiten aus der Vergangenheit um des Heute willen. Das Teufels-Gespräch, das Thomas Mann seinem Roman „Doktor Faustus“ mitgibt, offenbart das Prinzip der literarischen Moderne: Zitate, Rollenspiele, Verkleidungen, Stilimitationen. So wie im „Ulysses“ des James Joyce, der fast bei jedem Schlüsselwort Assoziationsketten und Verweissysteme anschließt, sind auch bei anderen Autoren der Gegenwart die Stile der verschiedenen Epochen präsent. Kurz: „Das 20. Jahrhundert ist die hohe Zeit des Stil-Esperantos“: „das Leben eines einzigen – Pablo Picassos – genügt, um die Jahrtausende, von Altamira bis zum Kubismus, zu umgreifen; die Spanne zwischen dem jungen und dem alten O'Neill ist größer als der Abgrund, der Balzac von Musil trennt. Mit einem Wort, man kann tun, was man will, wie Shakespeare, wie Goethe, wie Sophokles dichten. Es ist alles verfügbar“.[26] Pluralität und Simultaneität lauten die Zauberworte der Moderne: „Wir führen, im Sinne Eliots, einen Dialog mit der Vergangenheit, dessen Ende niemand absehen kann – schon einmal erstreckte sich Alexandriens Macht über fünfhundert Jahre“.[27]

„Alexandriens Macht“ aber ist keine andere als die Macht des Geistes, gegründet auf eine der größten Kulturinstitutionen der antiken Welt: die Bibliothek von Alexandrien. In ihr war der gesamte Wissensbestand der antiken Welt aufbewahrt, bevor dieses Haus auf tragische Weise unterging. *Alexandrien* steht somit bei Jens als Chiffre der Verfügbarkeit über das kulturelle Erbe von Jahrhunderten. Wieder derselbe Gedanke wie in „Die Götter sind sterblich“: Wer „alexandrinisch“ denkt, liefert als Schriftsteller genau das, was man Jens zufolge gegenwärtig allüberall in der deutschen Literatur antrifft: „Kühne Metamorphosen, Umdeutungen des einmal Fixierten, Etüden und Repetitionen, ironische Kommentare, der Kontext zum Text, die Glosse am

Rand! Sehr viel Erinnerung und sehr viel Erwarten ... Gedächtnishöhlen von augustinischer Vollkommenheit und perfektionierte Träume ... aber wenig Gegenwart, keine Beschreibung des Tags."[28]

Von *Christlichem* ist in dieser Zeitdiagnose nur am Rande die Rede, wenn, dann ebenfalls nur als Partikel der Kultur. Warum auch nicht? Das Christentum hat spätestens im 20. Jahrhundert aufgehört, normgebend und allgemeinverbindlich für die europäische Kultur zu sein. Wenn Christen Literatur schreiben, werden sie genauso als Parteiliteraten wahrgenommen wie etwa Kommunisten, obwohl es gewaltige Unterschiede zwischen einzelnen Protagonisten gibt. Das sieht auch Jens. Welche Diskrepanz, so meint er, zwischen „Hymnikern vom Schlage Claudels" und Leuten wie Graham Greene, François Mauriac oder Georges Bernanos, die „Gottes Allmacht indirekt, durch die Darstellung der sündhaft-heilsbedürftigen Welt" umschrieben hätten.[29] Und doch ist auch ihre Literatur letztlich „Sartre mit Happyend"![30] Kulturprägend sind sie nicht. Gläubigkeit (ob christlich oder kommunistisch gefärbt) ist bestenfalls die persönliche Sache Einzelner: „Jeder ist für sich allein; der gemeinsame Glaube erzwingt weder eine gemeinsame Deutung noch einen gemeinsamen Stil."[31]

So wundert es nicht, daß in dieser Analyse der Gegenwartsliteratur Christliches nur gelegentlich aufblitzt. So bei der Interpretation eines Gedichtes von *Peter Huchel*, ein Stalingrad-Bethlehem-Poem unter dem Titel *„Dezember 1942"*. Hier, im Jahre 1961 aber, ist der Huchel-Text nur poetisches Beispiel für eine poetologische Aufgabenstellung: Wie kann es gelingen, mit Hilfe der Literatur, ohne alle poetische Verharmlosung, dem Grauen des Kriegs ein gleichnishaftes Bild zu geben, dem Inferno Transparenz ohne flache Ästhetisierung?

„Wie Wintergewitter ein rollender Hall.
Zerschossen die Lehmwand von Bethlehems Stall.

Es liegt Maria erschlagen vorm Tor,
Ihr blutig Haar an die Steine fror.

Drei Landser ziehen vermummt vorbei.
Nicht brennt ihr Ohr von des Kindes Schrei.

Im Beutel den letzten Sonnblumenkern,
Sie suchen den Weg und sehn keinen Stern.

Aurum, thus, myrrham offerunt ...
Um kahles Gehöft streicht Krähe und Hund.

... quia natus est nobis Dominus.
Auf fahlem Gerippe glänzt Öl und Ruß.

Vor Stalingrad verweht die Chaussee.
Sie führt in die Totenkammer aus Schnee."[32]

Ein solcher Text wäre ein poetologisch „gelungen" zu nennender Versuch, das Inferno exemplarisch zu spiegeln, ohne es ästhetisch zu verharmlosen. Das gelingt durch radikale Negation des Urbilds. Bethlehem durch Stalingrad zerstört! Alles ist ins Gegenteil verkehrt: Leere statt Fülle, Tod statt Leben, streunendes Getier statt Esel und Ochse im Stall; Öl und Ruß statt Weihrauch, Myrrhe und Gold. Panzerrelikte als Ersatz für Anbetung und Preis. Allein aber die Negation des Urbilds gibt dem Inferno überhaupt Gleichnisfunktion. Erst indem dem Leser klar wird, daß eine der größten Utopien der Menschheit, die einer messianischen Friedenszeit, durch Grauenorte wie Stalingrad zerfetzt wurde, erkennt er, was hier und heute auf dem Spiel steht. Das Urbild „Bethlehem" ist gerade nicht abgetan oder widerlegt. Der Dichter braucht es geradezu, um den Grad an Perversion durch die Ereignisse von heute verstehbar zu machen. Jens zieht daraus die grundsätzlichen Konsequenzen: „Der Abstand zwischen Einst und Jetzt, die Spanne, die das tragische Urbild, als evoziertes Gleichnis, von der Kopie trennt, zeigt, wer wir sind. Ein Ödipus unserer Zeit, ein Carlos von 1960, hieße er ‚Schwarz' oder ‚Peters' und lebte ganz aus sich selbst, könnte niemals tragische Schauer erwecken; nur der mitgegebene Schatten, die Ambivalenz von ‚Ich' und ‚Er' erhöbe ihn bis auf die Gleichnisstufe des Zitats: ... die ungeheuer-schattenlose Gegenwart gewinnt Umgrenzung und Konturen durch geschichtliche Analogien."[33]

Ein Text als Hoffnungszeichen und Richtspruch

Zwanzig Jahre später, 1981, bekommt derselbe Huchel-Text in einem Jens'schen Essay unter dem Titel „Hoffnungszeichen und Richtspruch" eine zusätzliche, völlig neue Dimension: jetzt eine theologisch-politische. *Kontinuität* bei der poetologisch-praktischen Analyse mit der Erkenntnis: Huchels radikale Umkehr der lukanischen Weihnachtsgeschichte hat die Bedeutung „Bethlehems" nicht zerstört. Im Gegenteil. Bethlehem wurde als Urbild noch einmal gebraucht, um das Maß an Bedrohtheit, ja Zerstörbarkeit durch die technischen Möglichkeiten des 20. Jahrhunderts spiegeln zu können. *Diskontinuität* aber zum Früheren dadurch, daß Jens jetzt einen entscheidenden Schritt weitergeht. Jetzt stellt er heraus, daß die Geburtsgeschichte von Bethlehem nicht nur eine Utopie von einst ist, sondern Botschaft für heute, mehr noch: *Richtspruch* gegenüber allen, die den Frieden verraten, und *Hoffnungszeichen* für alle, die den Frieden trotz allem ersehnen:

> „‚Auf der Erde Gottes Frieden! Frieden allen, die er liebt': So, wie die Dinge stehen, heute, enthält dieser Satz für den Christen, der sich, in offener Rebellion gegen das jesuanische Liebesgebot, immer selbstgewisser zu der einst von Tucholsky karikierten und heute schon zu plumper Selbstverständlichkeit gewordenen Devise ‚Gewehre rechts, Gewehre links, das Christkind in der Mitten' bekennt ... so, wie die Dinge stehen, auf der Kippe zwischen Möglichkeit und Wirklichkeit der Selbstvernichtung, enthält dieser Satz für alle, die, um Nahrung gebeten, auf Waffen verweisen, den Richtspruch ...
> Die Weihnachtsgeschichte als Anti-Idylle, soziale Utopie (‚Frieden auf Erden': Vor-Schein der Vollkommenheit) und Richtspruch vom Himmel: So, denke ich, will der Bericht von Jesu Geburt, wie Lukas ihn erzählt, gelesen sein. Hoffnungszeichen und – ‚was der Mensch sät, das wird er ernten' – Warnung in letzter Stunde zugleich: das Schalom des Vaters ist unwiderrufbar."[34]

Gesprochen im Kontext der damals viele Zeitgenossen aufwühlenden politischen Debatte um eine „Nachrüstung" mit zusätzlichen atomar bestückten Raketen auf dem Territorium der Bundesrepublik Deutschland (mehr dazu in Kap. V).

Was ist in der Zwischenzeit passiert, was ist geschehen zwischen 1961 und 1981? Ein und derselbe Huchel-Text – zweimal gelesen! Passiert ist dies: An das poetologische Exempel wurde – zusätzlich – das moralische Beispiel geknüpft. Die geistige Evolution führt bei Jens zu einer künftig charakteristischen Mischung aus Literarizität und Christlichkeit, ohne daß der Literat auch nur einen Moment sein analytisches Instrumentarium und sein poetologisches Handwerk verleugnete oder verleugnen müßte. Aber seine Exegese des Huchelschen Gedichtes führt jetzt ganz anders als vorher auf die lukanische Weihnachtsgeschichte als *normativen Text* zurück. Der Urtext ist nicht nur Kontrastfolie in einem Stalingrad-Poem, sondern normative Bezugsfolie, kritische Vergleichsinstanz und moralisch-verbindliche Handlungsanweisung in einer Zeit, die für ungezählte Bürgerinnen und Bürger im Zeichen einer atomaren Selbstvernichtung steht ...

3. Der Fall Hattington/Hattingen: vom literarischen Experiment zum politischen Theater

Fall III: 1963 erscheint der „Dialog über einen Roman“ unter dem Titel „Herr Meister“. Ein Briefroman, bei dem Jens sich nur noch als „Herausgeber“ präsentiert. Er ediert 15 gelehrte Schreiben, ausgetauscht zwischen dem Schriftsteller A. und dem Literaturhistoriker B., über ein Projekt des Schriftstellers, das am Ende scheitern wird. Gedacht ist zunächst an den Roman einer kleinen Universitätsstadt im Jahre 1933 mit einem melancholischen Mann namens Professor Meister als Hauptfigur.

Eine Parabel, nicht mehr

Gedacht ist zunächst daran, das Verhalten des Professorenkollegiums unter den Bedingungen der Diktatur nachzuzeichnen. Was hatte sich auf einmal verändert nach Ausbruch der „modernen Pestilenz“? Wer stand auf welcher Seite? Wie schieden sich die Geister? Der Historiker widerspricht dem Kollegen, indem er auf den mangelnden Abstand zur Vergangenheit aufmerksam macht, infolgedessen auf die Gefahr eines kruden Naturalismus bei der Abschilderung der Verhältnisse. Er schlägt dem Schriftsteller stattdessen vor, den „wahren“ Februar 1933 darzustellen, außerhalb einer romanhaften Fiktion, weil es in seinen Augen eine „leidige“ Gewohnheit der Poeten sei, die Geschichte als ergiebigen Hintergrund zu benutzen. Der Schriftsteller widerspricht seinerseits, hält sich für falsch verstanden und sendet zur Demonstration seines literarischen Konzepts einen Text mit, der den Titel trägt *„Bericht über Hattington“*.

Es handelt sich dabei – erzählt von einem fiktiven Lehrer – um die in den Vereinigten Staaten spielende Geschichte eines Häftlings, der zur Winterszeit aus seinem Gefängnis ausbrechen konnte. Man vermutet, er werde in den Ort zurückkehren, in dem noch viele von denen leben, die ihn damals verrieten. In dieser Stadt bricht Angst aus. Man glaubt, Hattington sei wieder da. Da er aber unsichtbar bleibt, geraten Menschen in Verdacht, den Häftling zu decken. Schnüffeleien, Verleumdungen, schwarze Listen sind die Folge; eine Hexenjagd beginnt. Mit Hattington als Alibi wird denunziert, geschlagen, gelyncht. Eine Stadt zeigt unter dem Druck der Angst ihr „wahres" Gesicht. Erst im Frühjahr, als die große Schneeschmelze einsetzt, bringt die Sonne die Wahrheit an den Tag: „‚am Karfreitag fand man Hattingtons Leiche, hundert Meter vom Zuchthaus entfernt. Weiter war er nicht gekommen, bei seinem Ausbruchsversuch im November. Der Schnee hatte seine Spuren verschluckt, der Eissarg seinen Körper geschützt ... Eines aber ist sicher: es gibt nicht viele Leute in unserer Stadt, die frei sind von Schuld'."[35]

Als Parabel ist diese Geschichte gedacht. Denn der Schriftsteller will dem Historiker demonstrieren: Wenn man sich als Autor auf die Wirklichkeit einläßt, ist es in der Tat besser, nicht „naturalistisch" abzuschildern, sondern Gleichnisgeschichten zu erfinden, Gleichnisse für ein allgemeines menschliches Verhalten, für die Frage zum Beispiel, „unter welchen Bedingungen die Menschen gezwungen werden, sich so zu zeigen, wie sie wirklich sind."[36] Nur auf dieses „Wahrheitsserum" also und auf die Reaktion der „Geimpften" komme es ihm an, erklärt der Schriftsteller, um fortzufahren: „Ich könnte statt Hitler genauso gut Hattington sagen und Ihre kleine Universitätsstadt mit einem Dorf namens Knox und Pilkallen vertauschen. Der einzige Unterschied ist, daß der Lehrer-Bericht einer knappen, auf die Pointe zielenden Parabel gleicht, während mein eigenes Projekt weit ausgesponnen werden will und deshalb der Romanform bedarf."[37]

Eine politische Botschaft in Zeiten der Verblendung

Vierzehn Jahre später, 1975, arbeitet Jens die Hattington-Parabel zu einem Bühnenstück aus und veröffentlicht sein „Libretto" unter dem Titel „*Der Ausbruch*". Schauplatzwechsel von den USA nach Deutschland. Aus Hattington ist Hattingen geworden. Und jetzt – die Welt hatte sich im Vergleich zu 1961 politisch und gesellschaftlich wesentlich verändert – bekommt diese vorher nur rein poetologisch diskutierte Parabel den Charakter eines politisch-moralischen Schaustücks, präsentiert in einer Zeit, die in Deutschland überschattet ist von politischen Auseinandersetzungen über rechtliche Konsequenzen bei der Bekämpfung des Terrorismus von links. Jens hat keinerlei Sympathien für diese Form politischer Verblendung; sein Stück aber will auf Gefahren einer staatlichen Überreaktion aufmerksam machen. Nicht nur die Terroristen, auch ihre Bekämpfer haben politische Interessen. Im Nachwort wörtlich:

> „Der Kampf gegen Terroristen (die objektiv die Rolle des agent provocateur spielen: Hattingen kommt nur allzu willkommen) dient den Law-and-order-Männern und ihren Ideologen als Alibi, um den Vertretern mißliebiger Minoritäten den Garaus zu machen. Hattingen: Das Signal für den großen Aufwasch. Rübe ab! Schluß mit der Liberalität! Endlich Flagge gezeigt!“[38]

Sein Stück zeigt denn auch bewußt plakativ die Folgen einer Law-and-Order-Ideologie: freiheitliche Grundrechte werden suspendiert; im Volk herrscht Sündenbock-Denken, ja bisweilen eine Pogromstimmung gegen Ausländer. Eine Bürgerwehr fühlt sich berufen, ein Exempel zu statuieren. Es trifft das Wohnheim türkischer Arbeiter. Vor gut 25 Jahren entwirft Jens in „Der Ausbruch“ eine Szene, deren diagnostischer und prognostischer Charakter – wir kennen jetzt Solingen, Hoyerswerda, Mölln – beklemmend ist:

> „*Projektion einer Baracke. Ein Schild mit türkischer Schrift:* Kemal Atatürk Haus. Wohnheim der türkischen Arbeiter ... *Dann Schläge gegen die Tür, ein Krachen und Bersten. Männer mit Armbinden und Knüppeln: Schlägertypen treiben die Arbeiter aus dem Zimmer und machen jeden nieder, der Widerstand leistet. Das Zimmer wird durchwühlt, Papiere fliegen durch den Raum, Messer dringen in die Kissen, man steckt Geld, Uhren und Schmuck ein, setzt ein türkisches Käppchen auf und treibt Scherze mit Gebetsteppichen: Mustafa betet in der Moschee. Am Ende wird Feuer gelegt.*“[39]

Was ist neu im Vergleich zu „Herr Meister“? Nicht nur die gesellschaftliche und politische Anwendung der „Parabel von Hattington“. Nicht nur die Absage an ein rein poetologisches, d. h. theoretisch und metatheoretisch reflektierendes Schreiben („Roman über einen Roman“) zugunsten eines eingreifenden, „parteilichen“ Schreibens auf der Linie einer „littérature engagée“. Neu ist vor allem die *christlich-theologische Zuspitzung* der Hattington/Hattingen-Parabel. Das Pogrom an den Türken läßt Anklänge an die jesuanische Passionsgeschichte erkennen (in den verhöhnten türkischen Arbeitern wird Jesus verspottet); die Gemeinde der Frommen wird durch ihren Priester unter Berufung auf das Jesus-Wort „Ich bin nicht gekommen, um

Frieden zu bringen. Ich bin mit dem Messer gekommen" zusätzlich fanatisiert. Gewiß: Auch in der ursprünglichen Hattington-Parabel im „Meister"-Projekt gibt es Anspielungen auf die jesuanische Passion. Der Häftling wird bezeichnenderweise an einem „Karfreitag" gefunden und soll auf diese Weise signalisieren, daß in der Pogromstimmung des Ortes sich das Kreuzigungsgeschehen wiederholt hat. Aber: Dieses christliche Motiv wird jetzt im Bühnenstück noch einmal ganz anders ausgebaut, und zwar dadurch, daß Jens seinen Priester am Ende erkennen läßt, welchen Verrat er an Christus beging, indem er zur Gewalt ermutigte. Als die Wahrheit während desselben Gottesdienstes durch zwei alte Frauen ans Tageslicht kommt („... daß er nur zwanzig Meter weit gekommen ist, im November, als er ausgebrochen ist"), heißt es im Text wörtlich:

> *„Der Priester sieht die Frauen entsetzt an. Die Menschen senken die Köpfe und wagen nicht aufzublicken. Die Ministranten tuscheln miteinander. Der Priester schlägt die Hände vors Gesicht:* Vergib uns, Herr! Um Christi willen: Erbarmen! *Der Bürgermeister, der, wie ein Verfemter, nahe am Eingang steht – auf einer Bank hätte man ihn nicht geduldet – geht, von tiefen Verbeugungen begleitet, nach vorn und setzt sich in die erste Reihe, wo man ihm achtungsvoll Platz macht. Der Fabrikant rückt mit angedeuteter Verneigung zur Seite. Der Priester hebt das Gesicht zum Himmel und ringt die Hände."*[40]

Athen und Alexandrien von Jerusalem her beleuchtet

Was also hat stattgefunden zwischen „Herr Meister" und „Der Ausbruch", zwischen der Parabel über Hattington und dem Libretto über Hattingen? Stattgefunden hat die Einsicht in das Scheitern des Konzepts „Alexandrien" als künftig ausreichendem Instrument der Weltdeutung. Das Buch „Herr Meister" zeigt dies auf noch einmal artistisch-virtuose Weise, denn es signalisiert ein Doppeltes. *Zum einen:* Das Niveau für heutiges Schreiben ist schwindelerregend hoch. Schreiben nach Tolstoj und Dickens, nach Kafka und Joyce, nach Gide und Thomas Mann – wie soll das gelingen? Sicher nicht ohne immer komplexere Reflexionen über adäquate Formen des Schreibens. Schreiben ist damit immer mehr zum Schreiben über das Schreiben geworden. „Herr Meister" ist denn auch die Jens'sche Reaktion auf das von der „klassischen Moderne“ vorgegebene Schreibniveau. *Zum anderen* signalisiert das Buch: Der Prozeß des Probierens und Verwerfens von immer neuen Romankonzepten und Figurenkonstellationen muß am Ende zu einer intellektuellen Überkomplexität führen und damit in letzter Konsequenz zur Lähmung des Schreibens. Ständige Vergegenwärtigung aller möglichen Modelle des Schreibens führt am Ende zur Selbstabtötung des eigenen Schreibens.

Indem Jens aber einen Roman schreibt über die Unmöglichkeit des Romanschreibens, signalisiert er einerseits Beherrschung des Handwerks, andererseits die Sackgasse, in die diese Form des „alexandrinischen“ Schreibens führen muß. Was nützt es, wenn man alles ausdrücken kann, aber nichts zu sagen hat? Wenn man über alle Zitate verfügt, aber über keine Botschaft? Wenn man unter alle Masken und in alle Rollen zu schlüpfen vermag, aber als Person dabei zerfließt? Wenn man zu allem ironische Distanz zu wahren weiß, aber als „Ich“ nicht mehr greifbar wird? Zwar tritt man als Autor auf wie ein allseits bewunderter Artist, die eigenen Krisen, Melancholien und Verzweiflungen aber werden dabei nicht kleiner, so wenig wie bei Kafkas „Hungerkünstler“. Im Gegenteil: Schreiben wird zur Selbstfesselung, Bewußtsein zum Verhängnis. Gibt es ein literarisches Arbeiten danach, eine nichtregressive Form der Komplexitätsreduktion?

Bei Jens kommt es danach zu einer politischen Wahrnehmungsverschärfung der Wirklichkeit und in Reaktion darauf zu einem Schreiben im Zeichen eines theologisch reflektierten wie praktisch-politisch konkretisierten christlichen Engagements. Es kommt zum Wechsel vom poetologischen Laboratorium zu einem eingreifenden Schreiben im Zeichen der jesuanischen Passion; von einer Literatur im Zeichen von Alexandrien und Athen zu einer im Zeichen von Jerusalem. Es kommt zu einem *Zugleich von Christ-Werden und Politisch-Werden*. Gewiß: „Alexandrien“ ist so wenig abgetan im Werk dieses Autors wie „Athen“. Aber die geistige Selbstprofilierung nach „Herr Meister“ führt im Verlauf der 60er Jahre zu einer neuen gesellschaftlichen Kontextualisierung des Schreibens und zu einer Rückbindung an eine normative Figur: den gekreuzigten und auferweckten Nazarener. Athen und Alexandrien? Von Jerusalem her werden sie neu beleuchtet. Das wird die künftige Leitlinie sein. Zum virtuosen Literaten und Literaturtheoretiker tritt der Protestant hinzu, politisch und theologisch.

4. Die Entdeckung des Christus incognito

Was biographisch auch immer im einzelnen passiert sein mag, Tatsache ist: Sieht man von den Fernseh-Kritiken seit 1963 einmal ab[41] – der früheste Text, der eine völlig neue Art des Schreibens bei Jens signalisiert, stammt aus dem Jahr 1971 und trägt den Titel *„Traktat vom Frieden, von der Gewalt und der Revolution"*.

Der Durchbruch zu neuen Formen des Schreibens

Zehn Jahre liegen zwischen „Herr Meister" und diesem Stück Prosa völlig eigenen Charakters. Ursprünglich handelt es sich um einen Radio-Essay, den Jens dann für den von Hans Jürgen Schultz, dem damaligen Kulturredakteur des Süddeutschen Rundfunks, herausgegebenen Band unter dem Titel „Von Ghandi bis Câmara. Beispiele gewaltfreier Politik" zur Verfügung stellt. Sein Beitrag besteht aus neun Dokumenten, die hintereinander montiert werden. Texte der besonderen Art, wie sie bisher im Schreiben von Jens undenkbar waren:

- statistische Zahlen über die *soziale Lage in Kolumbien*, dokumentiert aus einem Buch von German Gunzman über die „Soziale Lage in Kolumbien";
- der Bericht einer Journalistin über die amerikanische *Kriegsführung in Vietnam*;
- ein leidenschaftlicher Aufruf von Malcom X, einem der radikalen schwarzen Führer der *amerikanischen Bürgerrechtsbewegung* zum Thema Gewalt bei der Durchsetzung der Freiheitsrechte von Schwarzen;
- ein Bericht des Beratenden Ausschusses der Christlichen Friedenskonferenz zu Sofia aus dem Oktober 1966 zum Thema *Christsein – Revolution – Gewalt* mit der Leitfrage: Bei revolutionären Umwälzungen tritt Gewalt immer offen zutage; wo aber bleibt das Erkennen von Gewalt bei der Bewahrung des Status quo?
- die Rede des revolutionären katholischen Priesters aus Südamerika *Camillo Torres*, gehalten vor Arbeitern. Eine weitere Variation zum Thema Christsein und Gewaltanwendung: „Ein Aufstand der Liebe gegen die Macht der Gewalt – das ist ein ungleicher Kampf. Auch ein aussichtsloser? Das eben steht zur Debatte";
- ein Text von *Martin Luther King*, dem Gegenspieler von Malcom

X, der aber nicht weniger kritisch die „Krise in amerikanischen Städten“ beschreibt, geleitet von der Frage: Kann man als protestantischer Christ weiterhin in lutherischer Tradition die zwei Reiche so strikt getrennt halten: Reich Gottes und Reich der Welt?

- die Dokumentation eines Ausschnitts aus der epochalen und geschichtlich folgenreichen Stellungnahme *Martin Luthers* im Bauernkrieg seiner Zeit („Ein Sendbrief von dem harten Büchlein wider die Bauern“), das mit der strikten Trennung von Kirche und Staat argumentiert. Ziel ist die Überprüfung dieses klassischen Modells: Gibt es wirklich kein Widerstandsrecht von Christen gegenüber dem Staat? Heißt die Erfüllung des Gebots der Nächstenliebe wirklich nur individuelle Sozialpraxis, unverbindliches Almosengeben? Oder nicht auch eine „Revolution“, die zu einer „direkten Konfrontation mit der regierenden Gesellschaftsordnung“ führt: „Den Vietnamkrieg zu dulden, zu schweigen, wenn den einen alles und den anderen nichts und weniger als nichts gehört, und sich zu gleicher Zeit zum biblischen Gebot zu bekennen: ‚Alles unter euch geschehe in Liebe‘ – das ist unmöglich.“[42]

Mit dem „Traktat“ ist die Befreiung aus der theoretisch wie metatheoretisch überkomplexen Schreib-Reflexion sowie der Durchbruch zu neuen Formen des Schreibens in Antwort auf neue gesellschaftliche und politische Herausforderungen Ende der sechziger, Anfang der siebziger Jahre in der Bundesrepublik Deutschland vollzogen. Stichworte müssen hier genügen, Zeitsignale, um die Bewegung von damals verständlich zu machen: Studentenbewegung, außerparlamentarische Opposition, kritische Auseinandersetzung mit der Nazi-Vergangenheit, Ost-West-Konflikt, Vietnam-Krieg, Wahlsieg und Bundeskanzlerschaft von Willy Brandt, Politisierung der Intellektuellen, Polarisierung von Links und Rechts, Legitimationsüberprüfung staatlicher Institutionen und Strukturen, Kulturrevolution auch im Verhältnis der Geschlechter, „Marsch durch die Institutionen“, geistige Dominanz der „Kritischen Theorie“ der Frankfurter Schule um Theodor W. Adorno und Max Horkheimer und damit Renaissance des marxistischen Denkens auch unter westlichen Intellektuellen ....

Das alles erfordert das Ausprobieren neuer Schreibformen, wie es im „Traktat“ versucht wird. So zum Beispiel:

- das Einbeziehen *soziologischer Studien* über konkrete gesellschaftliche Verhältnisse;
- ein Aufrufen und Befragen von *Zeugen zur Urteilsgewinnung* in

einem schwierig zu entscheidenden Sachproblem. Die Zeugen sind jetzt charismatische Christen, die eingreifendes Denken praktizierten: Martin Luther King und Camillo Torres allen voran.

- die Auseinandersetzung mit *Modellen der Vergangenheit*, deren Kanonizität und Legitimität argumentativ überprüft wird: Martin Luthers „Zwei-Reiche-Lehre".
- die Offenlegung schließlich des *Kriteriums eigenen Schreibens*: Matthäus 25. Diese Selbstanzeige des normativen Bezugspunktes führt zur kritischen Legitimationsüberprüfung bisheriger Monopol-Deutungen des Christlichen.

Schlüsseltext I: Matthäus, Kapitel 25

Als letztes Dokument seines „Traktats" präsentiert Jens denn auch wohlkalkuliert die für ihn entscheidende Passage aus dem Evangelium des *Matthäus, Kapitel 25*. Wegen seiner Bedeutung für das weitere Werk muß er hier als ganzer zitiert werden (in der Übersetzung von Walter Jens):

> „Wenn aber der Sohn des Menschen kommen wird, der Herr mit all seinen Engeln, und sich niederläßt auf dem Thron seiner Macht, dann werden versammelt sein vor ihm die Völker, und er wird sie trennen, so wie der Hirt die Böcke von den Schafen trennt. Zur Rechten die Schafe, zur Linken die Böcke: So wird er sie stellen und wird reden zu denen, die rechts von ihm sind:
> Kommt zu mir, gesegnet seid ihr, und nehmt das Reich in Besitz, das für euch geschaffen ist von Anbeginn an. Denn ich hatte Hunger, und ihr habt mir zu essen gegeben. Ich hatte Durst, und ihr gabt mir zu trinken. Ich war heimatlos, und ihr habt die Türen eures Hauses geöffnet für mich. Ich hatte keine Kleider, aber ihr schenktet mir sie. Ich war krank: Ihr habt mich versorgt. Ich war in Gefangenschaft: Ihr habt mich besucht.
> Da aber werden die Gerechten ihn fragen: Wir hätten dich hungern und dürsten gesehen und dir zu essen und zu trinken gegeben? Wir hätten den Heimatlosen gesehen und ihn beherbergt? Hätten dir Kleider gegeben, dich versorgt und im Gefängnis besucht?
> Da wird der König zu ihnen sagen: Hört auf mein Wort! Was ihr für die ärmsten Menschen tut, das tut ihr für mich, denn sie sind meine Brüder.

Und dann wird er sich zu den anderen wenden, zu seiner Linken, und er wird sagen: Weg! Weg mit euch, ihr Verfluchten! Hinweg in jenes niemals erlöschende Feuer, das der Teufel in Brand hält mitsamt seinen Schergen. Ich hatte Hunger, und keiner von euch gab mir zu essen. Ich hatte Durst, doch niemand gab mir zu trinken. Ich war heimatlos, aber die Tür eures Hauses blieb verschlossen für mich. Ich hatte keine Kleider – und ihr ließet mich nackt sein. Ich war krank: Habt ihr mich versorgt? Ich war im Gefängnis: Habt ihr mich besucht?
Dann werden sie sagen: Hungrig, durstig, heimatlos, krank, im Gefängnis? Wann hätten wir dich je so gesehen und dir nicht geholfen? Und antworten wird er: Hier! Schaut die armen Leute an! Was ihr für sie nicht getan habt, das habt ihr auch für mich nicht getan: Und darum steht jenen ein ewiges Leben, euch aber die ewige Verdammnis bevor."

Ein Kardinal-Text um den sich in Zukunft theologisch wie politisch alles drehen wird. Er bildet künftig die Norm des Denkens, die Orientierung für politisches Handeln und die kritische Instanz zur Bewertung der Zustände in Kirche und Gesellschaft. Daran muß man sich als Jens-Leser immer erinnern, gerade auch dann, wenn die politischen Stellungnahmen provozierend einseitig sind und die Handlungsschritte umstritten. Denn Matthäus 25 ist als Text mehr als ein moralischer Appell an den Kopf. Es bildet das spirituelle Zentrum für ein *neues ganzheitliches Denken*, das Schreiben und Leben, Urteilen und Handeln, Hirn und Herz umfassen will. Wenn es eine „Christologie" bei Jens gibt, dann eine im Zeichen jenes Christus incognito, wie ihn Matthäus 25 mit alle praktischen Konsequenzen veranschaulicht. Was im Klartext heißt: Die Präsenz Christi gilt es immer wieder neu zu entdecken, oft in völlig ungewohnten Zusammenhängen oder Figuren. Denn in vielen Namenlosen, Unbekannten, Unbedeutenden, Marginalisierten ist Christus zu finden, lebt er unerkannt, inkognito. Ernst Bloch wird dies die „Bewegungsumkehr" der Liebe nennen, die für Jesu Botschaft charakteristisch gewesen sei.

Entwerfen von Gegenwirklichkeiten

Deshalb greifen wir im „Traktat" von 1971 auch noch eine künftig immer wieder anzutreffende Stil- und Streitfigur, für die dieser doppelte Aspekt charakteristisch ist: Legitimierung der eigenen Position von Person und Sache Jesu her und zugleich Legitimationsentzug für diejenigen, die bisher das Deutungsmonopol zur Identifizierung des Christlichen innehatten oder beanspruchten. Von daher ist es kein Zufall, daß Jens sich für seine eigene Bestimmung der Norm des Christlichen mit Matthäus 25 eine *Gerichtsrede* des wiederkehrenden Christus am Ende der Zeiten ausgewählt hat, einen apokalyptischen Text also. Sein Christus ist damit *in* der Welt und zugleich der Welt gegenüber, in kritischer Distanz zu ihr. Der tiefste Legitimationspunkt eines protestantischen Protestantismus ist damit benannt. Mit einem antiökumenischen Konfessionalismus hat dies nichts, mit einem kritisch-selbstkritischen Maßnehmen am zum Gericht wiederkehrenden Christus viel zu tun. Und Kriterium dieses Christus im Gericht sind die sozialen Taten der Menschen. Kein anderer Text des Neuen Testamentes (auch nicht – wie wir hören werden – das Gleichnis vom Barmherzigen Samariter, Lk 10,29-37) kennt diese Fokussierung auf die Praxis der Barmherzigkeit als Exklusiv-Kriterium für die Gottes- und Christusnähe des Menschen, in seiner Ernsthaftigkeit noch unterstrichen durch den Dualismus ewiges Leben – ewige Verdammnis:

- Nicht von vornherein in den Starken, Gesunden und Besitzenden, sondern in den normalerweise nicht beachteten Menschen: in den Hungrigen, Durstigen, Heimatlosen, Bedürftigen, Kranken und Gefangenen ist Christus präsent. Was man ihnen tut, tut man ihm. Wer dies im Alltag seines Lebens umgesetzt hat, darf des „ewigen Lebens gewiß sein".
- Im Gericht Christi zählt nicht nur das, was man getan, sondern auch das, was man unterlassen hat. Wegsehen, wenn es um das Schicksal Anderer geht, ist keine Entschuldigung. Im Gegenteil: Angesichts der zahllosen Bedürftigen im Umfeld eines jeden Lebens ist soziale Gleichgültigkeit ein Verdammungsgrund.

Wer diesen Text so zur Norm für Intellektualität und Moralität macht, will eine neue Identifikation von Christozentrik und sozialer Sensibilität, von Christlichkeit und politischer Praxis. Der will einen neuen Ernst in der religiös-moralischen Selbstverpflichtung – mit Konsequenzen für das eigene Schreiben und die öffentlichen Stellungnahmen. Um Heinrich Heine zu variieren: „Und so wurde ich ein Protestant, ein protestierender Protestant ..."

Zugleich ist der in Matthäus 25 geschilderte Vorgang von großer *dramatischer Kraft* und *poetischem Imaginationspotential.* Variiert wird ja der Topos Welttheater. Christus kehrt auf die Erde zurück wie auf eine Bühne und versammelt die Völkerscharen um sich. Eine grandiose Szene, für einen Schriftsteller wie geschaffen, um sie weiterzuerzählen und politisch zuzuspitzten – und zwar in der Nachfolge jenes Fjodor Michajlowitsch Dostojewskij, der als einer der ersten großen Schriftsteller der europäischen Moderne die beunruhigende Grundfrage von Matthäus 25 religions- und gesellschaftspolitisch konkretisiert hatte (in seiner Parabel vom Großinquisitor, Bestandteil des Romans „Die Brüder Karamasow"): Was passiert, käme er wirklich wieder? Und: *Wie* käme er wieder? In welcher Gestalt? Wie würde die Kirche von heute reagieren? Würde sie ihn so beseitigen wie der Großinquisitor in Dostojewskijs Geschichte? Oder würde sie vor seinem Gericht bestehen, wenn er nicht in Niedrigkeit, sondern auf den „Thron der Macht" käme?

Die *poetische Anwendung* folgt noch im „Traktat" selber. Was Jens in „Herr Meister" auf der poetologischen Theorie-Ebene bereits praktiziert hatte (die Denkbarkeit von allen möglichen Variationen und Modifikationen von Geschichten), überträgt er jetzt auf die Antizipation einer möglichen anderen *christlichen* Wirklichkeit durch Literatur. Der fiktionale Charakter der Poesie wird jetzt nicht mehr bloß für die Wieder-Holung mythischer Muster der Vergangenheit genutzt, sondern für den Entwurf einer anderen *Praxis der Zukunft*. Jens wird diese Art des Schreibens auch künftig immer wieder neu experimentell erkunden: das Spiel mit Gegen-Modellen zum bestehenden Schlechten, mit Alternativ-Entwürfen zum bisher Gültigen, mit Varianten zum bis dato allzu Gesicherten. In programmatischen Reden dieser Zeit wie „Phantasie und gesellschaftliche Verantwortung" (1974) sowie „Literatur: Möglichkeiten und Grenzen" (1976) wird dies alles literaturhistorisch und poetologisch breit reflektiert und begründet, nachzulesen in „Republikanische Reden".

Das *„Dokument 8"* im „Traktat" spielt denn auch die Möglichkeit eines „Was wäre, wenn ..." durch. Was wäre, wenn zum Beispiel ein neuer Papst käme und wirklich radikal als Stellvertreter Christi im Geist von Matthäus 25 handelte?

> „Es gibt die Vision eines Heilands, der vom Weltgebäude herab die Lehre verkündet, da sei kein Gott. Es gibt die Vision des Toten, der vor den Mitgestorbenen Gericht abhält über die Schatten der Vergangenheit. Es gibt die Vision vom Großinquisitor, der den Herrn ein zweites Mal hinrichten läßt. Denkbar wäre eine vierte Vision,

die Vorstellung, daß eines Tages ein Mann vom Schlage Kings oder Torres' Bischof von Rom wird: durch List vielleicht, durch Anpassung und Tarnung im Rahmen der kirchlichen Hierarchie. Ein Zuverlässiger, von dem Besonderes nicht zu erwarten steht: so wird er, der sich ein Leben lang darauf vorbereitet hat, eines Tages gewählt.
Und dann kommt der Augenblick, in dem er, bei Gelegenheit einer urbi et orbi verkündeten Proklamation, die Maske fallen läßt, die er jahrzehntelang getragen hat, und sich zeigt als das, was er ist: der erste Papst, der nicht der Oberhirt der Spellmans, sondern ein Bischof derer ist, die niemand sieht.
Gestützt auf seine Position, unabsetzbar und unfehlbar in Lehrangelegenheiten, beginnt er mit seiner Rede die revolutio Christiana in dieser Welt, exkommuniziert die Ideologen der regierenden Oligarchien, verweigert den großen und kleinen Komplizen der großen und kleinen Expropriateure die Gnadenmittel der Kirche. In prophetischer Rede stellt der Papst die herrschenden Streiter der ecclesia militans als Spießgesellen der privilegierten Eliten der Bestrafung anheim, versagt sich den Missionaren der Macht, die, Christi Frieden verhindernd, in Wahrheit nur einem nationalen Sendungsgedanken, dem Schlachtruf des Imperialismus Ausdruck verleihen: *Die Ölung mit Napalm für die Feinde der Freiheit,* schwört ab, dieser Papst, was zwei Jahrtausende lang in Gültigkeit war, leitet die große Verweigerung ein und macht Ernst mit dem Vollzug der von Matthäus aufgezeichneten Verurteilung derer, die sich, da sie die Armen arm, die Unterdrückten unterdrückt, die Beleidigten beleidigt sein ließen – ja sie, statt ihnen zu helfen, hinschlachteten –, auch an Christus vergingen ... an Christus, den sie zu verehren glaubten und in Wahrheit in jeder Minute zu töten versuchten – und das, obwohl ihnen gesagt war, was das bedeutete für sie, am Jüngsten Gericht. Aber daran glaubten sie offenbar nicht, sondern nur an die Welt, die, von keinem Christus verwandelt, aufs Künftige hin so bleiben sollte, wie sie immer war. Ihnen zitiert der Papst, der mit dem Widerstand der Hierarchie im Sinne einer weltweiten Konterrevolution und, daraus resultierend, mit einer Ermordung aus den eigenen Reihen zu rechnen hat, die folgenden Sätze:"[43]
Es folgt die Passage aus dem 25. Kapitel des Matthäus-Evangeliums.[44]

5. Christ sein und politisch sein? Orientierung an Karl Barth

Mit seiner Neuausrichtung auf das ursprünglich Jesuanische als Norm des Christlichen steht Jens Ende der sechziger, Anfang der siebziger Jahren keineswegs allein. Was er damals sucht und reflektiert, ist nicht sein Privatproblem. Insbesondere im Raum katholischer Theologie ist zu dieser Zeit ein neues Suchen nach elementaren „Kurzformeln" des Glaubens im Gang – im Bewußtsein eines radikalen Traditionsabbruchs angesichts der geschichtlich gewachsenen Überkomplexität kirchlicher Lehre und einer tiefgreifenden Entkirchlichung des öffentlichen Lebens.

Marxistische Religionskritik: Korrektiv – nicht Regulativ

Verbunden damit ist eine Neuentdeckung des „Jesus' der Geschichte" als kritischer Norm jeder Theologie und Christologie. Verbunden damit eine Neuentdeckung des Juden Jesus und damit des jüdischen Wurzelbodens des Christlichen. Verbunden damit die Entwicklung einer „Christologie von unten", die sich aus der Überzeugung nährt: Das Christliche ist gerade nicht identisch mit irgendeiner ewigen Idee, irgendeinem hohen Dogma, irgendeinem moralischen Prinzip, sondern mit einer konkreten geschichtlichen Gestalt. Nach Jahrhunderten scheinbar abgesicherter Dogmatik jetzt ein neues Fragen: Was ist das Besondere an ihm, dem Nazarener, das nicht schon durch 2000 Jahre real existierenden Kirchentums ein für allemal festgeschrieben ist? Was ist sein Geheimnis, das nicht schon mit den uralten Formeln „begriffen" und zu Ende gedeutet ist? Gegenüber aller theologischen Landvermesserei also ein neues Sicheinlassen auf die pulsierende, nicht domestizierbare Lebendigkeit der Person des Nazareners, kirchlich nicht zu verwalten, theologisch nicht zu begreifen und religionsgeschichtlich nicht einzuordnen.

Ich verweise hier als einziges Beispiel auf die Theologie von *Hans Küng*, weil sie *erstens* zeittypisch ist und *zweitens* von Bedeutung für Walter Jens. Anfang der siebziger Jahre schreiben beide Tübinger noch parallel an ihren „christologischen" Entwürfen, machen aber unabhängig voneinander ähnliche Entdeckungen: die normative Bedeutung der ursprünglichen jesuanischen Botschaft im Geiste der Bergpredigt und im Geist von Matthäus 25 – vollzogen in der Hoffnung, so den Erwartungen ihrer Zeitgenossen an ein kritisch reflektiertes Christsein besser gerecht zu werden. In der Zeit, in der Jens' „Traktat" entsteht, arbeitet Küng im Seminar (dessen Teilnehmer ich selbst im Sommersemester 1970 wurde) Jesus-Bücher von Theologen und Literaten durch. Das Ergebnis verarbeitet er zu einer programmatischen Rede auf einem von der Internationalen Theologischen Zeitschrift „Concilium" veranstalteten Kongreß in Brüssel im September 1970. Der Titel „Was ist die christliche Botschaft?" zeigt das neu aufgebrochene Klärungsbedürfnis damaliger Theologie. Fragt man doch so grundsätzlich nur, wenn nicht mehr evident ist, was das eigentlich sein soll: die „christliche Botschaft". Zweitausend Jahre Christentum hin oder her – gefragt werden muß ganz neu. Die alten Antworten reichen nicht mehr.

Hinzu kommt: Auch christliche Theologen – und gerade sie! – sehen sich mit der marxistisch-neomarxistischen Religionskritik konfrontiert. Daß Religion bloßes Vertröstungsmittel sei, der Legitimation und Stabilisierung von Unrechtsverhältnissen diene, daß sie sozialer Repression und psychischer Regression Vorschub leiste, erscheint vielen Intellektuellen in Deutschland so unbestreitbar, daß die Überwindung von Religion oder Metaphysik für die meisten selbstverständliche private und öffentliche Konsequenz ist. „Religion" (und damit ihre „Agenten" Theologie und Kirche) steht unter dem Generalverdacht, Vertröstung, Hinterwäldlertum und Irrationalismus zu verbreiten. Wer „immer noch" Christ sein wollte, mußte sich hier argumentativ behaupten.

An dieser Front steht auch Jens. Auch seine „Christologie" des Christus incognito muß sich gegen die marxistische Religionskritik behaupten. Sie kann dies, weil Jens – dokumentiert im „Traktat" von 1971 – Nachfolge Christi von vornherein als Ferment der Gesellschaft begreift; weil er die verändernde Kraft der jesuanischen Reich-Gottes-Botschaft für das Diesseits betont; weil er in Sachen Kritik an jeglichem Verrat des urchristlichen Ethos nicht weniger kritisch ist als alle Religionskritiker: „Was ihr dem Geringsten meiner Brüder getan habt, das habt ihr mir getan": das klang nach vielem, nur nicht nach Jenseitsvertröstung.

Was den Umkehrschluß erzwingt: Zwar wirkt sich die Rezeption marxistischer Kategorien (nicht zu verwechseln mit der Übernahme der gesamten marxistischen Ideologie) bei Jens auf die Analyse der Gesellschaft aus (vor allem die ökonomischen Widersprüche werden erstmals in seinem Denken thematisiert), berührt aber gerade nicht die Grundoption für einen kritisch-reflektierten Gottesglauben und die Selbstverpflichtung auf das urchristliche Ideal einer Einheit von Gottes- und Nächstenliebe. In Sachen Christsein geht Jens von vornherein einen eigenen Weg – eben als protestierender Protestant. Damit stand gleichzeitig fest: Was im Blick auf die Rolle der Religion als möglicher Stabilisator und Legitimator gesellschaftlicher Unrechtsverhältnisse an „Protesten" nötig ist, ist damit aufgehoben. Marxist mußte man dafür nicht werden.

Hier liegt der tiefere Grund, warum es bei Jens im Gegensatz zu anderen Schriftstellern der deutschsprachigen Gegenwartsliteratur nie einen marxistischen Atheismus gegeben hat. Die Religionskritik war und ist ihm stets Korrektiv zum bestehenden Schlechten in Kirche und Gesellschaft, nicht aber Regulativ. Sie kann als Analyse-Instrument benutzt, verabsolutiert werden darf sie nicht. Auch dies eine Konvergenz zu Hans Küng, der in seiner erwähnten Brüsseler Rede von 1970 auf seine Weise die „christliche Botschaft" gegen den marxistisch-neomarxisti-schen Generalverdacht zu verteidigen verstand und 1978 in seinem Buch „Existiert Gott? Antwort auf die Gottesfrage der Neuzeit" eine argumentativ höchst differenzierte Auseinandersetzung gerade auch mit der marxistischen Religionskritik vorlegen wird:

> „Eine solche Botschaft wird nicht zum Opium der Vertröstung. Viel radikaler als andere Programme weist sie ins Diesseits ein, ist sie auf Veränderung dort aus, wo die Herrschenden die Beherrschten, die Institutionen die Personen, die Ordnung die Freiheit, die Macht das Recht zu erdrücken drohen."[45]

Diese konvergenten Denkbewegungen (kritisch-selbstkritische Rückbindung an die Gestalt des Nazareners; Resistenz gegen eine undifferenzierte marxistische Religionskritik) machen begreiflich, daß Jens und Küng, ohnehin Nachbarn in Tübingen, in den nächsten Jahren freundschaftlich zusammenzuarbeiten beginnen. Küngs Buch „Christ sein" entsteht zwischen 1971 und 1974. Jens begleitet die Ausarbeitung engagiert, liest das Manuskript, trägt zu stilistischen und sachlichen Verbesserungen bei. Am wichtigsten freilich: Er kann sich mit der hier vollzogenen Wende christlicher Theologie zu einer kritischen Neulegitimierung bei Person und Sache Jesu identifizieren. Diese Art des Theologietreibens ist ihm nahe. Denn im selben Zeitraum nach dem „Traktat" entstehen seine Übersetzung des Matthäus-Evangeliums sowie sein Sammelband zum „Barmherzigen Samariter". Ein Jahr nach „Christ sein" erscheint „Der Fall Judas" (1975).

So erklärt sich auch die entschiedene private und öffentliche Solidarität, die Jens seinem Freund Hans Küng 1979 leistet, als dieser für seine Art der scharfen kriteriologischen Rückfrage nach Jesus (Unfehlbarkeitsdogma? Hätte Jesus das verstanden?) von der vatikanischen Glaubens-Behörde abgestraft wird (19. Dezember 1979). Die Gründung von „Komitees zur Verteidigung der Christenrechte in der Kirche", die sich aufgrund des damaligen „Falles Küng" in verschiedenen Städten Deutschlands bilden, unterstützt er – zusammen mit seiner Frau Inge – engagiert und nachhaltig.[46] Schon im Jahr zuvor hatte Jens einen Band ediert, der die Kontroverse Küngs mit dem Römischen Lehramt und den Deutschen Bischöfen über die Bücher „Unfehlbar? Eine Anfrage" (1970) und „Christ sein" (1974) dokumentiert. Zielsicher hatte er in seiner Einleitung den auch für Küng theologisch entscheidenden Punkt herausgegriffen:

> „*Roma locuta – causa finita?* oder: *Soll dem Lehramt auch künftig das Recht zuerkannt werden, über die Sache Jesu Christi autoritativ und endgültig zu befinden?:* Darum geht es in diesem Streit; darin liegt seine Signalwirkung und seine Brisanz. Da steht auf der einen Seite ein Mann namens Hans Küng, der, von Jesus, dem Sachwalter Gottes ausgehend, in eine Art von Schuttabräumungsaktion wieder und wieder gezeigt hat, wie ganz und gar nicht verbraucht, wie neu und elementar sich ein undogmatisches, auf Jesus gegründetes Christentum hier und heute manifestiert (... in der Tat, Dostojewskis Gleichnis vom Großinquisitor ist immer noch gültig: innerhalb der jurisdiktionellen Apparatur vatikanischer und nachgeordneter Institutionen bleibt der arme Mann aus Nazareth dank seiner Umwertung aller Werte – die letzten: die ersten! – ein störender Faktor)."[47]

Wo aber Orientierung für heute finden, wenn man Christsein und Politischsein neu zusammenbringen will? Drei Namen sind für Jens maßgebend: Karl Barth, Helmut Gollwitzer und Ernst Bloch.

Wie verhalten sich Christengemeinde und Bürgergemeinde?

Dezember 1979: Auf dem SPD-Parteitag in Berlin hält Jens eine programmatische Rede unter dem Titel *„Eine Freie Republik?"* Heftig polemisiert er gegen diejenigen, die – zur Bekämpfung kulturrevolutionärer Umwälzungen in Deutschland – Grund- und Freiheitsrechte der Bürger beschnitten hätten oder noch stärker beschneiden wollten. Verfassungs-Patriot, der er ist, fordert er stattdessen die Erweiterung bürgerlicher Freiheitsrechte und die Rückbesinnung auf ein Grundgesetz, das zu Fragen einlade und Möglichkeiten skizziere. Die durch den liberalen Staat gewährleisteten Freiheitsrechte müßten endlich soziale Wirklichkeit werden. Demokratie gäbe es erst dann, wenn der Rechtsstaat im Sozialstand aufgehoben sei! Bundesgenossen für diese Vision? Das Lehrschreiben eines Papstes zum Beispiel: die Sozial-Enzyklika Pius XI. „Quadragesimo Anno" von 1931. In ihr, ruft der Redner aus, könne man lesen, daß „die wirtschaftliche Diktatur in den Händen jener wenigen" läge, „die den Blutkreislauf des Ganzen" (konkret: den Geldfluß) derart beherrschten, daß „gegen ihren Willen niemand atmen" könne. Das sei doch eine „Kampfansage". Hier sei doch ein Ansatz für die nötige Verwandlung des bürgerlich-liberalen Rechtsstaats in eine wahrhaft soziale Demokratie. Wie mag das auf die Genossen gewirkt haben, diese Komplizenschaft mit einem Lehrschreiben ausgerechnet aus Rom?

Aber es kommt noch überraschender im Blick auf neue Bundesgenossen:

> „‚Wie?' fragt man, ‚Sie sind Sozialist?' – Antwort: ‚Ja, was denn sonst? Sie nicht? Dann muß ich für Sie beten, Bruder.'
> So und nicht anders hätte z.B. einer sprechen können, der große Theologe Karl Barth, den man, von befreundeter Seite, im Jahre 1933 bat, er möge doch, aus Tarnungsgründen, seine Mitgliedschaft in der Sozialdemokratischen Partei Deutschlands beenden. Aber Barth winkte ab: Nein, das täte er nicht, er hinge nun einmal an seinem ‚armen kleinen Mitgliedsbuch' ... und was die Partei angehe, so könne er sich nicht vor ihr trennen, weil sie die Partei der Arbeiter sei (pardon! ‚Arbeiter*klasse*' sagt Barth), dazu die Partei, die Demokratie in Deutschland verbürge und schließlich – die Partei des Nicht-Militarismus, will heißen: eine Vereinigung, die, in ihrer langen Geschichte, *ein* Gut höher als alle anderen eingeschätzt habe: den Frieden."[48]

Pius XI. und Karl Barth? Wahrhaft ungewöhnliche Kronzeugen vor einem SPD-Parteitag für eine Verbindung von Christlichkeit und Sozialismus. Reine Taktik? Selbstverständlich hat Jens seine kalkulierte Freude daran, ausgerechnet etwa einen Mann wie Karl Barth für den Sozialismus zu reklamieren, der vom Widerstandskämpfer gegen den Faschismus mittlerweile zum Kronzeugen kirchlicher Neoorthodoxie avanciert war. Der Spaß am Überraschungseffekt ist dem Redner buchstäblich anzumerken, zumal er noch auf *Thomas Mann* als Dritten im Bunde verweisen kann. Schon hier – und später noch öfter – zitiert Jens den Satz des Dichters: Allein „‚in der Gestalt des Sozialismus'", anders nicht, finde Demokratie heute ihre eigentliche, „‚ihre moralische Existenz'".[49] Jens ist auch immer wieder ein listiger Zitaten-Arrangeur, ein Pointen-Virtuose durch die Sichtbarmachung überraschender Bezüge und Belege. Doch im Fall von *Karl Barth* geht es nicht bloß um geschickt genutzte Zitate. Zum Verhältnis von christlichem Glauben und politischem Engagement hatte Barth noch einmal 1946 grundsätzlich Stellung genommen, und zwar in einem programmatischen Traktat unter dem Titel „*Christengemeinde und Bürgergemeinde*". Und da Jens sich für sein politisches Selbstverständnis immer wieder auf diese theologische Grundschrift bezieht, müssen wir zumindest den für ihn entscheidenden Gedanken herausarbeiten.

Eine *Identifikation* von Christengemeinde und Bürgergemeinde lehnt Barth ab. Ein Christ weiß sich letztlich einer anderen Autorität verpflichtet als jeder Bürger. Es ist die Autorität des Reiches *Gottes*. Deshalb kann es eine reine Gleichung nicht geben, weder von seiten der Christen, indem sie ihre Ordnung (theokratisch) allen Bürgern aufdrängen, noch von seiten der Bürger, indem sie (staatstotalitär) die Kirche unter ihre Herrschaft zwingen. Gleichzeitig aber kommt für Barth auch eine *Trennung* nicht in Frage. Die Bürgergemeinde sorgt ja auf ihre Weise dafür (dort, wo sie ihrem Anspruch gerecht wird), daß Freiheiten garantiert, für Gerechtigkeit gesorgt und Recht gesprochen wird. Sie ist damit nichts von vornherein Sündhaftes, sondern durchaus ein „Instrument der ... Gnade". Auch das Handeln des Staates kann – nach Barth – „Gottesdienst" sein.[50] Christen können und müssen deshalb auch in einer Bürgergemeinde „Mitverantwortung" übernehmen, was für Barth freilich etwas anderes ist als „Untertansein". Mitverantwortung im Bewußtsein einer Legitimation aus einer Quelle, die nicht identisch ist mit der jeweiligen politischen Ordnung. Das Reich Gottes bleibt *jeder* politischen Ordnung gegenüber Richtschnur, bleibt kritische Instanz. Keine politische Ordnung – auch die demokratische nicht – darf mit dem Reich Gottes verwechselt werden. Christen warten „angesichts aller schon vollzogenen und angesichts aller noch zu vollziehenden politischen Verwirklichungen auf ‚die Stadt, die einen festen Grund hat, deren Baumeister und Schöpfer Gott ist' (Hebr. 11,10)." Sie vertrauen und gehorchen nicht einer politischen Gewalt und nicht einer politischen

Wirklichkeit, sondern „der Kraft des Wortes, durch das Gott alle Dinge trägt ... – auch die politischen Dinge".[51]

Gleichnis des Reiches Gottes

Wenn es sich also so verhält (immer noch Karl Barth); wenn es nicht um eine Gleichmacherei von beiden Seiten gehen kann (die Christengemeinde soll den Staat nicht verkirchlichen und der Staat die Kirche nicht verstaatlichen); wenn umgekehrt die Christengemeinde in der Bürgergemeinde eine Weise faktischer Selbstdurchsetzung *ihrer* Ordnung durchaus anerkennen kann, ohne daß das Reich Gottes mit einer politischen Ordnung zu identifizieren wäre; wenn Kirche also stets die Erinnerung an das Reich Gottes wachzuhalten und damit das „noch nicht", das Vorläufige, Unerfüllte, Unerfüllbare jeder politischen Ordnung kritisch herauszustellen hat; wenn umgekehrt auch die Kirche nie der Versuchung erliegen darf, sich selbst identisch zu machen mit dem Reich Gottes, weil auch sie grundsätzlich vorläufig, vergänglich, fragmentarisch ist: dann ist die Zuordnung von Christengemeinde und Bürgergemeinde nicht mit den Kategorien Gleichung oder Trennung, wohl aber mit der Kategorie *Gleichnis* richtig erfaßt. Der entscheidende Punkt bei Karl Barth lautet:

> „Die Richtung und Linie des christlich-politischen Unterscheidens, Urteilens, Wählens, Wollens und Sicheinsetzens bezieht sich auf die *Gleichnis*fähigkeit und *Gleichnis*bedürftigkeit des politischen Wesens. Das politische Wesen kann weder eine Wiederholung der Kirche noch eine Vorwegnahme des Reiches Gottes darstellen. Es ist in seinem Verhältnis zur Kirche ein *eigenes*, in seinem Verhältnis zum Reich Gottes (wie die Kirche selbst!) ein *menschliches*, ein die Art dieser vergänglichen Welt an sich tragendes Wesen. Eine *Gleichung* zwischen ihm und der Kirche auf der einen, dem Reich Gottes auf der anderen Seite kann darum nicht in Frage kommen. Wiederum hat es, indem es auf besonderer göttlicher Anordnung beruht, indem es zum Reiche Jesu Christi gehört, keine Eigengesetzlichkeit, keine der Kirche und dem Reich Gottes gegenüber selbständige Natur. Eine einfache und absolute *Ungleichung* zwischen ihm und der Kirche einerseits, dem Reich Gottes andererseits kann darum auch nicht in Frage kommen. Es bleibt somit übrig und es drängt sich als zwingend auf: die Gerechtigkeit

des Staates in christlicher Sicht ist seine Existenz als ein *Gleichnis*, eine Entsprechung, ein Analogon zu dem in der Kirche Geglaubten und von der Kirche verkündigten Reich Gottes. Indem die Bürgergemeinde den äußeren Kreis bildet, innerhalb dessen die Christengemeinde mit dem Geheimnis ihres Bekenntnisses und ihrer Botschaft der Innere ist, indem sie also mit dieser das Zentrum gemeinsam hat, kann es nicht anders sein, als daß sie, obwohl und indem ihre Voraussetzung und Aufgabe eine eigene und andere ist, im Verhältnis zu der die Christengemeinde konstituierenden Wahrheit und Wirklichkeit gleichnis*fähig* ist: fähig dazu, sie indirekt, im Spiegelbild zu reflektieren."[52]

Aus diesem Traktat des reformierten Theologen Karl Barth spricht für Jens ein anderer Geist als aus der Zwei-Reiche-Lehre Martin Luthers und der lutherischen Tradition, die wirkungsgeschichtlich auf ein theologisch begründetes Einmischungs-Verbot von Christen in politische Angelegenheiten hinausgelaufen war. Die Praxis der Anwendung der Zwei-Reiche-Lehre (gegen die ursprünglichen Intentionen Luthers) führte faktisch zu einer Verinnerlichung des Glaubens, zu einem Verkümmern des öffentlichen Engagements und damit zu einer Stützung des Obrigkeitsstaats. Aus Karl Barths Gleichnis-Lehre aber ergeben sich ganz andere Möglichkeiten:

- Die Christengemeinde (Kirche) – verpflichtet allein auf die Botschaft vom Reiche Gottes – muß sich gegenüber der Bürgergemeinde nicht neutral oder abweisend verhalten. Staatliche Ordnung sowie staatliche Institutionen und Autoritäten können die Ordnung des Reiches Gottes aufscheinen lassen. Barths Gleichnis-Lehre macht Schluß mit einer kirchlichen Selbstentpolitisierung. *Mitverantwortung* von Christen im politischen Gestaltungsraum ist gefordert.
- Die Christengemeinde – verpflichtet allein auf die Botschaft vom Reiche Gottes – bleibt grundsätzlich in kritischer Distanz gegenüber jeder politischen Vereinnahmung, insbesondere gegenüber jedem politischen Totalitarismus. Barths Gleichnis-Lehre ermöglicht kritische Distanz gegenüber allen staatlichen Omnipotenzphantasien, insbesondere jenen politischen Verblendungen, die eine kritische Relativierung durch eine „höhere Autorität" nicht nötig zu haben meinen. Entzauberung ist gefordert, Relativierung im Namen Gottes. Beide – Kirche *und* Staat – stehen unter der Kritik des Reiches Gottes.

Christen als Anwälte derer, die „unten" sind

Und weil dies so ist, sind Barth zufolge Christen im politischen Raum Anwälte besonders derer, die „unten" sind. Der Einsatz von Christen gilt vor allem den „nach ihrer gesellschaftlichen und wirtschaftlichen Stellung Schwachen und dadurch Bedrohten".[53] Die Christengemeinde steht im politischen Raum „notwendig im Einsatz und Kampf für die soziale Gerechtigkeit", und sie wird in der Wahl zwischen den verschiedenen „sozialistischen Möglichkeiten (Sozial-Liberalismus? Genossenschaftswesen? Syndikalismus? Freigeldwirtschaft? Gemäßigter –? Radikaler Marxismus?) auf alle Fälle die Wahl treffen, von der sie jeweils (unter Zurückstellung aller anderen Gesichtspunkte) das Höchstmaß von sozialer Gerechtigkeit erwarten zu sollen glaubt".[54]

Christen also als *Anwälte von sozialer Gerechtigkeit, von Menschenrechten und Freiheitsrechten!* Ein solches Verständnis von Christsein und Politischsein – 1946 entwickelt – blieb für Jens seit dem Umbruch der sechziger Jahre maßgebend. Barth-Sätze wie diese sind ihm Orientierung geblieben:

> „Und sie (die Christengemeinde, Verf.) sehe vor allem zu, daß nicht das Bild von der Kirche als der Vertreterin einer bestimmten klassenmäßig bedingten Weltanschauung und Moral sich immer aufs neue verfestige, die ohnehin getreuen Anhänger dieses Gesetzes noch weiter verhärte und das Kopfschütteln derer errege, die in diesem Gesetz nun einmal kein ewiges Gesetz zu erkennen vermögen. Das alles gilt sinnvoll auch für die mit mehr oder weniger kirchlicher Autorität oder schließlich auch ohne solche ausgeübte christliche *Journalistik* und *Schriftstellerei.* Sie sehe zu, daß sie sich rechtschaffen in den Dienst der Christengemeinde an der Bürgergemeinde, in den Dienst des für alles Volk bestimmten Evangeliums und nicht in den Dienst irgendwelcher christlicher Schrullen stelle!"[55]

Gut 20 Jahre nach Barths programmatischer Schrift aber hatte sich die politische Wirklichkeit noch einmal drastisch verändert. Mit der amerikanischen und europäischen Studentenbewegung 1968 (Kontext: Vietnamkrieg!) stand die Frage auf dem Spiel: Kann es eine christliche Legitimierung politischer Revolutionen geben? Gibt es möglicherweise sogar für die Anwendung von Gewalt in der politischen Auseinandersetzung eine theologische Rechtfertigung?

6. Christ und Revolution: Leitlinien von Helmut Gollwitzer

Jens sieht sich in diese Fragen hineingezogen, intellektuell, moralisch, christlich. Er sucht nach einer verantwortbaren Stellungnahme, so wie sie auch christliche Theologen damals suchten, darunter Hans Küng, darunter auch Vertreter einer „Theologie der Befreiung“, die jetzt, Anfang der siebziger Jahre, erstmals programmatisch von Theologen aus Lateinamerika vorgetragen wird.[56] Für Jens wird der Barth-Schüler Helmut Gollwitzer, Professor an der Freien Universität Berlin, zu einer Orientierungsfigur. 1969 veröffentlicht dieser evangelische Theologe Thesen zum Problem „Die Revolution des Reiches Gottes und die Gesellschaft“. Das Thema Gewalt – den Erfordernissen der Zeit gehorchend – nimmt hier einen zentralen Raum ein.

Der Beitrag von Christen im politischen Kampf

Aus heutiger Sicht, ernüchtert von den politischen Ereignissen der letzten 30 Jahre, mag man vom Pathos in Gollwitzers Text befremdet sein: Veränderung, Revolution, politischer Kampf, Zukunftshoffnung! Man merkt es den Ausführungen an, daß sie in eine besondere historische Situation hineingesprochen wurden, in die Situation des Sommersemesters 1968, dem ersten Höhepunkt der Studentenrevolte mit Massenversammlungen und Demonstrationen insbesondere an der FU Berlin. Man merkt, wie sehr Gollwitzer versucht, die Zeit-Stimmung aufzunehmen und sie doch theologisch zu bändigen, Extremismen zu vermeiden, ohne das berechtigte Sachanliegen mit traditioneller Theologie zu domestizieren.

Zu Beginn seiner Thesen argumentiert Gollwitzer zunächst dafür, daß Christen sich auch nach Rückschlägen im politischen Einsatz nicht zurückziehen könnten in die Resignation, den Elfenbeinturm, das Fachidiotentum, das Glück im Winkel oder die private Religiosität. Wer mit Christus verbunden sei, bringe in die politische Bewegung Geduld und eine Zuversicht hinein, die unabhängig sei vom Gang der politischen Ereignisse. Der habe aber auch ein Widerstandspotential, neuen Versuchungen zu widerstehen, gerade weil der politische Kampf so berechtigt sei: der Versuchung der Rechthaberei zum Beispiel; der Versuchung, eine neue Herrschaft von Menschen über Menschen aufzurichten; der Versuchung, den Gegner zu verteufeln, um mit ihm nach einem neuen Freund-Feind-Schema zu verfahren; der Versuchung, durch den Zweck die Mittel geheiligt sein zu lassen; der Versuchung, die Gegenwart ganz abzulehnen und alles nur auf Zukunft zu setzen; der Versuchung zum zukunftslosen Pragmatismus, der das größere Ziel aus den Augen verliere; der Versuchung, die eigene Wahrheit zu verabsolutieren und von Anhängern bedingungsloses Mitmachen zu fordern. Kurz: Für Gollwitzer ist der politische Kampf zwar Konsequenz der Reich-Gottes-Botschaft, Christen aber können ihre eigene Motivation (Sendung durch Christus) einbringen, die sie versuchungsresistenter macht.

Und die Gewalt?

Dasselbe gilt für die *Frage der Gewalt.* Gewalt gäbe es dort, wo es Menschen gäbe, meint Gollwitzer. Sie müsse kontrolliert werden nach dem Motto: Soviel Freiheit und Gewaltlosigkeit wie möglich – soviel Gewalt wie nötig. Aber bei *tötender Gewalt* seien die Dinge komplizierter, und zwar nicht bei bisher praktizierter und christlich-moralisch legitimierter tötender Gewalt: bei Notwehr, Tyrannenmord oder Todesstrafe. Wohl aber bei kollektiver tötender Gewalt in Kriegen und Revolutionen. Gewiß: Ein Christ müsse jeder Form kollektiver tötender Gewalt widerstehen und sich für die Verhinderung oder Abschaffung solcher Gewalt einzusetzen. Aber kann man eine Beteiligung als Christ an Revolutionen oder Befreiungskriegen in jedem Fall kategorisch ausschließen? Nach Gollwitzer nicht: „Die Verpflichtung des mit Christus Verbundenen zur Teilnahme am politischen Leben kann im Gedränge dieser Welt eh und je die Beteiligung an Krieg und Revolution zu einer in jedem Fall höchst kritisch zu prüfenden, aber vielleicht nicht zu vermeidenden Pflicht machen.“[57] Für Gollwitzer also ist absolute Gewaltlosigkeit, absolute Nicht-Beteiligung an Gewalt angesichts der realen Welt unmöglich. Zugleich aber fügt er zur Vermeidung von Mißverständnissen hinzu:

> „Nicht-Beteiligung an tötender Gewalt ist sinnvoll als Erinnerung an den Not-Charakter aller, auch der legalen Gewalt; als Konzentration aller Energie auf den schutzlosen, leidensbereiten Dienst der Liebe; als Protest gegen den Nicht-Abbau ungerechtfertigter Gewalt und gegen den Aufbau menschenfeindlicher Zerstörungskraft; als Verweigerung der Beteiligung an einer konkreten, nicht zu rechtfertigenden Gewaltanwendung … Leitwort für jedes Ver-

hältnis zur Gewalt: ‚Laß dich nicht vom Bösen überwinden, sondern überwinde das Böse mit Guten'".[58]

Auch hier erkennt man das Bemühen des evangelischen Theologen, die „revolutionäre" Stimmung der Zeit aufzunehmen und sie gleichzeitig theologisch zu „humanisieren", ja zu verchristlichen. Er weiß: die Abscheu vor jeder Revolution und jeder Gewaltanwendung hat in der Geschichte der Christenheit zu einer Haltung frommer Innerlichkeit und unpolitischen Duldertums geführt, die von den jeweils Herrschenden ausgenutzt werden konnte. Revolutionäre Gewalt entsteht ja meist als Reaktion auf die Unerträglichkeit sozialer Zustände. Eine prinzipielle Verwerfung der Revolution wäre dann christlicherseits nichts als eine Sanktionierung des jeweiligen Status quo. War aber diese prinzipielle Verwerfung der Revolution nicht eine „wesentliche Ursache für das Versagen der Kirche in der sozialen Frage des 19. Jahrhunderts und für die Entfremdung von Kirche und Proletariat"? Wurde die Kirche dadurch nicht zur „Hilfsorganisation für die Erhaltung der bestehenden Machtverhältnisse" mit der Folge, daß die Arbeiterbewegung sich „gegen diese Religion" entschied?[59] Mehr noch: Ist es nicht Heuchelei, daß die Kirche zwar Gewalt im revolutionären Kampf verwirft, nicht aber in Krieg und Militärwesen? Hier will Gollwitzer konsequent sein: „Wer in der Frage der Revolution pazifistisch argumentiert, in der Frage des Militärs aber nicht, enthüllt seine Argumentation als Ideologie der herrschenden Klassen".[60]

Und Jens? Wir können nun besser verstehen, welche Funktion seine Berufung auf die politische Theologie dieser beiden Vertreter des deutschen Protestantismus hat. Sie macht Jens *erstens* resistenter gegen eine Reduktion der Wirklichkeit aufs Politische oder gar Parteipolitische (alles Politische muß immer wieder auch transzendiert werden) und *zweitens* kritisch gegenüber einer Kirche, die Christsein vor allem mit der Bewahrung sozialer Privilegien oder der Pflege des persönlichen Seelenlebens verwechselt. Schon 1977 formuliert Jens in einer Predigt unter dem Lessingschen Programmwort „Christliche Religion und Religion Christi" an die Adresse der Kirchen, nachzulesen in „Ort der Handlung ist Deutschland" (1981):

> „Da wird vergessen, daß die vom Geist der Nächstenliebe und jesuanischen Herrschaftslosigkeit bestimmte Ordnung zwar nicht Gleichung, wohl aber, im Sinne Gollwitzers und Barths, Gleichnis eines Reiches sein kann, von dem es – als einem bevorstehenden, bestenfalls annährungsweise zu antizipierenden – gleichwohl Ent-

wurfskraft gewinnt: jenen revolutionären Wagemut, der sich negativ in der Absage an Absolutheitsanspruch, usurpierte Herrschaft und Gewalt, positiv in der Verpflichtung gegenüber der dritten, in der Französischen Revolution festgesetzten Formel bestimmt: Brüderlichkeit als ein Begriff, den der Christ durch jenes Liebesgebot zu transzendieren sucht, das, vom Relativen aufs Absolute weisend, Nächstenliebe im Sinne von Brüderlichkeit mit der Liebe zu Gott identifiziert."

Mehr noch: 1981, gefragt, was für ihn vorrangig zähle, ein radikales Republikanertum oder ein ebenfalls radikal verstandenes Christentum, kann Jens im selben Kontext von Gollwitzer und Barth Begriffe wie „Sozialismus" oder gar „Liebeskommunismus" verwenden:

> „Ich meine, daß sich seit dem Augenblick, da es Jesus Christus gibt, die Welt in eine bestimmte Richtung hin radikal verändert hat. Gollwitzer spricht davon, daß nunmehr das Zeichen der relativen Utopie (nicht der absoluten, das wäre vermessen) aufgestellt worden ist. Und Karl Barth redet davon, daß diese Welt nicht Gleichung des Vollkommenen am Ende der Tage, wohl aber dessen Gleichnis sein könne. Ich meine, daß die Trennung zwischen einem demokratischen Sozialismus und dem jesuanischen Liebes-Kommunismus nicht so dramatisch sein muß, wie man gemeinhin behauptet. Es sind interessierte Kreise, die darauf insistieren, diese Kluft so groß wie möglich zu machen."[61]

Sozialismus? Jens ist gerade wegen dieser politischen Präferenz (noch gab es die West-Ost-Spaltung) immer wieder in die Kritik geraten. Propagiert er nicht mit dieser Parole das sattsam bekannte Wirtschaftsmodell, das die Abschaffung des Privateigentums und die Verstaatlichung der Produktionsmittel zur Konsequenz hat? Will Jens ökonomisch darauf hinaus? Dabei können Kritiker zweifellos darauf verweisen, daß Jens den Begriff „Sozialismus" nie mit ökonomischer Sachkompetenz inhaltlich gefüllt und diskutiert hat, was kein Grund sein muß, den Begriff generell zu vermeiden. Denn die Kritiker haben ihrerseits gern übersehen oder übersehen wollen, daß der von Jens vertretene Sozialismus-Begriff weniger ein ökonomischer als ein politischer und ethisch-religiöser Begriff ist. „Sozialismus" geht von Anfang an für Jens zusammen mit *Demokratie* (das machte ihn stets auch resistent gegenüber allen staatstotalitären Sozialismus-Praktiken von Lenin über Mao bis Castro) und zusammen mit der *ethisch-*

religiösen Selbstverpflichtung auf eine Synthese, auf ein Zugleich der beiden Werte Gerechtigkeit und Liebe als Ideal einer künftigen Gesellschaft, welche die Bezeichnung „human" verdienen soll. Kurz: In Sachen „Sozialismus" geht es bei Jens vor allem um einen politischen und ethischen Begriff im Sinne Karl Barths, der Christen bei der Wahl zwischen verschiedenen „sozialistischen Möglichkeiten" auffordert, diejenige Option zu fördern, von der das „Höchstmaß an sozialer Gerechtigkeit" zu erwarten sei. All das spiegelt sich bei Jens noch einmal im Verhältnis zu *Ernst Bloch*, der dritten Figur, die für sein Verständnis von Christsein und Politischsein maßgebend wurde.

7. Der „rote Faden" im Christentum: Lernen bei Ernst Bloch

Ich hole aus meiner Bibliothek die dreibändige Ausgabe von „Das Prinzip Hoffnung" von 1969 und schlage im dritten Band das 53. Kapitel auf, das den Titel trägt „Wachsender Menscheneinsatz ins religiöse Geheimnis, in Astralmythos, Exodus, Reich; Atheismus und die Utopie des Reichs". Ich lese mich durch zum Unterkapitel, das für das Jesus-Bild von Bloch Schlüsselbedeutung hat: „Stifter aus dem Geist Mosis und des Exodus, völlig zusammenfallend mit seiner Frohbotschaft: Jesus, Apokalypse, Reich". Mir wird klar, warum Blochs „Prinzip Hoffnung" zu einem Leittext für Jens werden mußte. Ein bis heute erstaunliches Phänomen: Es ist ein marxistischer Philosoph jüdischer Provenienz, der in seinem Hauptwerk gegen alle Mythisierung und Legendarisierung *erstens* die harte geschichtliche Faktizität des Ereignisses „Jesu von Nazareth" verteidigt und *zweitens* wie kaum einer vor ihm die „Personenwirkung" Jesu insbesondere in ihrer *politischen Bedeutung* herausarbeitet. Wer die Blochsche Jesus-Skulptur (so muß man seine plastische Vergegenwärtigung nennen) begriffen hat, hat das unverwechselbare Profil Jesu verstanden und kann begründen, warum Nachfolge Christi eine kritische Einweisung in die Realität des Lebens ist:

> „So lebt *christlicher Glaube wie keiner von der geschichtlichen Realität seines Stifters*, er ist wesentlich Nachfolge eines Wandels, nicht eines Kultbilds und seiner Gnosis. Diese reale Erinnerung wirkte über die Jahrhunderte hinweg: Nachfolge Christi war auch bei noch so großer Verinnerlichung und Spiritualisierung primär eine historische und daran erst eine metaphysische Erfahrung."[62]

Ein messianisch predigender Prophet

Bloch tritt schon relativ früh im Werk von Jens auf, schon in „Die Götter sind sterblich" (1959). Das Buch endet mit einer Reise nach Leipzig und berichtet von Gesprächen dort mit dem Literaturwissenschaftler Hans Mayer (auch er später ein Tübinger), dem Lyriker Peter Huchel (später ein Bürger Staufens bei Freiburg) und Bloch. Als dieser zwei Jahre später – desillusioniert durch den staatstotalitären Sozialismus à la Ulbricht (Mauerbau am 13. August 1961!) – eine Reise in die Bundesrepublik nutzt, um sich im Westen niederzulassen (in Tübingen), begrüßt Jens ihn öffentlich mit einem Artikel „*Was bedeutet Bloch bei uns?*". Ihm ist klar, daß mit Bloch ein Philosoph in den Westen gekommen ist, der unbequem sein würde nach *allen* Seiten:

> „Ernst Bloch, ein Jude, der die deutsche Sprache zugleich mit lutherischer Kraft und sentimentalischem, heineschem Witz, mit marxschem Pathos und dem Rebellenmut Thomas Münzers traktiert (und, wie Münzer, ‚Gidionis Schwert führt') – Ernst Bloch ist in Erscheinung, Sprache und Denkgewohnheit 15 Jahre lang ein Riese unter Zwergen gewesen: Inmitten einer Kleinbürgerwelt, verurteilt, nur mit einem einzigen Mann Gespräche führen zu können, hat er sein großes Werk, das in Amerika begonnene *Prinzip Hoffnung*, redigiert ... und unter welchen Aspekten! Man stelle sich vor: hier der messianisch predigende Prophet, dort die erbärmlichen Parolen der Partei; hier kaustischer Witz, Noblesse und Großmut des Polyhistors, dort Nadelstiche, Terror und Gezänk; hier Sarkasmus, dort die Peitsche."[63]

Ein messianisch predigender Prophet! Prophetentum und Messianismus in einer Person neu verschlungen, und zwar im Kontext des Marxismus! In der Person eines Mannes, der – aller vulgärmarxistischen Religionskritik zum Trotz – in seinem Werk nicht müde wird zu zeigen, daß auch in der Geschichte von Judentum und Christentum nicht bloß Vertröstungsideologie gelebt, sondern ein „roter Faden" präsent gewesen ist: ein Wärmestrom an Herrschaftskritik, Reich-Gottes-Utopie, sozialem Umsturz und Hoffnung auf Befreiung von Abhängigkeitsverhältnissen, angefangen von den Propheten Israels, über Hiob, den Rebellen wider Gott, Jesus von Nazareth, den Menschensohn, bis hin zu Thomas Münzer, dem „Theologen der Revolution" (Bloch widmet ihm 1922 eine eigene Studie) und zu

Christen, die vor und nach dem Ersten Weltkrieg eine Verbindung von christlicher Gläubigkeit und sozialistischem Engagement eingingen: Paul Tillich, Leopold Raddaz und Karl Barth inklusive.

In einer politisch konfrontativen Situation, wie sie in den sechziger Jahren im gespaltenen Deutschland herrschte, war dies alles andere als selbstverständlich. Blochs Religionsverständnis steht bei aller Abhängigkeit von marxistischen Grundprämissen in völligem Gegensatz zu jener Partei-Orthodoxie, die ihr vollmundiges Selbstbewußtsein in Sachen Religion stets auf den ersten Satz der Marx'schen Schrift „Zur Kritik der Hegelschen Rechtsphilosophie" zu stützen pflegte: „Für Deutschland ist die *Kritik der Religion* im wesentlichen beendigt, und die Kritik der Religion ist die Voraussetzung aller Kritik".[64] Die Kritik der Religion – „beendigt"? Das hat Bloch nicht daran gehindert, eine vertiefte Auseinandersetzung mit der jüdischen und christlichen Religionsgeschichte zu suchen und Potentiale in ihr zu entdecken, die für eine auf Veränderung und Zukunft ausgerichtete Geschichtshermeneutik wie die seine („Prinzip Hoffnung") von grundlegender Bedeutung sind. Liest man Blochs Religions-Schriften (insbesondere noch „Atheismus im Christentum" 1968), so ist die Kritik der Religion bei ihm ein prinzipiell unabgeschlossener Prozeß, der einen doppelten Ausgang erkennen läßt. Repression und Revolution lassen sich *beide* religiös begründen. Schließlich hatte schon Marx im selben oben erwähnten Kontext erkannt, daß das *„religiöse* Elend" zugleich *„Ausdruck* des wirklichen Elendes" und *„Protestation* gegen das wirkliche Elend" ist.[65] Daß Blochs marxistisch grundierte Religionsphilosophie diese doppelte Dimension von Religion hermeneutisch gelten läßt und geschichtlich konkret sichtbar macht, ist sein forschungsgeschichtliches Verdienst. Jens verweist nicht zufällig gerade darauf in seiner Abschiedsrede für Bloch, die er dem verstorbenen Meister am 9. August 1977 auf dem Tübinger Bergfriedhof hält:

> „wie wird Geschichte lebendig, in diesem Werk, mit ihren Antagonismen und ihrer Ungleichzeitigkeit; der Marxist als Metaphysiker, die Materie spiritualisierend, dem Geist auf die Füße verhelfend. Ein Mann zwischen allen Fronten und Lagern – und eben deshalb die letzte große Integrationsfigur unserer Zeit: ergreifend zu sehen, wie selbstverständlich das Jesuanische ‚mühselig und beladen' mit dem Marxschen ‚erniedrigt und geknechtet, verlassen und verächtlich' korrespondiert."[66]

Der Nazarener als politische Gestalt

In der Tat gibt es bei Bloch einen ganz eigenen Blick auf die Figur des Nazareners. Gewiß: die marxistisch-atheistische Geschichtshermeneutik funktioniert auch hier. Jesu Botschaft „muß“ gemäß diesen Prämissen eine Ablehnung des theokratischen „Oben“ enthalten. Den apokalyptischen Titel „Menschensohn“ (eine Himmelsgestalt, die am Ende der Zeiten auf Erden erscheint) versteht Bloch als weiteren Schritt im fortschreitenden Prozeß einer Ersetzung des Herrscher-Gottes „oben“ durch „die Utopie eines Menschenmöglichen“, was konkret heißt: Gott ist durch Jesu Botschaft „zum menschgemäßen, menschidealen Mittelpunkt geworden, *zum Mittelpunkt an jedem Ort der Gemeinde*, die in seinem Namen sich versammelt. Dazu gehörte und überzeugte ein Stifter, in dem das Wort zu Fleisch geworden, zu Greifbarem, crucifixus sub Pontio Pilato. Dazu gehörte die unfingierbare Zartheit einer Hybris, die so ruhig behauptend sich darstellt, daß sie nicht einmal als solche empfunden worden ist und wird.“[67] Blochs Prämissen und Schlußfolgerungen sind hier nicht zu diskutieren. Wichtiger ist, was dieser Philosoph zur Figur des geschichtlichen Jesus zu sagen hat, zu dessen geistigem Profil, ja dessen spezifischer Eigenart im Ensemble religiöser Alternativen. Hier urteilt Bloch mit dem scharfen Blick des Polyhistors, der alle vulgärmarxistischen Scheuklappen abgelegt hat:

> „Wären statt der Heiligen Drei Könige Konfuzius, Laotse, Buddha aus dem Morgenland zur Krippe gezogen, so hätte nur einer, Laotse, diese Unscheinbarkeit des Allergrößten wahrgenommen, obzwar nicht angebetet. Selbst er aber hätte den *Stein des Anstoßes* nicht wahrgenommen, den die christliche Liebe in der Welt darstellt, in ihren alten Zusammenhängen und ihren nach Herrenmacht gestaffelten Hierarchien. Jesus ist genau gegen die Herrenmacht das Zeichen, das widerspricht, und genau diesem Zeichen wurde von der Welt mit dem Galgen widersprochen: das Kreuz ist die Antwort der Welt auf die christliche Liebe. Auf die Liebe zu den Letzten, die die Ersten sein werden, zu den Verworfenen, worin sich das wirkliche Licht ansammelt, zu der Freude, die nach Chestertons scharfem Wort die große Publizität weniger Heiden war und das kleine Geheimnis aller Christen wurde oder sein wird. Um sich zu rechtfertigen, hat die gleiche Welt, unter Benutzung ihrer heidnischen Mythen, den Tod am Kreuz hernach zu einem

freiwilligen Opfertod gemacht ... Aber der wirkliche Jesus starb als Rebell und Märtyrer, nicht als Zahlmeister; die Treue für die Seinen bis in den Tod war niemals der Wille zu diesem Tod ... Subjektiv wie objektiv kam der Kreuzestod von außen, nicht von innen, aus der christlichen Liebe; er ist der Lohn für den Rebell der Liebe und dessen Katastrophe. Er ist die Katastrophe für den Jesus, der kein Jenseits für die Toten, sondern einen neuen Himmel, eine neue Erde für die Lebendigen gepredigt hat. Ein Rebell gegen Gewohnheit und Herrenmacht ist am Kreuz gestorben, ein Unruhestifter und Löser aller Familienbande ..., ein Tribun des letzten, apokalyptisch geschützten Auszugs aus Ägypten."[68]

Halten wir die Schlüsselbegriffe fest: Jesus ist gegen die Herrenmacht das Zeichen, das widerspricht; ist ein Rebell der Liebe; sein Kreuz ist die Quittung auf sein Leben; er ist ein Unruhestifter und Löser aller Familienbande im Geiste des Exodus. Noch einmal: Seltsam zu denken, ein marxistischer Philosoph jüdischer Provenienz wird zum Spurendeuter Jesu, der politisch entwöhnten Christen die politische Brisanz der Urgeschichte Jesu neu zu erschließen vermag. Ein marxistischer Philosoph jüdischer Provenienz macht Christen Mut, aus der Praxis Jesu damals Konsequenzen für heute zu ziehen. Faktisch macht er damit Christsein resistenter gegen den marxistisch-neomarxistischen Generalverdacht. Denn einer Praxis der Nachfolge Christi heute, wenn sie wirklich die Nachfolge eines „Rebellen gegen Gewohnheit und Herrenmacht" ist, wird man kaum mit den Instrumenten der traditionellen Religionskritik beikommen können.

Und dies schon deshalb nicht, weil gerade Bloch die von Jesus verkündete Liebe nicht länger als unpolitische Innerlichkeit abqualifiziert. Was sich bei Jesus als Einheit von Gottesliebe und Nächstenliebe vertreten finde, sei in der antiken Religionsgeschichte unerhört. Die antike Liebe sei „Eros zu dem Schönen, Glänzenden"; die jesuanische Liebe dagegen wende sich „nicht bloß dem Gedrückten und Verlorenen, sondern darin dem Unscheinbaren zu". Es finde eine „Bewegungsumkehr der Liebe" statt – hin zu einer „Parteiischkeit für die Armen". Sie habe ihren Zweck in sich selbst, was gerade ein Text wie *Matthäus 25* programmatisch herausstelle, der auch für Bloch Schlüsselbedeutung zum Verständnis der ursprünglichen Botschaft Jesu hat: „Was ihr getan habt einem unter diesen meinen geringsten Brüdern, das habt ihr mir getan". Bloch folgert daraus:

„Die christliche Liebe enthält diese Hinneigung zu dem vor der

Welt Unscheinbaren als Begegnung mit ihm, als Betroffenheit dieser Begegnung, sie enthält das Pathos und das Geheimnis der Kleinheit. Daher wird das Kind in der Krippe so wichtig, zusammen mit der Niedrigkeit aller Umstände im abseitig-engen Stall. Das Unerwartete, den Erlöser als hilfloses Kind zu finden, teilte sich der christlichen Liebe dauernd mit, am sichersten franziskanisch; sie sieht das Hilflose als bedeutend, das von der Welt Weggeworfene als berufen. Dem steht allemal die Anbetung des Kindes im Gemüt und die Suche nach dem Eckstein, den die Bauleute verworfen haben; Andacht zum Unscheinbaren leitet letzthin die Bewegungsumkehr dieser Liebe und ihres Aufmerkens, Einschlagens, Umschlag-Erwartens in den *Nebenpunkten*, *Stillepunkten*, *Anti-Größen* der Welt."[69]

Die Konvergenzen zwischen Bloch und Jens sind hier mit Händen zu greifen. Deshalb kann es nicht überraschen, wenn Jens einem Satz von Bloch für sein erstes „Jesus-Buch" programmatische Bedeutung gibt, einem Satz, der sich gleich zu Beginn des erwähnten Kapitels von „Prinzip Hoffnung" findet: „Der Stall, der Zimmermannssohn, der Schwärmer unter kleinen Leuten, der Galgen am Ende, das ist aus geschichtlichem Stoff, nicht aus dem goldenen, den die Sage liebt."[70] 1972, ein Jahr nach dem „Traktat vom Frieden, von der Gewalt und der Revolution", legt Jens seine Übersetzung des Matthäus-Evangeliums vor. Der Buchausgabe gibt er den Titel „Am Anfang der Stall, am Ende der Galgen". Der soeben zitierte Satz über den Zimmermannssohn bildet das Motto des Buches. Zugeeignet ist es Ernst Bloch – „in Dankbarkeit".

II. Der Vertraute und der ganze Andere: Jesus von Nazareth

„Ich sehe Jesus von Nazareth mit den Augen der Synoptiker:
als den ‚Anderen', der in der Welt ist,
aber sich niemals eingemeinden läßt;
als einen, der mithandelt, mitleidet, mitredet
und gleichwohl jedem Zugriff entzogen ist;
als einen, der gehalten werden soll,
hienieden, und unter den Sternen zu Hause ist." [71]

Um zu verstehen, warum aus Walter Jens auch ein Übersetzer des Neuen Testamentes wurde, muß man sich auch ohne biographischen Anspruch einige lebens- und zeitgeschichtliche Zusammenhänge klarmachen. Die handwerkliche Grundausstattung war ohnehin vorhanden. Wer über Sophokles promoviert und über Tacitus habilitiert hatte, war philologisch bestens gerüstet. Nacherzählen, Übersetzen und Bearbeiten antiker Text sind selbstverständlicher Bestandteil der Berufspraxis. [72]

1. Die Übersetzung des Neuen Testamentes als literarisches Projekt

Die Übernahme des Lehrstuhls für „Klassische Philologie und Allgemeine Rhetorik" 1963 an der Universität Tübingen weitet noch einmal den Blick, jetzt auch ins Christliche, ja Kirchliche. Geredet wird bekanntlich nicht nur in Parlamenten, auf Parteitagen oder Marktplätzen, sondern auch auf der Kanzel oder am Grab. Das Interesse an der wissenschaftlichen Analyse der Kommunikationsform „Christliche Predigt" ergibt sich von daher schon aus beruflichen Gründen. 1976 wird Jens auf dem Deutschen Pfarrertag in einer programmatischen Rede über „Die christliche Predigt" eine Kriteriologie glaubwürdiger christlicher Rede entwickeln.[73] Wie hatte selbst *Friedrich Nietzsche* einst geklagt und gelobt? Der Deutsche läse nicht laut, nicht fürs Ohr, sondern bloß mit den Augen. Er habe seine Ohren dabei in's Schubfach gelegt. Welch ein Unterschied zur „kunstgemäßen Rede in der Antike", gepflegt in Deutschland eigentlich nur noch von der Kanzel herab. Nur der Prediger in Deutschland wisse, „was eine Silbe, was ein Wort wiegt, inwiefern ein Satz schlägt, springt, stürzt, läuft, ausläuft, er allein hatte Gewissen in seinen Ohren, oft genug ein böses Gewissen". Das Meisterstück der deutschen Prosa sei deshalb billigerweise auch das Meisterstück ihres größten Predigers: „die *Bibel* war bisher das beste deutsche Buch. Gegen Luther's Bibel gehalten ist fast alles Übrige nur ‚Litteratur'".[74]

Ein grundsätzliches Interesse an der sprachlichen Neufassung der christlichen Ur-Kunde ist von daher nur konsequent. Im Rhetorischen Seminar der Universität Tübingen wird denn auch Mitte der sechziger Jahre mit einer Gruppe von Studierenden ein Übersetzungs-Projekt ins Leben gerufen. Als es scheitert, läßt Jens sich überreden, zumindest das erste Evangelium zu übertragen, das des Matthäus. Der Entschluß dazu setzt die Relativierung von Athen und Alexandrien aus der Perspektive Jerusalems voraus, die wir im ersten Kapitel beschrieben haben. In der Rückschau wird Jens dies einmal so präzisieren:

> „Es ist doch etwas anderes, ob man ein Aischylos-Drama übersetzt oder einen Text, bei dem auch derjenige gefragt ist, der dem Jesus von Nazareth vertraut, dessen Worte er in sein geliebtes Deutsch zu übertragen versucht. Was die Evangelisten mehr oder minder vollkommen dargestellt haben, betrifft mich auch unmittelbar als einen Christenmenschen."[75]

Man muß die Syntax verändern!

Die Initialzündung für das neue Übersetzungsprojekt ist nicht einfach zu rekonstruieren. So viel läßt sich ohne biographischen Aufwand immerhin sagen: Durch Reisen hinter den Eisernen Vorhang seit Ende der 50er Jahre ist Jens auch mit der kirchlichen Situation in der DDR vertraut geworden. Von Pfarrern wie Reiner Bohley und Friedrich Schorlemmer lernt er zum Beispiel, wie schwierig es ist, gegenüber einem religionsverachtenden staatstotalitären Sozialismus einerseits und einer konservativen Erstarrung in den Rest-Gemeinden andererseits Verkündigung zu betreiben, Bibelstunden abzuhalten. Und doch geht von vielen dieser unangepaßten, aufsässigen Pfarrer ein Geist des Widerstandes aus: ein Glauben daran, daß es einen freiheitlichen Sozialismus christlicher Prägung geben könne – im Vertrauen auf die Kraft der mit einer Widerstands- und Befreiungshermeneutik gelesenen und gelebten Heiligen Schrift.

Diese beiden Komponenten nötigen Jens Respekt ab: eine mögliche Synthese von Christentum und Sozialismus jenseits aller staatstotalitären Sozialismusverherrlichung und aller westlich-liberalen Sozialismusverachtung. Sowie: soziale Sensibilität und geistiger Widerstand im Vertrauen auf das Wort der Schrift. Beides ist hörbar in der einzigen größeren „biographischen Skizze", die Jens 1994 veröffentlichen wird:

> „Courage, die verschwistert ist mit Brechtscher List: Wir haben sie kennengelernt in einem Land, das uns vertraut geworden ist wie kein zweites. Die fremde Nähe verlangte, Distanz und Sympathie miteinander verbindend, ein Höchstmaß an – positiv zu definierender! – Insinuation: Was, Walter Jens, würdest du antworten, wenn du in Reiner Bohleys Lage wärst und ein ehemaliger Konfirmand käme zu dir, ein Lehrling aus einem Heim, dem ein fanatischer Genosse vorsteht, und dieser Lehrling sagte: ‚Der Heimleiter verlangt von mir, daß ich den Bibelspruch über meinem Bett entferne, Herr Pfarrer, was soll ich tun?'
> Eine Geschichte aus der DDR, die für tausend andere steht: Sagt der Pfarrer – Reiner Bohley, aber Walter Jens stellt sich vor, man tausche die Rollen, *er* sei Pastor und lebe im Osten ... sagt der Pfarrer zum Lehrling: ‚Den Bibelspruch läßt du hängen', verdirbt er ihm womöglich sein künftiges Leben. Sagt er hingegen: ‚Weißt du was, Junge, den Bibelspruch nimmst du ab', wird der Konfirmand von ihm denken: ‚Da habe ich aber einen rechten Zeugen unseres Herrn Jesu vor mir! Große Worte und nichts dahinter.' (Soweit die Geschichte – und nun frage ich dich, bitte sehr, Walter Jens, ob du den Mut deines Freundes Reiner Bohley aufbringen würdest, der zum Heimleiter ging, ihn stellte, die Verantwortung auf seine eigene Schulter nahm – und der Bibelspruch blieb hängen.)"[76]

Vielleicht erklärt sich von diesen konkreten Erfahrungen einer unter schwierigsten Bedingungen praktizierten Christlichkeit die Schärfe, mit der Jens in Westdeutschland dann die Verschleuderung der Sache Gottes zu geißeln versteht. Ab 1963 ist er als Fernseh-Kritiker für die Wochenzeitung „DIE ZEIT" unter der Chiffre „Momos" tätig. Als solcher nimmt er sich zum Beispiel das in der ARD am 26. Juni 1965 ausgestrahlte „Wort zum Sonntag" vor. Und was folgt, ist einer der ersten greifbaren Texte, in denen Jens als Sprachkritiker in Sachen Religion auftritt, ja, in denen er – zweifellos zur Überraschung seiner Leser – am Ende auf nichts als die Bibel verweist. Unnachsichtig wird das „unerträgliche Modernisieren, dieses Sichanbiedern und krampfhafte Zeitgemäßsein" des Fernsehpredigers attackiert. Der geistliche Herr hatte seinen Auftritt vor der Fernsehkamera offensichtlich zu relativ plumpen symbolischen Übertragungen auf Gott-Vater persönlich benutzt: Kamera-Auge, Großer-Bruder-Auge, Gottes-Auge; auch Gott sieht alles und notiert alles; auch Gott hat ein Bild- und Ton-Archiv; auch Gott ist ein wachsamer Mann. Hier ist Jens gnadenlos. Schluß endlich mit frommem Reklame-Jargon. Schluß mit einer plumpen Theologen-Vertraulichkeit, „die Gott hier zum Spezi und dort zum Verkehrsrichter macht", um dann am Ende den Rat loszuwerden:

> „Setzt euch zusammen und studiert die Homiletik des Bildschirms; lernt, daß man vom Kreuz heute nicht mehr im Spener-Ton, aber noch weniger im Stil der Madison Avenue predigen kann. Schweigt eine Weile, laßt an eurer Stelle Menschen reden, Böll oder Dirks, die ein wenig von der Sache, von der Wahrheit und von der Sprache, verstehen. Lest aus der Bibel vor."[77]

Und als Überschrift über seinen Artikel setzt Jens demonstrativ ein einziges Wort mit zwei Ziffern und einem Komma dazwischen: Galater 6,7. Als wolle er es künftigen Predigern einhämmern, G-a-l-a-t-e-r ! Merkt euch ein für allemal, was in Kapitel sechs, Vers sieben steht: „Täuscht euch nicht. Gott läßt keinen Spott mit sich treiben; was der Mensch sät, wird er ernten."

Diese Warnung gilt insbesondere für den Umgang mit Sprache. Und was ist für Christen wichtiger als die Sprache der christlichen Ur-Kunde? Einladungen in die Evangelische Akademie Ostberlin führen Anfang der sechziger Jahre auch zu Gesprächen mit den Lyrikern *Peter Huchel*[78] und *Johannes Bobrowski*[79]. Gerade in Bobrowski hatte Jens einen Mann vor sich, der Christ und Poet zugleich war, ohne an Glaubwürdigkeit nach beiden Seiten zu verlieren. Dessen Gedichtbände „Sarmatische Zeit" (1961) und „Schattenland Ströme" (1962) gehören zu den Meilensteinen deutschsprachiger Lyrik nach 1945. Von Bobrowski hört er zum ersten Mal den Satz: „Wenn man das Neue Testament neu übersetzten will, muß man die Syntax brechen". Später wird in einem programmatischen Essay zur Verteidigung von Martin Luthers Bibelübersetzung nicht zufällig der Satz fallen: „Lebte Johannes Bobrowski noch – der hätte, als Einzelner, jene Übersetzung schreiben können, der, dank ihrer Patina und ihrer Modernität, ihrer Lutherischen Sinnverwandlung und ihrer Wortbewahrung der Charakter eines *textus receptus* zukäme."[80]

Damit ist eine wichtige Initialzündung gegeben. Das Bobrowskische Wort bedeutet Mut zur Freiheit, konkret: Mut zum sprachlichen Eingriff in den Text – aus heutiger Sprach- und Sprecherfahrung heraus. Das „Gewissen im Ohr" ist das Gewissen eines heutigen Hörers. „Unbeholfenes Griechisch durch unbeholfenes Deutsch" wiederzugeben, lohnt der Mühe nicht.[81] Ein heutiger Hörer ist literarisch geschult, sein Ohr ist konditioniert. Wenn es neu „ergriffen" werden soll, dann nicht unter dem Sprachniveau, das zum Beispiel Brecht in seiner Lyrik erreicht hat. Dann sicher nicht unter Absehung von der sprachlichen Sensibilität, wie sie die Gedichte eines Paul Celan verraten. Dann sicher nicht ohne Rücksicht auf das, was man in der Prosa bei Hemingway lernen kann: Härte im Stil, Knappheit in den Dialogen, Rasanz in den Szenenwechseln. Durchrhythmisierung und Verknappung der Texte also ist angesagt, wenn man neu „ergreifen" will.

Woraus folgt: Jens versteht seine Übersetzung des Neuen Testaments von vornherein als literarisches Projekt. Das ist nicht ohne Widerspruch geblieben, der aus einem anderen Übersetzungs-Verständnis heraus durchaus nachvollziehbar ist.[82] Die Einwände können hier nicht erörtert werden.[83] Das gehört in eine Rezeptions-Geschichte, die dringend geschrieben werden müßte. Wir bleiben auch hier beim Thema und konzentrieren uns auf die konzeptionellen Entscheidungen und werkgeschichtlichen Ergebnisse des Autors, im vollen Bewußtsein der Tatsache, daß sich die Jens'sche Übersetzung fundamental von anderen, auf anderen übersetzungstheoretischen Vorentscheidungen beruhenden Konzeptionen unterscheidet. Wie aber sieht es mit großen Modellen der Vergangenheit aus? Mit der Bibelübersetzung Luthers? Mit der Übertragung von Buber und Rosenzweig? Sind hier nicht Maßstäbe vorgegeben? Selbstverständlich, und Jens gewinnt sein Übersetzungs-Konzept in Auseinandersetzung mit diesen klassischen Vorbildern. Kontinuität und Diskontinuität lautet in beiden Fällen die Devise.

Hörbarmachen ursprünglicher Mündlichkeit

Diskontinuität zu Luther. Selbstverständlich ist auch der Text des Reformators für einen heutigen Übersetzer nicht sakrosankt. Jens hat dies nie bestritten, sondern im Gegenteil betont: Nicht alle Revisionen sind unangebracht, schließlich handelt es sich um ein Deutsch des 16. Jahrhunderts. Nichts kann man von daher einwenden gegen die Eliminierung veralteter Vokabeln („Schnur“ heißt heute „Schwiegertochter“), nichts gegen die Ersetzung von Worten, die einen Bedeutungswandel erfahren haben („geil“ heißt für Luther „mutwillig“, „lustig“ heißt „lieblich“ und „Geruch“ heißt „Ruf“); nichts gegen unabdingbare syntaktische Eingriffe; nichts gegen die Verbesserung des Wortlauts im Sinne einer Annäherung an den Urtext mit Mitteln der Philologie. Man weiß ja heute, wie korrupt Luthers Textvorlage oft war. Man weiß aber auch um sein Weltbild, das mit seiner Abhängigkeit von einer agrarisch bestimmten Gesellschaft und seinen ptolemäischen Prämissen (der Hausvater als Herr eines Wirtschaftsbetriebs; oben der Himmel, unten die Hölle) nicht mehr das unsrige ist.

Aber *Kontinuität* zu Luther im Bemühen um dieselbe sprachliche Kraft heute – gegen alle schriftdeutsche Verharmlosung. Mit dieser Überzeugung greift Jens 1976 und 1981 kämpferisch in die Debatte um eine revidierte Luther-Übersetzung ein und konstatiert auf der ganzen Linie Inkonsequenz, Zauderei, Unentschiedenheit und Halbmut der Übersetzer.[84] Das Subjektive, Emotionale und Individuelle des Luther-Deutschs werde durch eine spannungslose Einerleirede, eine höhere Umgangssprache ausgemerzt. Die Alternative? Statt glättender Gleichmacherei – bewußte Wahl einer Sprache, welche die lutherische Direktheit und Zugriffigkeit auch in heutigem Deutsch noch spüren läßt. Beispiel Mk 6,21:

Luther-Bibel (von 1545):

> „Und es kam ein gelegener Tag
> Das Herodes auff seinem Jartag
> ein Abendmal gab
> den Obersten und Heuptleuten und den Furnemestern in Galiläa“

Dagegen die *revidierte Luther-Übersetzung von 1984:*

> „Und es kam ein gelegener Tag, als Herodes an seinem Geburtstag ein Festmahl gab für seine Großen und die Obersten und die Vornehmsten von Galiläa.“

Jens übersetzt so:

> „Der Tag war gekommen,
> die Stunde,
> die Herodias willkommen war:
> Ein Fest für die Ersten des Volks,
> Beamte und Offiziere und Kaufherrn aus Galiläa.“

Das Prinzip wird an diesem kleinen Beispiel klar: Die Ausdrücke aus der Lutherzeit („Jartag“, „Heuptleuten“, „Furnemester“) werden dem heutigen Sprachgebrauch angepaßt. Auch werden heute altertümlich klingende Wendungen wie „gelegener Tag“ konsequent ersetzt; die „Revision“ ist hier erkennbar inkonsequent. Und zugleich kann durch Rhythmisierung und die Nutzung von Zeilenbrüchen die kraftvolle Direktheit des Luther-Textes gewahrt werden, wiederum im Kontrast zur Revision von 1984.

Diskontinuität zu Buber/Rosenzweig. Bekanntlich besteht die Originalität und Kühnheit der Bibelverdeutschung der beiden jüdischen Gelehrten (gemeinsames Projekt von 1925 bis zu Rosenzweigs Tod 1929, dann Vollendung durch Buber allein) darin, den ursprünglichen Wort-Laut des hebräischen Urtextes auch in der deutschen Übertragung hörbar machen zu wollen. Buber und Rosenzweig gingen von einer doppelten Erkenntnis aus:

(1) Auch im deutschen Judentum sind mittlerweile Generationen herangewachsen, die des Hebräischen weitgehend unkundig sind, von Christen, die die Hebräische Bibel ohnehin nur als „Altes Testament“ zu funktionalisieren pflegen, gar nicht zu reden. Deshalb der verwegene Versuch, dem Kontinuitätsbruch dadurch aufzuhelfen, daß über das Deutsche die Ursprache mit hörbar gemacht wird, um so wenigstens eine Ahnung von den Ursprüngen zu erzeugen oder gar ein sprachliches Aneignungs-Interesse zu stimulieren.

(2) Zur inhaltlichen Erfassung des „Sinns“ der biblischen Texte gehört die Sinnlichkeit des ursprünglichen Klangkörpers dazu. Selbst eine Übersetzung in eine nichthebräische Sprache muß darauf so weit wie möglich Rücksicht nehmen. Buber wörtlich:

> „Vollzogene Offenbarung ist immer Menschenleib und Menschenstimme, und das heißt immer: *dieser* Leib und *diese* Stimme im Geheimnis ihrer Einmaligkeit. Zur Verkündigung des Propheten gehören nicht nur seine Symbole und seine Gleichnisse, sondern auch der Grundstrom althebräischer Sinnlichkeit noch in den geistigsten Begriffen, die straffe Spannung der althebräischen Satz-Architektur, die althebräische Art, nah beieinander stehende, aber auch voneinander entfernte Worte durch Wurzelverwandtschaft oder Gleichklang aufeinander zu beziehen, der gewaltige, auch über alle Metrik hinaustreibende Gang althebräischen Rhythmus‘.“[85]

Beispiel? *Luther übersetzt Genesis 1,1 so:*

„Am Anfang schuff Gott Himmel und Erden. Und die Erde war wüst und leer.
Und es war finster auff der Tieffe,
Und der Geist Gottes schwebet auff dem Wasser."

Bei Buber – Rosenzweig wird daraus:

„Im Anfang schuf Gott den Himmel und die Erde.
Und die Erde aber war Irrsal und Wirrsal.
Finsternis über Urwirbels Antlitz.
Braus Gottes schwingend über dem Antlitz der Wasser."

Die ungewohnten Worte „Irrsal" und „Wirrsal" wollen im Deutschen über den gemeinsamen ‚i'-Laut und das doppelte ‚r' das hebräische Urwort wenigstens erahnen lassen: „Tohu-wa-bohu".

Genau diese Hörbarmachung des Wort-*Lautes* will Jens nicht. Er hat kein Interesse daran, in der deutschen Sprache das griechische Original mitzutransportieren. Das hieße wieder sklavische Bindung nach rückwärts, von der er gerade frei sein wollte. Aber einen zentralen Grundgedanken von Buber – Rosenzweig bewahrt auch er: das *Prinzip der Mündlichkeit*. Die Bibel ist als *Sprach-Ereignis* in erster Linie ein *Sprech- und Hör-Ereignis*. Ihre Überzeugungskraft kommt weniger aus der „Lektüre", als aus der lautlichen und klanglichen Repräsentation. Die biblische Botschaft entstammt ja der Welt der Mündlichkeit und bedarf neuer Mündlichkeit, um als „Botschaft" wieder vernehmbar zu werden. Noch in ihrer geronnenen, d. h. textgewordenen Form drängen die Texte ins Narrative und Deklaratorische. Deshalb gleicht die Sammlung der biblischen Bücher weniger einer Bibliothek als einer Audiothek. Kurz: Mündlichkeit gehört zum Wesen biblischer Texte. Zwar gilt dies nach Buber für alle echte Dichtung, aber im Unterschied zur Dichtung ist

„in jenem Bereich heiliger Gesprochenheit weiterhin keine durch Symbolzeichnung darstellbare Gleichmäßigkeit zu finden. So kann sich hier zwar ein metrischer Bau entwickeln (ein großer Teil der Bibel ist ja bereits metrisch geformt), aber das Ursprüngliche ist nicht das Metrum, sondern die Kolometrie, d. h. die Gliederung in Einheiten (Kolen), die *zugleich* Atemeinheiten und Sinneinheiten sind. ‚Das Grundprinzip der natürlichen, der mündlichen Interpunktion' hat Rosenzweig zutreffend den Atemzug genannt (in dem Aufsatz ‚Die Schrift und das Wort'); nur muß dabei beachtet werden, daß in dem Bereich der reinen Mündlichkeit, von dem wir hier reden, Atemholen und Sinnpause derselbe Moment sind."[86]

Halten wir die beiden bis hierher entwickelten Schlüsselbegriffe fest: Bibelübersetzung muß mit „Gewissen im Ohr" stattfinden, d. h. sich durch Sprachkraft auf heutigem Sprechniveau auszeichnen, und: Bibelübersetzung muß es um die Wiedergewinnung der ursprünglichen Mündlichkeit der Schrift gehen. Ein drittes Moment aber muß noch hinzukommen.

Was ist wahre Aktualisierung?

Sprachmächtigkeit auf heutigem Sprechniveau ist das Gegenteil von Anbiederung an heutigen Slang. Das wäre falsche Modernisierung, gegenwartsblinde Aktualisierung eines alten Textes. Für Jens hat *Ernst Bloch* hier das hermeneutische Prinzip vorgegeben. Im „Prinzip Hoffnung" findet sich ein erhellender Abschnitt über „falsche und echte Aktualisierung", auf den Jens oft verweist. Bloch spricht hier das Problem der Neuaufführung klassischer Stücke auf der Bühne an. Selbstverständlich müsse „neu inszeniert" werden! Selbstverständlich bleibe auch die Bühne „nicht unverändert"! Aber zugleich dürften die alten Stücke nicht zur „Garderobe" werden, an deren „Haken immer neue Kleider aufgehängt" würden.[87] Menschen und Schauplätze könnten nicht gänzlich und radikal „modernisiert" werden. Warum nicht? Es bliebe in jedem Fall das „Kostüm der Zeit", worin das gegebene Stück gespielt werde. Hamlet im Frack oder „Hoffmanns Erzählungen" in einer Chromnickel-Bar? Abgeschmackter Unsinn. Schillers „Räuber" in Proletenkluft und Spiegelberg mit einer Trotzki-Maske? Ein snobistischer Rückschlag. Was dann? Bloch wörtlich:

> „das klassische Drama muß so gesprochen und dargestellt werden, daß nicht die Gegenwart dem Drama aufgepreßt wird, sondern das Drama die Gegenwart mitbedeutet. Und das aufgrund seiner temporären nie erschöpften Konflikte, Konfliktsinhalte und Lösungen, vielmehr: jedes klassisch große Drama zeigt an diesen seinen Konflikten und Lösungen ein gleichsam überholendes, das Temporäre *übergreifendes Anliegen.*"[88]

Das Sach-Anliegen als *übergreifendes* sichtbar machen; die Gegenwart *mitbedeuten:* dieses Ideal strebt auch Jens als Übersetzer an. Deshalb können *Ferne und Fremdheit* eines Textes durchaus gewahrt bleiben und müssen nicht um den Preis billiger Anpassung wegretuschiert werden. Leser von heute sollen bei der Konfrontation mit dem biblischen Text durchaus Befremden spüren. Die Schrift ist kein Beruhigungsmittel. Wie sollte heutigen Menschen auch nicht fremd sein, wie zum Beispiel vom Erscheinen eines apokalyptischen Menschensohns berichtet wird: Matthäus, Kapitel 24:

> „Gleich nach dem Grauen jener Tage wird sich die Sonne verfinstern und der Mond leuchtet nicht mehr. Die Sterne fallen herab, die Himmelsmächte beginnen zu zittern und das Zeichen des Menschensohns wird am Himmel erscheinen: ein Seufzen unter den Völkern, wenn sie ihn sehen, in seiner Macht und seinem Glanz und er auf Wolken kommt!
> Mit Trompetenstößen wird er die Engel aussenden, in die vier Winde, um seine Erwählten von den Grenzen der Himmel zu sammeln."

Ein solcher apokalyptischer Text kann also nicht scharfkantig genug übersetzt werden, um dem Leser deutlich zu machen: Nichts ist hier „erbaulich", nichts ist hier vertraut. Eine solche Botschaft mit ihrem Weltbild (Himmel „oben"; Erscheinung einer Himmelsgestalt; Engel) sowie ihrer inhaltlichen Aussage (Weltgericht durch eine gottgewollte kosmische Katastrophe) steht zur Welt unserer bürgerlichen Christlichkeit quer. Fremd und sperrig ist sie. Aber in dieser ihrer Fremdheit läßt sie sensible Leser aufmerksam werden und nach *unserer* Zeiterfahrung fragen: nach möglichen Verdrängungen und Verblendungen *unserer* Gegenwart. Stimuliert wird eine Hermeneutik des Verdachts gegenüber jeglicher Gegenwartsfixiertheit. Kurz: Unsere Zeit soll und kann diesem Text nicht aufgezwängt werden; er ist gerade nicht billig zu „aktualisieren". Aber dieser Text kann die Gegenwart mitbedeuten!

Durchrhythmisierung und Verknappung

Schauen wir uns – ohne Anspruch auf Vollständigkeit – noch einige weitere Stilmittel an, die Jens benutzt, um dieses eigentümliche Mit- und Ineinander von Vergangenheit und Gegenwart sprachlich in seiner Übersetzung anzuzeigen. Im ersten übersetzten Evangelium, dem des Matthäus, unterscheidet Jens stilistisch noch zwischen christologischen und narrativen Passagen. Narrative (etwa Gleichnis-Reden) werden in Prosa-Form wiedergegeben, Worte Christi selber aber in freien Rhythmen, um so die Botschaft noch stärker als ergreifende, den Leser herausfordernde hörbar zu machen. Beispiel Matthäus 11,28-30. *Revidierte Luther-Übersetzung von 1984:*

> „Kommt her zu mir, alle, die ihr mühselig und beladen seid; ich will euch erquicken. Nehmt auf euch mein Joch und lernt von mir; denn ich bin sanftmütig und von Herzen demütig; so werdet ihr Ruhe finden für eure Seelen. Denn mein Joch ist sanft, meine Last ist leicht."

Jens dagegen:

> „Hierher!
> Zu mir, Geknechtete:
> eingespannt in das Joch,
> wie ihr seid, und erschöpft von der Last!
> Ich will euch ausruhen lassen.
> Nehmt mein Joch auf die Schultern!
> Bedenkt:
> Ich brauche keine Gewalt,
> ich bin selbstlos
> und arm
> und ihr werdet Ruhe finden
> in eurem Herzen.
> Denn mein Joch ist nicht hart,
> und meine Last ist nicht schwer."

Wieder ist ein Vergleich der beiden Übersetzungen erkenntnisfördernd. Statt einer besänftigend vorgebrachten Einladung „Kommt her zu mir ..." ein Aufruf, der einem Schrei gleichkommt: „Hierher! / Zu mir, Geknechtete". Die Akklamation ist der Situation angemessen: Jesus redet nicht im stillen Kämmerlein, sondern in Städten, öffentlich. Durch den Zeilenbruch zwischen „Hierher!" und „Zu mir" ist der Lautleser überdies zu einer Atempause und zu neuer Emphase gezwungen. Das „Zu" muß nun, weil am Versanfang, ganz anders betont werden. Rhythmus und Verknappung kommt in den Text und nimmt ihm jedes gemächliche Dahertraben.

Gleichzeitig kommt es zu Verdeutlichungen: Was ein „Joch" ist, ist nicht jedem Hörer von heute klar. Es ist die Querstange auf dem Nacken von Tieren (oder Menschen), die einen Karren ziehen. Durch

Hinzufügung von „auf die Schultern" erreicht Jens *erstens* eine informierende Klarstellung und *zweitens* eine höhere Plastizität, ja Körperlichkeit, was auch durch die Wortwahl „Mein Joch ist nicht hart" statt „Mein Joch ist sanft" erreicht wird. Verdeutlichung erfolgt auch bei der Ersetzung der Worte „mühselig und beladen" durch „Geknechtete" sowie „sanftmütig" und „von Herzen demütig" durch „Ich brauche keine Gewalt / ich bin selbstlos / und arm". „Mühselig und beladen" sowie „sanftmütig" und „demütig" signalisieren Innerlichkeit, schöne Haltung. Ein Wort wie „Geknechtete" dagegen signalisiert konkrete Lebensbedingungen.

Deutlich soll werden: Die Adressaten dieser Botschaft sind sozial Deklassierte und Unterdrückte, Menschen, „eingespannt in das Joch"! Ihnen spricht der Christus Hoffnung zu, da er selber in seiner Selbstlosigkeit und Besitzlosigkeit zu ihnen gehört. Und diese Hoffnung ist umso glaubwürdiger, als die Botschaft nicht einhergeht mit neuer Bedrückung. Die Geknechteten werden nicht noch stärker geknechtet, weder sozial noch religiös. Zugleich kommt es durch Rhythmisierung (Zeilenbrüche und flexibles Versmaß), Verknappung (Reduktion auf Wortkerne; Streichung des Verbs) und Verdeutlichung zu einem höheren Maß an Anschaulichkeit, Konkretheit und Direktheit, wobei die Arbeit mit Zeilenbrüchen überdies den Vorteil hat, daß man als Sprach-Arrangeur das Tempo der Zeilen bestimmen kann. Atemfrequenzen werden kontrollierbar. Manchmal kann ein Satz ruhig ausschwingen, „auslaufen", um mit Nietzsche zu sprechen: „Ich brauche keine Gewalt / ich bin selbstlos / und arm, / und ihr werdet Ruhe finden / in eurem Herzen." Manchmal kann man rasche Wechsel inszenieren. Dann können die Sätze springen, stürzen, rasen. So im Fall von Lukas 4,16f. Bei *Jens* heißt es:

> „Sabbath-Zeit, Theophilus!
> Und Er:
> bereit, aus den Heiligen Schriften vorzulesen,
> wie er's gewohnt war.
> Er stand auf, man gab ihm die Rolle mit den Schriften Jesajas,
> er öffnete sie und fand die Stelle,
> da geschrieben steht."

Und so das Deutsch der *revidierten Luther-Übersetzung:*

> „Und er kam nach Nazareth, wo er aufgewachsen war, und ging nach seiner Gewohnheit am Sabbat in die Synagoge und stand auf

und wollte lesen. Da wurde ihm das Buch des Propheten Jesaja gereicht."

Eingreifendes Übersetzen

Auffällig ist auch dies: Bei der Übersetzung des Markus- und Lukas-Evangeliums läßt Jens immer wieder den *Erzähler* als Erzähler sich offenbaren. Jede einzelne Erzähleinheit wird mit dem Satz eingeleitet: „Und ich erzähle". Der Vorteil ist ein doppelter: Diese Selbstpreisgabe des Erzählers als Erzähler strukturiert den Text, macht die Erzähleinheit als Einheit sichtbar. Zugleich hält sie im Leser das Bewußtsein wach, daß hier kein überzeitlicher Text vorliegt, sondern einer, der aus menschlicher Perspektive geschrieben wurde. Die Evangelien sind keine Mitteilungen „aus dem Himmel". Sie sind nach ihrem eigenen Selbstverständnis im Unterschied etwa zum Koran gerade nicht von Gott verfaßt und sukzessive dem Propheten (bzw. einem Evangelisten) diktiert worden. *Markus* berichtet von vornherein aus seiner Perspektive, aus seiner menschlichen Wahrnehmung, aus seiner subjektiven Zeugenschaft. Der Einschub „Und ich erzähle" ist also Mittel der Strukturierung sowie der Selbstpreisgabe von Perspektivität, Geschichtlichkeit und Kontextualität des Erzählten.

Im Evangelium des *Lukas* kann dies alles noch dadurch verstärkt werden, daß das Berichtete von vornherein einen Adressaten hat. Lukas hat ja sowohl sein Evangelium als auch seine Apostelgeschichte für einen gewissen Theophilus aufgeschrieben, vermutlich einen vornehmen Heidenchristen. Gerade Lukas signalisiert durch die Vorworte zu seinen beiden Büchern die Subjektivität und Fragmentarität seiner Berichte (Lk 1,1-4; Apg 1,1-3). Jens macht sich diese Selbstrelativierung zunutze. Immer wieder wird die Anrede „Höre weiter, Theophilus, Bruder und Herr" eingeschoben. Dadurch kommt ein Stück Dialogizität in die Erzählung. Wir Leser werden zu Zeugen von Mitteilungen wie an einen Freund. Wir sollen im Verlauf der Lesung nie vergessen: Dies ist die Geschichte eines ergriffenen Menschen, der eine Botschaft weitergeben will. Eine Botschaft überdies, für deren Glaubwürdigkeit man unter Umständen mit der ganzen Person einstehen muß.

Was ist zum Beispiel unheimlicher als die Szene beim „leeren Grab" (Lk 24,1-12). Frauen kommen zur Begräbnisstätte, sehen, daß der Stein vom Grab weggewälzt ist, gehen hinein und finden keinen

Leichnam. Das Deutsch der *revidierten Luther-Übersetzung* lautet: „Und als sie darüber bekümmert waren, siehe, da traten zu ihnen zwei Männer in glänzenden Kleidern. Sie aber erschraken und neigten ihr Angesicht zur Erde.“ (Lk 24,4f.) *Jens* macht sowohl das Erschrecken der Frauen als auch die Unheimlichkeit der Szene ganz anders nachvollziehbar, eine Szene, die auf einen Außenstehenden wie Theophilus (und wir heutige Leser sind alle Außenstehende) befremdlich bis unwahrscheinlich klingen muß. Daher die Bekräftigung, die Jens hinzusetzt:

> „Da aber, auf einmal –
> ich sage Dir, mein Theophilus, so ist es gewesen! –
> traten zwei Männer in weißen Gewändern,
> die hell wie der Schnee leuchteten,
> auf sie zu
> – wie sie erschraken! Sich niederkauerten!“

Durch dieses *eingreifende Übersetzen* signalisiert Jens das Riskante dieser Geschichten. Indem er Lukas seinem Adressaten gegenüber insistieren läßt, daß seine Rede „verbürgt“ sei, also auf *glaubwürdiger* Zeugenschaft beruhe, reagiert er bereits auf mögliche Zweifel an seiner Geschichte. Die Theophilus-Einschübe geben somit die menschliche Relativität, zeugenhafte Verbürgtheit und in Zweifeln begründete Risikoanfälligkeit des Erzählenden wieder. Auf diese Weise signalisiert der Übersetzer ein Stück Erdung der neutestamentlichen Geschichten, ein Stück Menschlichkeit. Sie verlieren dadurch alles Abgehobene, Glorifizierte. Durch Freilegung ihrer Perspektivität verlieren sie die ihnen frömmigkeitsgeschichtlich zugewachsene Aura des „Vollkommenen“ und werden wieder das, was sie ursprünglich sind: Glaubenszeugnisse von Menschen; Verstehensbemühungen um das Ungeheure, Unfaßliche, das Menschen widerfuhr und das sprachlich und gedanklich nicht ausgeschöpft werden kann. Selbst die Ur-Kunden enthalten nicht alles über das Verhalten des Nazareners. Selbst sie weisen über sich hinaus auf die Gestalt Jesu, die sich in ihnen bricht und spiegelt. Genau das will die Jens'sche Übersetzung erreichen: nicht Vertraulichkeit mit dem angeblich schon Bekannten, nicht Selbstzufriedenheit mit dem immer schon Gewußten, sondern neues Staunen über das Fremde, das Unheimliche und das Unbegreifliche der Gestalt des Nazareners. Dieses Staunen steht im Dienste des Weitererzählens. Den Markus-Schluß faßt Jens so:

„Dies ist meine Erzählung.
Andere werden weitererzählen
und zu Ende bringen,
was später geschah."

Wie mit Johannes und Paulus zurechtkommen?

Schauen wir uns noch zwei besonders „heikle" Passagen an. Zum *einen:* Wie geht Jens mit dem Problem des Antijudaismus im *Johannes-Evangelium* um? Es ist ja kein Geheimnis, daß dieses Buch massive antijudaistische Passagen enthält. Es entstand ja auch in einer Situation der Exkommunikation von Judenchristen aus der Synagoge und stellt den Versuch der Selbstbehauptung durch Gegenverurteilung dar.[89] Auffällig ist denn auch der das ganze Evangelium durchziehende Kollektiv-Gebrauch des Wortes „die Juden", was ja nichts anderes signalisiert als die totale Entfremdung der johanneischen Gemeinde von ihrer jüdischen Umwelt. Sie wird ausschließlich als feindliches Kollektiv im Gegenüber erfahren. Höhepunkt der Polemik ist das ungeheure Teufels-Wort über „die Juden" durch den johanneischen Christus: „Ihr habt den Teufel zum Vater, und nach euers Vaters Gelüste wollt ihr tun. Der ist ein Mörder von Anfang an." (8,44)

Am Fall der Heilung eines Blindgeborenen spitzt sich der Konflikt noch einmal zu. Als der Jesus des Johannes-Evangeliums diesen Mann heilt, wollen „die Juden" offensichtlich nicht wahrhaben, daß dieser wirklich von Geburt an blind gewesen sei. So werden dessen Eltern herbeizitiert, die sich aber nicht zu äußern wagen. Sie verweisen „die Juden" an den Betroffenen selbst. In der *revidierten Luther-Übersetzung* lautet die entsprechende Passage:

> „Fragt ihn, er ist alt genug; laßt ihn für sich selbst reden. Das sagten seine Eltern, denn sie fürchteten sich vor den Juden. Denn die Juden hatten sich schon geeinigt: wenn jemand ihn als den Christus bekenne, der solle aus der Synagoge ausgestoßen werden." (9,21f.)

Wie übersetzt man johanneische Texte im Wissen um die grauenhafte Geschichte des Antijudaismus? Jens entscheidet sich auch hier für ein eingreifendes Übersetzen. Er habe – so macht er in einem Gespräch deutlich – der Problematik durch eine Zutat Rechnung zu tragen versucht: „Die Juden, aber Feinde des Juden Jesus". Dadurch solle in jedem Augenblick deutlich gemacht werden: Der Mann, der hier den Juden gegenübergestellt wird, „hätte den Gelben Stern tragen müssen und wäre in Auschwitz vergast worden. Von Anfang an war es fraglich für mich, ob ein so mißverständlicher Text nach Auschwitz überhaupt noch verläßlich übersetzt werden kann".[90] Deshalb lautet die Übertragung der genannten Stelle bei *Jens* so:

„Fragt ihn doch selbst,
er ist kein Kind mehr
und alt genug, um für sich selber zu sprechen.
So haben sie geredet, die Eltern,
weil sie die Juden fürchteten,
die Feinde des Juden Jesus,
die beschlossen hatten
– alle eines Sinns –,
daß jeder, der in Jesus den Messias erkannte
– Ja, er ist Christus! –,
aus der Gemeinschaft der Juden entfernt werden solle."

Wie aber geht der Übersetzer mit einem wirkungsgeschichtlich nicht weniger problembeladenen Text des Neuen Testamentes um, mit dem *Römerbrief* des Apostels Paulus, den Jens im Jahre 2000 in Übersetzung vorlegt?[91]

Wir greifen uns auch hier eine „Probe" heraus: jenes *Kapitel 13,* bei dem der Sache nach nicht mehr und nicht weniger auf dem Spiel steht als das Verhältnis eines Christen zu jeder staatlichen „Obrigkeit". Kapitel 13 des Römerbriefs hat – aufgrund der weltweiten Wirkung der lutherischen Zwei-Reiche-Lehre – buchstäblich Weltpolitik gemacht und Weltgeschichte beeinflußt (wir haben in Kapitel I/4 und 5 darüber berichtet). In der revidierten Luther-Übersetzung lautet die entscheidende Passage:

„Jedermann sei untertan der Obrigkeit, die Gewalt über ihn hat. Denn es ist keine Obrigkeit außer von Gott; wo aber Obrigkeit ist, die ist von Gott angeordnet. Wer sich nun der Obrigkeit widersetzt, der widerstrebt der Anordnung Gottes; die ihr aber widerstreben, ziehen sich selbst das Urteil zu. Denn vor denen, die Gewalt haben, muß man sich nicht fürchten wegen guter, sondern wegen böser Werke. Willst du dich aber nicht fürchten vor der Obrigkeit, so tue Gutes; so wirst du Lob von ihr erhalten. Denn sie ist Gottes Dienerin, dir zugut. Tust du aber Böses, so fürchte dich;

denn sie trägt das Schwert nicht umsonst: sie ist Gottes Dienerin und vollzieht das Strafgericht an dem, der Böses tut. Darum ist es notwendig, sich unterzuordnen, nicht allein um der Strafe, sondern auch um des Gewissens willen. Deshalb zahlt ihr ja auch Steuer; denn sie sind Gottes Diener, auf diesen Dienst ständig bedacht." (Rö 13,1-6)

Selbst in dieser 1984 (!) revidierten Übersetzung bleiben noch Begriffe erhalten, die wirkungsgeschichtlich die größte Fatalität aufweisen: Untertansein, Gewalt und Obrigkeit. Geschichtliche Katastrophenerfahrungen, zumal des 20. Jahrhunderts (Kirchenkampf!), scheinen an dieser Übersetzung spurlos vorübergegangen zu sein, erweckt sie noch unter den Bedingungen der demokratischen Nachkriegsgeschichte in Deutschland den Eindruck, als könne jede „Obrigkeit" wie eh und je undifferenziert als „gottgewollt" bezeichnet werden; als verwerfe dieser Text mit der Autorität des Apostels jegliches Widerstandsrecht von Christen gegen die jeweilige staatliche Obrigkeit, ganz so, als lebte man noch in feudalen oder deutschnationalen Zeiten.

Jens versteht Paulus anders. Als radikaler Demokrat ist er ohnehin frei von jeglicher Obrigkeitsfixiertheit und jeglicher Untertanengesinnung. Ausgestattet mit geschichtlicher Erfahrung und politischem Gespür versucht er somit, den Apostel aus der Gefangenschaft durch die Staatsverherrlicher und die Obrigkeitsanwälte zu befreien. Seine Übertragung derselben Passage Römer 13,1-6 lautet:

„Jeder, der lebt, Mann oder Frau,
füge sich denen, die über ihm sind,
und, in ihren Ämtern, das Recht haben,
Gehorsam von ihm zu verlangen.
Denn es gibt keine Amtsgewalt,
die nicht von Gott ist.

Darum leugnet, wer sich ihr widersetzt,
Gottes Satzungen,
stellt sich SEINER Ordnung entgegen
und wird, als Empörer, bestraft.
Wer aber kraft seines Amtes
über andere herrscht, verdient,
wenn die von ihm Beherrschten Gutes tun,
keinerlei Angst, doch ist er zu fürchten,
wenn Menschen, die ihm nachgeordnet sind,

gegen die Ordnung verstoßen.
Tu also Gutes – und Du wirst gelobt:
Als Gottes Diener
stehen die Mächtigen Dir bei,
doch dürfen sie von Dir verlangen,
daß Du ihren gerechten Anordnungen folgst.
Weigerst Du dich jedoch, dies zu tun,
dann freilich hast Du Grund, sie zu fürchten:
Sie tragen nicht umsonst,
als Zeichen ihrer Strafgewalt, das Schwert.
Denn Sie sind Gottes Gehilfen
und sprechen den Empörern das Urteil.
Darum ist es notwendig für alle,
sich – nicht nur aus Furcht vor dem Gericht,
sondern auch um des Gewissens willen –
zu fügen.

Schließlich zahlt Ihr,
als verläßliche römische Bürger,
Steuern und achtet die Menschen,
die sich, in Gottes Dienst,
zum Nutzen der Welt darum kümmern."

Statt pauschal von „Obrigkeit" und „Gewalt" ist also im Jens'schen Text differenzierender von „Ämtern" die Rede. Hermeneutisch ist damit eine entscheidende Weichenstellung vollzogen. Menschen, die Ämter innehaben, haben *als solche* das Recht, von anderen Menschen im Vollzug ihrer Amtsausübung Gehorsam zu verlangen, denn diese ist göttlichen Ursprungs. Gesagt ist damit ein Doppeltes:

(1) Die Adressaten dieser Passage des Briefs sind offensichtlich Christen in Rom, die jegliche politische Ordnung als *Christen* glauben verwerfen zu müssen. Ihnen gilt die klare Anweisung des Apostels: Christ sein ist nicht identisch mit politischer Verweigerung oder gar Verteuflung staatlicher Ordnungen: „Wer Kraft seines Amtes über andere herrscht, verdient ... keinerlei Angst". Was im negativen Fall umgekehrt heißt: Der Amtsträger ist „zu fürchten, wenn Menschen, die ihm nachgeordnet sind, gegen die Ordnung verstoßen." Generelle Ablehnung der politischen Ordnung aus Glaubensgründen ist nicht Christenpflicht, sondern Empörung, Aufruhr. Verweigerung ist ein Strafgrund. Verlangt ist konkrete politische und gesellschaftliche Loyalität.

(2) Die Amtsträger ihrerseits aber stehen ebenfalls unter einem Kriterium: dem Urteil Gottes. Denn wenn gilt, daß es keine Amtsgewalt gibt, die nicht von Gott ist, wenn alle politische Ordnung *seiner* Ordnung entsprechen muß, dann ist jegliche obrigkeitsstaatliche Willkürherrschaft ausgeschlossen und ein Widerstandsrecht im Namen der Ordnung *Gottes* eingeschlossen. Die Mächtigen sind „Gottes Diener", „Gottes Gehilfen". Als *Gottes* Diener oder Gehilfen dürfen sie Befolgung ihrer „gerechten Anordnungen" verlangen und über Empörer das Urteil sprechen. Als Gottes *Diener* oder Gehilfen stehen sie selber unter Gottes Gericht. Die Mächtigen können daran gemessen werden, ob sie ihre Macht wirklich dazu gebrauchen, den Menschen beizustehen, ob ihre Anordnungen tatsächlich „gerecht" sind, kurz: ob sie wahrhaft „in Gottes Dienst" stehen.

Woraus folgt: Die Autorität des Apostels Paulus kann dieser Übersetzung zufolge nicht länger dazu mißbraucht werden, einer Obrigkeitsverherrlichung, einer pauschalen Gehorsamsforderung und einer Verwerfung jeglichen Widerstandsrechts unter Christen Vorschub zu leisten. Jens übersetzt Rö 13 im Lichte der durch Barth und Gollwitzer gewonnenen Einsichten, von denen wir im vorigen Kapitel berichtet haben. Nach Rö 13 geht es um eine Entsprechung von göttlicher und menschlicher Ordnung sowie einer vom Ideal der Gerechtigkeit her bestimmten Machtbalance zwischen Amtsträgern und Bürgern, Mächtigen und Beherrschten. Kurz: Es geht um das, was man die Ordnung der Gerechtigkeit Gottes nennen könnte. Wie könnte es auch anders sein, da der Apostel gleich im nächsten Abschnitt des Römerbriefes im Verhältnis der Menschen untereinander noch einmal die Liebe anmahnt, von der er auch zuvor schon gesprochen hatte. Jens übersetzt also den Abschnitt 13,1-7 nicht zuletzt auch aus der Perspektive der Sätze aus Rö 12,9-21 sowie 13,8-10:

„Eine Schuld freilich bleibt: einander zu lieben;
denn nur wer liebt, erfüllt Gottes Gebot.
Brich die Ehe nicht, töte nicht, stiehl nicht,
begehr nicht.
Dazu die anderen Gebote
und in dem einen Gipfel-Satz zusammengefaßt:
Lieben wirst du deinen Nächsten
wie dich selbst.

Nur die Liebe tut deinem Nächsten
nichts Böses an –

sie, in der das Gesetz sich erfüllt.
Darum handelt in ihrem Sinn,
liebe Schwestern und Brüder."

Auch für den Apostel Paulus ist damit das Ethos von Christen im Liebesgebot gebündelt: Gottes- und Nächstenliebe gehören zusammen. Das jesuanische Zentrum ist damit im Blickpunkt. Es bedarf nun aus der Perspektive des Werkes von Jens der Entfaltung und Konkretisierung.

2. *Das jesuanische Zentrum*

Im Verlauf einer langen Werkgeschichte lassen sich bei Jens verschiedene Verfahrensweisen im Umgang mit der Jesus-Gestalt rekonstruieren. Schon in „*Herr Meister*" (1963) hatte er dazu Gedankenexperimente angestellt.

Wie Jesus vergegenwärtigen? Erste Experimente

Der Schriftsteller, um den es hier geht, hatte, wie wir hörten, zunächst den Roman einer Universitätsstadt schreiben wollen (mit dem Jahr 1933 als „Wahrheitsserum" menschlichen Verhaltens), um dann – aus Gründen der Distanz – in die Reformationszeit zu wechseln und dort – in der Stadt Wittenberg – den Ausbruch der Pest im Jahre 1527 zu beschreiben, mit Martin Luther als Figur im Zentrum. Im nächsten Schritt tritt Hamlet, der dänische Prinz, hinzu. Dieser studiert in Wittenberg Theologie, hört Luthers Exegesen, steht an dessen Seite, als die Pest ausbricht, und kehrt als Gebrochener heim, einsam, schwermütig, jetzt vollends ein Melancholiker und Zweifler. Und schon ist der Schriftsteller beim nächsten Schritt seines Projekts: Wittenberg tritt zurück, und die Schilderung des in Hamlet schon vorweggenommenen „traurigen Menschen" gewinnt die Oberhand. Jetzt glaubt sich der Schriftsteller am Ziel:

> „Ich will den traurigen Menschen beschreiben, in dessen Augen sich Golgatha spiegelt und die Hofburg zu Wien; das winterliche Kopenhagen."[92]

Erste Phase: Eine Anspielung auf die Passion Jesu als Moment in der großen Geschichte menschlicher Schwermut. Doch die Planungen gehen weiter. Wie sieht dieser zu schildernde „traurige Mensch" (immer noch trägt er den Namen „Herr Meister") konkret aus? Welchen Werdegang hatte er? Wie sah es in seiner Jugend aus? Wie ist seine Gestalt? *Zweite Phase:* Partielle Identifikation des fiktiven Herrn „Meister" mit Jesus Christus:

> „Ein Wort noch zur Gestalt: Ich denke ihn mir verkrüppelt und zart, nicht gerade zwergenhaft, aber doch auffallend klein. Seine Hände, mit dem Delta der Adern, sind schmal, die Bewegungen akkurat und gemessen. Sein Gesicht schließlich soll von jener Häßlichkeit sein, über die man nicht spricht; das wird ihm Gelegenheit geben, sich einmal, in einem Augenblick lästerlicher Verzweiflung, mit Jesus Christus zu messen: ‚Sie hatten ihre Gründe, über sein Aussehen zu schweigen. Dieser Mann sah so abscheulich aus wie ich'."[93]

Jetzt aber gibt es erst recht kein Halten mehr, jetzt muß weitergedacht werden. Im Zusammenhang des Selbstmords seines Vaters habe Herr Meister sich auf Spurensuche begeben, Zeugen befragt, den Tatort besucht, lesen wir. Als Sechzehnjähriger habe er „jene Technik der Vergegenwärtigung, die Kategorie des ‚leibhaftig' entdeckt", mit der er dann zeitlebens zu arbeiten pflegte. Mit Patienten von damals („Wie sah mein Vater aus, bevor er starb?" – „War er verändert?") habe er Gespräche geführt, die nicht weniger genau gewesen seien als die Untersuchungen ein paar Jahre später über „den Sterbetag Jesu und den Weg von Beth-Phage nach Golgatha, dessen Stationen er, Stein für Stein, rekonstruierte".[94] *Dritte Phase* somit: eine präzise Verlebendigung des Passionswegs Jesu, und zwar im Kontext eines „Christus-Buches", das der Schriftsteller seinen Herrn „Meister" schreiben läßt. Ein Textausschnitt daraus findet sich unter den Korrespondenz-Dokumenten und lautet:

> „Er studierte die Quellen, brachte die Steine zum Reden und öffnete den toten Zeugen den Mund: *ihr trugt seinen Schritt, euch berührte sein Schweiß; ihr habt seine Blutspur gerochen und das schreckliche Stöhnen gehört: erst weit entfernt, dann näher kommend, rasselnd und laut, dann, von den Straßenschreien und dem Gebrüll der Fenstergaffer übertönt, sich langsam entfernend. Und wenn ihr nicht zuschauen wolltet, mußtet ihr doch – im Zimmer verborgen, in Kellern und Höfen versteckt – seinen Schatten vor-*

> *beigleiten sehen. Die Sonne warf das Kreuz an die Wand, die Mauern wurden Augen, alle Wände fingen sein Spiegelbild auf, und es ist nichts verlöscht.*“[95]

Ist damit die Technik gefunden, mit der die Jesus-Geschichte heute literarisch angemessen wiedergegeben werden kann? Die Technik der leibhaftigen Vergegenwärtigung? Nein, der Schriftsteller empfindet ein tiefes Gefühl des Unbehagens. Er streicht diese Sätze seines „Meister“ wieder. Warum? Weil er begriffen hat, daß Jesus nicht in leibhaftiger Vergegenwärtigung (das liefe auf anmaßende Fiktionalität hinaus, auf literarischen Größenwahn), sondern bestenfalls in vielfacher Brechung, in Spiegelbildern und Schattenfiguren wiedergegeben werden kann. Auch deshalb ist „Herr Meister“ ein Abschied und ein Durchbruch zugleich. Abschied von der Illusion des Schriftstellers Jens, etwa in Form des historisierenden und psychologisierenden Jesus-Romans[96], Jesus ins Heute zu holen, und zugleich Durchbruch für den historisch-philologisch arbeitenden kritischen Zeitgenossen Jens zu einer neuen Weise der Annäherung an Jesus: der historischen Vergewisserung von Person und Sache Jesu auf der Linie von Ernst Blochs „Prinzip Hoffnung“. Wir erinnern uns: „Der Stall, der Zimmermannssohn, der Schwärmer unter kleinen Leuten, der Galgen am Ende. Das ist aus geschichtlichem Stoff, nicht aus dem goldenen, den die Sage liebt“. Wir erinnern uns an Blochs Stichworte zum unverwechselbaren Profil Jesu: Zug nach *unten*, Aufruhr nach *oben*, Bewegungsumkehr der Liebe und Wahrnehmen von „Nebenpunkten, Stillepunkten, Anti-Größen der Welt“, Rebell der Liebe, Unruhestifter und Löser aller Herrenbande, Prediger eines neuen Himmels und einer neuen Erde ...

Schlüsseltext II: Vom barmherzigen Samariter

Ein Jahr nach der Matthäus-Übersetzung, 1973, publiziert Jens einen Band, in dem er zusammen mit 17 weiteren Autoren aus Literatur, Theologie, Philosophie und Kirche (ein Günther Anders neben einem Walter Dirks, ein Friedrich Heer neben einem Kurt Scharf, ein Carl Amery neben einem Iring Fetscher!) Auslegungen zum lukanischen Gleichnis vom „*Barmherzigen Samariter*“ vorlegt. Der Text Lk 10,25-37 lautet in damaliger Jens'scher Übersetzung so:

„Ein Schriftausleger, der Jesus auf die Probe stellen wollte, ging auf ihn zu: ‚Du bist ein Lehrer, sag, was muß ich tun, um das ewige Leben zu gewinnen?‘
‚Du kannst doch lesen‘, sagte Jesus, ‚was steht im Gesetz?‘ ‚Lieben wirst du den Herrn, deinen Gott‘, antwortete der Schriftausleger, ‚mit deinem Herzen, deiner Seele und deinen Gedanken – mit all deiner Kraft! Lieben wirst du den, der ein Mensch ist wie du – dein Bruder! Du wirst ihn lieben, wie du dich selbst liebst!‘
‚Du hast richtig geantwortet‘, sagte Jesus, ‚tu's, und du wirst leben.‘ Der Schriftausleger wollte sich rechtfertigen: ‚Wer aber ist mein Bruder‘, fragte er, ‚was heißt ‚ein Mensch wie ich‘?‘
‚Es gab einen Mann‘, begann Jesus, ‚der von Jerusalem nach Jericho ging und, zwischen dem Gebirge und der Ebene, den Räubern in die Hände fiel. Die warfen ihn nieder, zogen ihn aus, schlugen ihn halbtot und ließen ihn liegen: So fand ihn ein Priester, der zufällig den gleichen Weg ging wie er. Der sah den Mann – und ging weiter. Später kam ein Levit an die Stelle; auch er sah den Mann – und auch er ging weiter. Schließlich kam ein Samariter vorbei, und als *der* den Mann sah, hatte er Mitleid mit ihm, trat auf ihn zu, wusch ihm seine Wunden mit Öl und Wein aus, verband sie, hob den Mann auf sein Lasttier und brachte ihn zu einer Herberge. Dort versorgte er ihn und blieb bei ihm bis zum anderen Tag. Dann gab er dem Wirt zwei Silberstücke: ‚Das ist für die Pflege‘, sagte er, ‚wenn du mehr brauchst, will ich's dir bezahlen. Ich komme zurück.‘
‚Was meinst du?‘, frage Jesus, ‚wer von den dreien stand dem Überfallenen bei? Wer ist ihm ein Bruder gewesen?‘
Da sagte der Schriftausleger: ‚Der Barmherzige ist es gewesen‘, und Jesus antwortete ihm: ‚Tu, was der Samariter getan hat. Geh – und sei wie er!‘“

Ein zu Ende gedeuteter Text? Eine Botschaft von großer Schlichtheit? Mitnichten, wenn man die Exegese von Jens nachvollzieht (was hier nur in Grundzügen geschehen kann). Sie zeigt im *ersten Teil* die dem Dialog inhärente „Fallen-Struktur“. Der Schriftgelehrte will ja mit Jesus in kein Gespräch eintreten; an einer neuen Botschaft ist er schon gar nicht interessiert. Er will Jesus testen, und zwar auf Orthodoxie, mit der (unausgesprochenen, aber zu unterstellenden) Absicht, ihn denunzieren zu können. Statt Dialog-Fragen also Fangfragen, statt Neugierde für das Gegenüber lauernde Prüfung. Die dem „Gesetz“ Gottes entsprechende „richtige“ Antwort des Schriftgelehrten bestätigt dies nur. Der Mann hatte nach etwas gefragt, was er schon wußte. Da aber Jesus den Kontrollmechanismus durchschaut und durch Zurückspielen der Frage an das Gegenüber „Du weißt ja schon, worauf es ankommt, warum frägst du mich?“ unterläuft, ist der Orthodoxie-Tester plötzlich dort, wo er nicht hinwollte: in der Defensive.

Deshalb im *zweiten Teil* des Gesprächs noch einmal der Versuch zu einer Falle: Wer aber ist „mein Bruder“? Auch diese Frage ist unter den Bedingungen der real existierenden Orthodoxie alles andere als harmlos. Von der Thora und seiner halachischen (religionsgesetzlichen) Auslegung her ist völlig klar, mit wem man als frommer Gläubiger Gemeinschaft haben soll und mit wem nicht. Rein – Unrein war die große Trennlinie zwischen den Menschen. Gesetzeskundig – Gesetzesunkundig? Das schied die Menschen in zwei Lager. Und im Lager der Reinen und Gesetzestreuen hatten sich Hierarchien aufgebaut. Priester und Schriftgelehrte „oben“ mit dem Gefühl, dem gesetzesunkundigen Volk überlegen zu sein. Deshalb hat der lukanische Jesus für seinen Schriftausleger eine Überraschung parat. Gezielt greift er zwei Figuren aus dieser frommen Hierarchie heraus und hält ihnen einen Mann entgegen, mit dem ein orthodoxer Jude auf gar keinen Fall Gemeinschaft haben will: einem Mann aus Samaria (vgl. Joh 4,9). Ausgerechnet ein verhaßter Samaritaner wird zum Vorbild des Mitleids, das spiegelbildlich zeigt, zeigen soll: In einem Vertreter der Priester- und Leviten-Kaste ist die religiöse Selbstzufriedenheit zur sozialen Kälte erstarrt.

Die Einheit von Gottes- und Menschenliebe

Schließlich im *dritten und letzten Teil* der Parabel eine weitere Überraschung, würde man doch auf die Frage des Schriftgelehrten „Wer aber ist mein Bruder?“ die Antwort erwarten: der Geschlagene, Verwundete, Beraubte! Wer sonst? Stattdessen stellt Jesus die Frage anders: Wer von den dreien, Priester, Levit, Samaritaner, ist dem Überfallenen Bruder gewesen? Damit wird eine Umkehr der Perspektiven eingeleitet. Der Mitleids-Faktor wird zum kritischen Urteil über die Nicht-Helfer bzw. den Helfer. Warum also ist für den Gleichnis-Erzähler Jesus nicht der Überfallene, sondern der Hilfsbereite, nicht der Geschundene, sondern der Samariter der „Nächste“? Weil – so Jens – das Leitmotiv dieser Parabel „Tun“ heißt. Die Menschen werden nach ihrer Praxis beurteilt! Exemplarisch wird die These illustriert, „daß der Himmel auf die Erde herabgezogen werden muß, wenn sie bewohnbar bleiben soll, und daß es der revolutionären Praxis *solidarisch* handelnder Subjekte vom Schlage des Samariters bedarf, um das zu realisieren, was, im Sinn des Evangeliums, Liebeskommunismus ist".[97] Das Zentrum der jesuanischen Botschaft ist damit auch hier freigelegt. Lukas 10,25-37 ist für Jens neben Matthäus 25 der *zweite Schlüsseltext*, der Person und Sache Jesu theologisch und ethisch verdichtet: Gottesliebe und Menschenliebe gehören „im Sinne einer dialektischen Einheit" zusammen: „Wer die Menschen liebt, liebt auch Gott; wer den Herrn verachtet, verachtet auch seinen Bruder."[98]

3. *Die Geschichte ins Konkrete entmythologisieren*

Mit dem Traktat von 1971, der Matthäus-Übersetzung von 1972 und der Auslegung des lukanischen Gleichnisses vom Barmherzigen Samariter 1973 sind die theologischen Grundlagen für ein neues Verständnis von Person und Sache Jesu gelegt. Was folgt, sind Entfaltungen und Präzisierungen: „Die Evangelisten als Schriftsteller" (1975)[99], eine Rede zum Buß- und Bettag 1977, gehalten auf der Kanzel von Lessings orthodoxem Gegenspieler Melchior Goeze in der Hamburger Hauptkirche Sankt Katharinen, veröffentlicht unter dem Titel „Christliche Religion und Religion Christi"[100], Herausgabe und Einleitung des programmatischen Bandes „Warum ich Christ bin" (1979), gefolgt von Arbeiten in den achtziger Jahren: „Der arme Jesus" (1983)[101] sowie „Gedanken über den paulinischen Christus"[102], um hier nur die wichtigsten Beiträge zu nennen.[103] Wir können hier nicht ins Einzelne gehen; wir beschränken uns auf wiederkehrende argumentative Muster und versuchen, Grundstrukturen zu rekonstruieren.

Rhetorik des Staunens – Kunst der Befremdung

Wer die Leitlinien von Blochs Jesus-Verständnis ins Werk von Jens hinein verlängert, stößt auf Kontinuität und Diskontinuität, auf Analogien und Differenzen. Kontinuität und Analogie dort, wo auch Jens entschieden für einen Perspektivenwechsel von oben nach unten eintritt. Nicht länger christologische Goldgrundmalerei, nicht länger dogmatische Spitzfindigkeiten im Stil einer traditionellen Christologie „von oben" interessieren ihn, sondern der Wechsel des Blicks: „nach unten" auf den konkreten Prediger und Rabbi aus Nazareth sowie auf die Glaubenserfahrung der ersten Jünger, wie sie sich vor allem in den synoptischen Evangelien spiegeln. Von daher versteht sich der (zu seiner Zeit literaturwissenschaftlich und exegetisch beispiellose) Versuch, die Evangelisten einmal als Schriftsteller zu analysieren, d. h. auf ihr Handwerk zu achten, auf ihre Techniken, Sprachformen, Szenengestaltungen und Figurenbeleuchtungen. Die Selbst- und Fremdaufforderung dieses Blickwechsels lautet: Die Geschichte Jesu muß „ins *Konkrete* entmythologisiert" werden.[104]

Das Ergebnis dieses Entmythologisierungs-Verfahrens könnte freilich den Eindruck erwecken, daß Jens einem *flachen Jesuanismus* das Wort redet, ist doch sein Jesus-Portrait vor allem bestimmt durch sozialkritische Züge des Menschen Jesus. Nicht genug kann Jens herausarbeiten, wie sehr Herkunft, Botschaft und Geschick Jesu eine einzige Provokation sind – damals wie heute. Schon die Geburt dieses „Messias" erfolgte im Zeichen von Niedrigkeit und Zweideutigkeit. Eine Predigt in seiner Vaterstadt wird für aberwitzig erklärt. Huren und Kollaborateure halten sich in seiner Nähe auf. Im Jähzorn kann dieser Jesus die Händler und Käufer aus dem Tempel verjagen. In summa:

> „Ein Laie unter den Priestern. Ein Anwalt der Armen und Sanften, der Kinder und Krüppel, der, in entschiedener Auseinandersetzung mit Mächtigen und weltlichen Fürsten – ‚so wie bei denen soll es unter euch nicht sein!' – das Oben für Unten und das Unten für Oben erklärt ... und dies nicht in der Manier eines ‚Souveräns von der anderen Seite' und ‚heroischen Anti-Helden', sondern immer an der Grenze zur Angst, immer im Dunkeln (die entscheidenden Szenen des Neuen Testaments spielen zur Nachtzeit), immer in Einsamkeit und Isolation."[105]

Man fühlt sich bei alldem an Blochs Stichworte erinnert: Rebell der Liebe, Zeichen gegen die Herrenmacht, Unruhestifter und Löser aller Familienbande, Tribun des letzten Exodus ...

Aber man würde das Jesus-Bild von Jens völlig verkennen, wenn man es mit dem von Bloch identifizierte. Während der marxistische Philosoph das Interesse verfolgt, Jesus ausschließlich als Sozialrebellen zu porträtieren (gemäß seinen marxistisch-atheistischen Erkenntnisprinzipien), verfolgt Jens in einer zweiten Denk-Bewegung die gegenteilige Strategie. Sie zeigt in Treue zu den neutestamentlichen Ur-Kunden, daß das Besondere an Jesus gerade das Wechselspiel von „unten" und „oben" ist, von Immanenz und Transzendenz, von Menschlichem und Göttlichem. Jesus auf einen Sozialrebellen reduzieren hieße ihn als schon „Begriffenen" verkennen. Stattdessen kommt es darauf an, in Jesu unverwechselbarer geschichtlicher Person, einschließlich seiner anstößigen Botschaft, seines provozierenden Verhaltens und seines skandalösen Geschicks, *Gottes* Präsenz zu begreifen. Dies (um mit Kierkegaard zu sprechen) paradoxe *Zugleich* erst macht das „Geheimnis" dieses Jesus „da unten" aus.

Um dieses „Geheimnis" aufleuchten zu lassen, greift Jens in seinen Texten immer wieder neu zu Kontrasten, ja zu Paradoxien, weil anders die *Unfaßlichkeit des Nazareners* gar nicht gezeigt werden kann. Man lese seine Texte stilkritisch, und man wird gerade nicht die rhetorische Grundfigur des „allein und ausschließlich", sondern stets die Figur des „immer auch", des „beides zugleich" finden, die Figur also der *Gleichzeitigkeit des Widersprüchlichen*. Schon bei den Evangelisten meint Jens dieses Wechselspiel nachweisen zu können, und zwar durch Aufdecken der schon von ihnen angewandten *Technik des Alternierens*, die beides zugleich ermöglicht, Beschreibung der Wirklichkeit und Durchbruch der Wirklichkeit:

> „In dem Bestreben, jenen Mann adäquat zu beschreiben, der für sie zugleich Mensch (und zwar ganz und gar Mensch) und Gott (und wiederum ganz und gar Gott) gewesen ist, haben die Evangelisten, Jesus von Nazareth betreffend, ein Wechselspiel von Realismus und Stilisierung, von brutaler Wirklichkeit und Abstraktion inszeniert, weil sie sahen, daß nur auf diese Weise die Berührung eines Menschen mit einer Welt geschildert werden konnte, der er – ihr ausgeliefert – verfiel und die ihm doch nichts anhaben konnte. Das heißt, um in dem Bedrohten denjenigen zu zeigen, der, wie es bei Lukas heißt, *durch die Menschen hindurchgeht*, und um hinter dem Bild des Ausgepeitschten und, wortwörtlich, Zerrissenen die Züge des Auferstandenen sichtbar zu machen (aber auch: um im Auferstandenen auf den Gemarterten zu verweisen), haben die vier Schriftsteller eine Technik des Alternierens entwickelt, die es ihnen ermöglichte, unmittelbar nach-, ja, bisweilen miteinander Nähe und Distanz, das, ‚ausgesetzt' und das ‚enthoben', irdische Nähe

und himmlische Ferne zu realisieren. Auf der einen Seite die Engel und auf der anderen Seite der Stall, hier die Wunderzeichen in Wolken und dort Tränen, Todesschreie und Frauen unter dem Kreuz: Auf dieses Wechselspiel, mit seinen Entsprechungen und Verweisen, seinen Rückgriffen, Durchblicken und Antizipationen, kommt es den Evangelisten an."[106]

Das also ist das Besondere dieser Exegese: sie führt nicht zur wohlgefälligen Auflösung des „Geheimnisses" Jesu, sondern zu dessen erneuter, nun aber bewußt nachvollziehbarer Aufrichtung. Wer in die Jens'schen Predigten und Exegesen hineingezogen wird, kommt nicht beruhigt mit fertigen Formeln heraus, sondern ist seinerseits aufgeladen mit Spannungen, mit Kontrasten und Widersprüchen, mit einem bewußt gemachten Staunen über die Komplexität und Paradoxität bisher so vertrauter Phänomene. Dieser Autor verfügt auch über die Kunst der Überraschung, aber noch mehr über die Kunst der hellsichtig machenden, aufstörenden, das eigene Denken provozierenden *Verrätselung*. Beherrscht weniger die Technik des Verfremdungs-*Effekts*, als die *Kunst der Befremdung*, die immer wieder neu ein Staunen darüber ermöglicht, daß einer wie Er, ein „Anwalt der Armen und Sanften, Kinder und Krüppel", ein „Sohn der Nacht" und „Bruder der Sterne" im Zentrum einer Religion für Gott steht. In einer klassischen theologischen Formel ausgedrückt: vere homo – vere deus. Literatur und Theologie stehen hier vor denselben Herausforderungen. Der Dialog muß wechselseitig kritisch sein, Jens fordert dies ausdrücklich[107], äußert aber starke Zweifel, ob die Literatur der Moderne, ohne ihre Autonomie aufzugeben und versifizierte Predigt oder literarische Verkündigung zu werden, jemals zum „vere deus" kommen könne oder dürfe.

Eine *persönliche Stellungnahme* freilich ist etwas anderes. Im Herbst 1981 hatte ich Gelegenheit, mit Jens ein Gespräch über Fragen von Theologie und Literatur zu führen, das zu meinen eindrücklichsten Schriftsteller-Gesprächen gehört, eindrücklich vor allem wegen der folgenden Passage. Ich hatte Jens gefragt, worin sich seine Position von der Blochs unterscheide. Ob es die Unverzichtbarkeit der Rede von Gott in Jesus Christus sei? Gott, verstanden als universale Hoffnungschiffre für eine Wirklichkeit, die die vorfindliche geschichtliche oder erfahrene Wirklichkeit hinter sich lasse, die auch den Tod überstiege? Seine Antwort:

„Das ist sicher der Fall. Unverzichtbarkeit der Rede von Gott in

Jesus Christus? Ja, so würde ich es auch formulieren. Ich kann mir – um im Horizont Ihrer Frage weiterzudenken – keine andere Religion oder Weltanschauung denken, die mich mit Lessing sagen läßt: ‚Ich mag *in* meiner Todesstunde zittern, *vor* meiner Todesstunde zittere ich nicht' – und nun mache ich ein Fragezeichen. Ich glaube, daß die Identität von Macht und Ohnmacht als das Menschlichste und zugleich dasjenige, was das Menschliche übersteigt, das Unvergleichbare der christlichen Botschaft ist. Griechische Götter, Figuren aus anderen Religionen, sind gewaltige Menschen, unendlich viel mehr als wir und gerade deshalb nicht sehr viel mehr. Jesus Christus ist uns wesentlich näher als Zeus oder andere Götter, und zu gleicher Zeit der ganz andere. Und in dieser Identität von ungeheurer Nähe und Weltenferne – und dem jederzeit möglichen Umschlag von einem ins andere – wird für mich die Eigenart des Christlichen deutlich. Ich muß sehr gelassen und fromm sein, um einen Jesus von Nazareth in der Stunde des Sterbens alttestamentliche Verlassenheitsformeln sprechen zu lassen. Ich halte es für einen Ausdruck ungeheurer Stärke, einer unbegreiflichen Stärke, ins Zentrum aller Überlegungen einen, der auf den ersten Blick gescheitert ist, zu rücken: vere homo, vere deus – wahrer Mensch, wahrer Gott!"[108]

Stellvertreterfiguren entdecken

Aus dem Nachdenken über Person und Sache Jesu, aus der Bestimmung seiner Botschaft, folgt eine Selbstverpflichtung, eine Orientierung des Gewissens, eine Wahrnehmungsverschärfung der politischen und gesellschaftlichen Realitäten hier und heute. In all seinen Texten arbeitet Jens deshalb mit der Figur der Analogie. Wie Jesus damals – so Christen heute. Wenn Er damals so war, kann Kirche heute nicht anders sein. Wie oft aber steht sie in Widerspruch zu seiner Botschaft. Wie oft sprechen die politischen und gesellschaftlichen Verhältnisse hier und heute der jesuanischen Ankündigung eines Reiches Gottes Hohn? Deshalb gilt es, eine Strategie der Sensibilisierung für Wiederholungs-Muster zu entwickeln und dem Leser von heute die Augen dafür zu öffnen, wo sich die Passion Jesu hier und heute wiederholt. Jetzt wirkt sich das hermeneutische Prinzip einer Christologie des Christus incognito voll aus, von dem im ersten Kapitel dieses Buches die Rede war. Jetzt wird das konkret, was im Zuge der Auslegung der Parabel vom „Barmherzigen Samariter“ die Einheit von Gottesliebe und Menschenliebe genannt wird. Die so entstandenen Texte reißen in wenigen Strichen Szenen auf und stellen Menschen vor Augen, namenlos, unbekannt, die etwas vom Geiste Jesu verkörpern:

> „Ich stelle mir vor, irgendwo in Südkorea lebte ein Handwerker, ein nachdenklicher Mann, der, wegen eines politischen Vergehens ins Gefängnis gesperrt, während seiner Haft zum ersten Mal das Neue Testament läse: Zeile um Zeile, Kapitel um Kapitel, Wegzehrung für lange Tage und längere Nächte; ich stelle mir weiterhin eine Frau in Tansania vor, die, hochbetagt, mit Hilfe der Evangelien das Lesen erlernte, und ich stelle mir schließlich einen jungen ceylonesischen Marxisten vor, einen unorthodoxen Anwalt des Sozialismus, der auf Trotzkis statt auf Lenins Fahne schwört und, da ihn ein ebenso unbekanntes wie bedeutsames Werk christlich-marxistischer Provenienz, Rosa Luxemburgs anno 1905 unter dem Pseudonym Chmura (Wolke) geschriebener Traktat ‚Kirche und Sozialismus‘ beschäftigt, mit einem genauen Studium des Neuen Testaments beginnt ...“[109]

Die Kunst dieser Rede besteht in der Freisetzung analoger Imagination beim Leser. Bezüge zwischen damals und heute sollen sichtbar werden, Verhaltensmuster zeigbar. Schon in „Herr Meister“ kann man nachlesen, was die Aufgabe der Dichtung heute sei: „synoptische Vergegenwärtigung, Montage der Zeiten und Räume“. Das Schlüsselwort heißt: „Poesie der Relation“.[110] Was auf die Figur Jesu angewandt bedeutet: Wahrnehmung, daß seine Geschichte sich tausendfach in unserer Welt wiederholt:

> „Jesus, der Bruder in einer Welt, in der, in argentinischen Todeszonen, den Folterkammern El Salvadors und den Arbeitslagern der Sowjetunion, Gethsemane und Golgatha so gegenwärtig (sind) wie Majdanek und Treblinka. Jesus mit der gestreiften Jacke, dem J auf dem schäbigen Linnen, Jesus, der Jud: heimgeholt in die Wirklichkeit des 20. Jahrhunderts; Jesus, der, anders als in Dostojewskijs Gleichnis vom Großinquisitor, nicht hinaus, nicht in die Freiheit gejagt, sondern auf die Rampe geschickt worden wäre, zuerst in den Steinbruch, dann in die Kammern, von Weihrauch umgeben, der aus Zyklon-B-Schwaden besteht. Ja, so sieht er aus, *unser Nächster* ..., so in einer Welt, in der es immer weniger Menschen

> gibt, die Folterung und gewaltsamen Tod, das Erwürgen und Versaften, *nicht* als tagtägliche Drohung erleben."[111]

Wie weit aber dürfen solche Analogien in einem literarischen Text gehen, wenn man sie nicht dem Zwielicht einer rhetorischen Selbstinszenierung oder einer effektvollen Ästhetisierung aussetzen will? An einem besonderen Fall wollen wir dieses Problem zur Diskussion stellen.

Eine riskante Passionsmeditation

Am 25. März 1986 wird im Theresianum zu Mainz Joseph Haydns Komposition *„Die sieben letzten Worte unseres Erlösers am Kreuz"* aufgeführt und drei Tage später durch das Zweite Deutsche Fernsehen ausgestrahlt. Die Zwischentexte dazu stammen von Walter Jens.[112] Ein Stück Passions-Meditation ist hier entstanden, das in der deutschsprachigen Gegenwartsliteratur seinesgleichen sucht, und zwar in doppelter Hinsicht: Inhaltlich ist dieses Stück charakterisiert durch den Versuch einer präzisen Vergegenwärtigung von Jesu Passion. Jens tut alles, damit seine Zuhörer begreifen: Schon das erste Wort „Vater, vergib ihnen, denn sie wissen nicht, was sie tun" ist nicht „erbaulich" mißzuverstehen. Es ist von einem Menschen gesprochen, der unter entsetzlichen Qualen an einem Holzbalken hängt:

> „Der Mann, der hier spricht, ein Jude von dreißig Jahren, war gepeinigt, entwürdigt, an Leib und Seele gedemütigt worden: Soldaten hatten ihn ausge*peitscht*, nicht nur ge*prügelt*, mit Stöcken und Ruten; nein, mit Lederpeitschen hatten sie geschlagen, die Ahnherrn der Boger, Eichmann und Höss, mit Peitschen, in die, wie Ketten, spitze Knochenstücke und Bleiklumpen eingenäht waren; gemartert hatten sie ihn und dem Blutüberströmten ein Wams aus rotem Tuch übergestülpt: in die Faust einen Knüppel gepreßt und auf den Kopf einen Strohkranz gesetzt! Ein schäbiger Lumpenkönig sollte er werden; eine blutende Puppe, mit der die Soldateska ihren rohen Spaß treiben konnte: erst geschlagen mit den Klingen-Peitschen und den Metallkugel-Riemen, dann verhöhnt."[113]

So geht es Wort für Wort weiter: (2) Amen, ich sage dir, heute wirst du mit mir im Paradiese sein. (3) Frau! Siehe, das ist dein Sohn! Siehe, das ist deine Mutter! (4) Und Jesus schrie laut und sprach: Mein Gott, mein Gott, warum hast du mich verlassen? (5) Mich dürstet. (6) Es ist vollbracht. (7) Vater, in deine Hände befehle ich meinen Geist. Die Diktion ist überall karg, fast lapidar. Nur kein Wort zu viel. Nur ja nicht weitschweifig werden. Bei den Fakten bleiben. Lieber in Abbreviaturen reden, in Parataxen, Ellipsen. Das Verfahren ist überall ein Doppeltes: Zum einen historisch-präzise Rekonstruktion (getreu dem Programm: die Geschichte ins Konkrete entmythologisieren), um auf diese Weise beim Zuhörer Anschaulichkeit hervorzurufen, Körperlichkeit, Mitleidens-Fähigkeit. Zum andern: Übertragbarkeit auf Situationen der Gegenwart:

> „Golgatha steht stellvertretend für *alle* Passionen, damals und heute: so wie das Bild von dem einen, der tröstet, und dem anderen, der in der Sekunde des Todes neue Hoffnung gewinnt, die Zeit überdauert: ein Gedenken an Janusz Korczak und an alle, die – ecce homo! – ein Zeichen gaben vorm Brand, vorm Peleton, vorm Gas."[114]

Riskante Texte sind hier entstanden, riskant, weil der Kontext höchst zwiespältig ist und die ästhetisch-literarische Präsentation damit Mißtrauen auf sich zieht. Bürgerlicher Konzertbetrieb mit professionellen Musikern, die klassische Musik von Joseph Haydn perfekt einspielen, Feierlichkeits-Stimmung erzeugen, beinahe so etwas wie eine sakrale Aura produzieren? Paßt das zur Rede vom Gekreuzigten als einer „blutenden Puppe", paßt das zum grauenhaften Leiden eines Menschen, wie es hier in allen Einzelheiten beschrieben ist: verhöhnt, gequält, gepeinigt? Und der Autor? Wie hält er diese selbstgeschaffene Präzision des Grauens, diese gewollte Luzidität der Leidensvergegenwärtigung aus? Von der klassischen Passionsmystik trennt ihn nur ein einziges Wort: „Ich". In den mystischen Betrachtungen eines Bernhard von Clairvaux, eines Franz von Assisi, eines Johannes vom Kreuz war es immer auch zur Identifikation des sprechenden Ich mit dem Leiden Christi gekommen – bis hin zu Formen der Stigmatisierung. Das eigene Leiden wird vom Gedanken der imitatio passionis Christi her gedeutet, sogar gerechtfertigt. Gerade die Passionsmystik kennt minutiöse Beschreibungen der Leidenszustände Christi, aber diese deskriptive, imitatorische Versenkung in „Christi Wunden" hatte stets „reinigende" Funktion für den selbstkritisch reflektierenden Beter.

Jens ist hart an dieser Grenze und damit an der Grenze des Nachvollziehbaren. Seine Passions-Meditationen vermeiden das Wort „Ich". Persönlich bleibt er auf Distanz, beschreibt von außen. Vom eigenen Leiden ist nicht die Rede, gelegentlich von eigenen Glaubensüberzeugungen („*Ich* glaube wie an den frommen Rebellen am Kreuz auch an den Soldaten, der Barmherzigkeit zeigte"). Kann man aber, wenn man schon so weit geht, die eigene Geschichte ausklammern? Kann man die Sprecherrolle als Tarnung aushalten, ohne sich skeptischen Rückfragen auszusetzen, Fragen, die keineswegs rhetorischer Natur sind?

Gerade dieses Haydn-Stück scheint mir ein Beispiel, an dem man die Zwiespältigkeit von Passionsvergegenwärtigung in *ästhetischer* Form exemplarisch diskutieren muß. Die Matthäus-Passion eines Johann Sebastian Bach – feierlich aufgeführt in einem Konzertsaal oder einer Kirche: kommt nicht auch hier das Religiöse durch das Ästhetische ins Zwielicht? Die Lesung der Passionsgeschichte (mit verteilten Rollen) in einem feierlichen Karfreitags-*Gottesdienst:* unterliegt sie nicht denselben ästhetischen Gesetzen und damit Zweideutigkeiten wie die Jens'schen Meditationen? Aber auch umgekehrt gefragt: Holt Jens nicht durch seinen Text die *memoria passionis* in den oft allzu genießerischen, erlebnisgierigen Kulturbetrieb und sprengt diesen damit gleichzeitig?

Wir stoßen hier auf die seit Kierkegaard in aller Schärfe aufgeworfene Frage nach der Rolle des Ästhetischen im Raum des Religiösen, genauer: des Christlichen. Jens kennt selbstverständlich diese Diskussion (wir werden auf seine Kierkegaard-Lektüre im nächsten Abschnitt zu sprechen kommen), weiß um den Verbrämungs- und Verharmlosungscharakter des Ästhetischen, auch um das Bedürfnis von Rezipienten und Konsumenten nach dem „schönen Schein" oder dem „intensiven Gefühl", das die Kunst gerade auch in der Welt des Religiösen liefern soll, weiß also um den möglichen zwiespältigen Affirmationscharakter der Kunst und die Affirmationserwartungen an Kunst. Doch in seinen Texten verweigert oder unterläuft er diese Affirmation durch zwei unterschiedliche, aber miteinander verbundene Momente, die zugleich zu den Charakteristika der Ästhetik eines „protestierenden Protestantismus" gehören:

(1) Durch Fokussierung auf Vergegenwärtigung vor allem des Christus patiens et crucifixus wird aller theologia triumphalis und in ihrem Gefolge jeder ecclesia triumphalis theologisch die Legitimation

entzogen und über die Stimulierung analoger Imagination beim Hörer/Leser Sensibilität für die Passionsgeschichten heute erzeugt (*analogia crucis*) – und zwar im Geiste des Christus incognito (Mt 25, Lk 10). Diese Konzentration auf eine theologia et analogia crucis ist bei Jens zum einen genuin protestantisches Erbe und zum anderen der innere Legitimationsgrund eines ethisch-politischen, im Namen der Opfer der Passionsgeschichten protestierenden Christseins.

(2) Die theologia und in deren Konsequenz die analogia crucis fordert eine Ästhetik des Widerstandes gegen das „event"-orientierte Affirmationsbedürfnis, eine Ästhetik des Entzugs von „schönem Schein", der Verweigerung einer wohlfeilen Konsumattitüde. Gerade die Jens'schen Gegen-Texte zur Komposition von Joseph Haydn sind eine konkrete Anwendung dieser Ästhetik des Widerstands. Es sind Texte, die nicht den identifikatorischen Genuß verschaffen, sondern auf die *bruta facta* verweisen und auf diese Weise herausfordern, die Komplizenschaft mit der „Event"- und Genuß-Ästhetik aufzugeben. Die Konterkarierung eingespielter Hör- und Sehgewohnheiten hat faktisch Unterbrechungscharakter. Und zu fragen bleibt: Kann Literatur im real existierenden Kulturbetrieb heute mehr liefern als solche Unter-Brechungen, wenn sie nicht zur bloßen Unterhaltungsware verkommen oder eine privatistische Verweigerung praktizieren will, die niemand mehr erreicht und so niemanden interessiert?

4. Auf dem Weg zu einer Christopoetik

Ein weiter Bogen im Prozeß des Nachdenkens über den Nazarener: von den Bibelübersetzungen angefangen über eigene Skizzen zu Sache und Person, Annäherungen aus der Perspektive von Stellvertreterfiguren sowie Meditationen und Predigten im Zeichen der Differenz von christlicher Religion und Religion Christi. Klar ist schon jetzt: Keine Gestalt der Weltgeschichte hat diesen Autor mehr bewegt als der Mann aus Galiläa. Keine ihn stärker angetrieben, immer wieder auch zu entdecken, was die Großen unter den Poeten zu sagen hatten. Wie haben ihn die Leitfiguren der europäischen Literatur gesehen? Ein Pascal zum Beispiel, ein Hölderlin, ein Kierkegaard, ein Dostojewskij? Schaut man das Werk unter dieser Fragestellung noch einmal durch, findet man insbesondere in den mit Hans Küng gehaltenen Vorlesungen an der Universität Tübingen, veröffentlicht in den

Bänden „Dichtung und Religion“ (1985) sowie „Anwälte der Humanität“ (1989), eine konstant durchlaufende Reflexionsspur zur Frage, wie die großen Schriststeller Person und Sache Jesu für ihr Leben und Schreiben reflektierten. Stellt man die entsprechenden Passagen dieser Vorlesungen zusammen, ergibt dies so etwas wie eine Christopoetik im Vollzug, ein christopoetisches Skizzenbuch über Formen und Techniken adäquater Christusdarstellung. Wir können auch hier nicht ins Einzelne gehen. Aber einige Beispiele daraus wollen wir doch vermitteln, die neugierig machen sollen auf eine eigene, vertiefte Lektüre.

Christopoetisches Skizzenbuch I: von Pascal bis Dostojewskij

Man lese nach, was Jens über einen Mann wie *Blaise Pascal* zu sagen hat, den Verfasser der „Pensées“, der Gedankenfragmente über Fragen der Religion, die nach Pascals Tod gefunden wurden.[115] Pascal, der geniale Mathematiker und tiefgläubige Christ, der in seinen brillanten Diagnosen tiefer hinter die Rollen und Masken des Menschen der Moderne zu blicken wußte und genauer und gnadenloser als andere die Abgründe der menschlichen Seele auszuleuchten verstand – durchdrungen von der Gewißheit eines Christenmenschen des 17. Jahrhunderts, daß sich das Geheimnis des Menschen nur durch das Geheimnis Jesu Christi entschlüsseln lasse: das „Mysterium“ des Leidens Christi als Ausdruck des Elends und der Größe des Menschen. In einem Garten habe Jesus das ganze Menschengeschlecht erlöst, hatte Pascal in einer meditativen Passage über das „Mysterium Jesu“ geschrieben, aber nicht in einem der Wonne, sondern in einem der Qualen, um wörtlich hinzuzufügen:

> „Diese Qual und diese Verlassenheit leidet er in den Schrecken dieser Nacht.
> Ich glaube, außer diesem einen Mal beklagte sich Jesus niemals; nun aber klagt er, als habe er seinen übergroßen Schmerz nicht mehr ertragen können: ‚Meine Seele ist betrübt bis in den Tod‘. Gemeinschaft und Linderung sucht Jesus bei den Menschen ... aber er findet sie nicht, denn seine Jünger schlafen. Bis an das Ende der Welt wird die Agonie Jesu dauern, nicht schlafen darf man bis dahin.“[116]

Oder man lese nach, wie Jens eine Gestalt wie *Friedrich Hölderlin* interpretiert.[117] Wie sehr hatte dieser Poet unter den Verengungen einer christlichen Erziehung gelitten, durch eine kirchliche Praxis im Zeichen des Pietismus. Und welche Befreiung war für ihn die Entdeckung der Götter Griechenlands gewesen. Die Gottheit ließ sich jetzt neu begreifen als die alles umgreifende, alles durchwaltende Wirklichkeit im Herzen der Dinge, im Menschen, in der Welt. Und doch wollte Hölderlin Christus nicht einfach vergessen! Immer wieder versuchte er, ihn in eigener Weise zu evozieren: als den Bruder der griechischen Heroen Dionysos und Herakles. Nur wenige Verse aus Hölderlins Hymne „Friedensfeier“ mögen dies illustrieren:

„Und manchen möcht’ ich laden, aber o du,
Der freundlichernst den Menschen zugetan,
Dort unter syrischer Palme,
Wo nahe lag die Stadt, am Brunnen gerne war;
Das Kornfeld rauschte rings, still atmete die Kühlung
Vom Schatten des geweiheten Gebirges,
Und die lieben Freunde, das treue Gewölk,
Umschatteten dich auch, damit der heiligkühne
Durch Wildnis mild dein Strahl zu Menschen kam, o Jüngling!
Ach! aber dunkler umschattete, mitten im Wort, dich
Furchtbarentscheidend ein tödlich Verhängnis. So ist schnell
Vergänglich alles Himmlische; aber umsonst nicht ...“[118]

Das ist – so macht Jens klar – eine Epiphanie des Friedens im Verweis auf das im Johannes-Evangelium geschilderte Christus-Gespräch mit der samaritanischen Frau am Brunnen (Joh 4) : „Gott ist Geist, und alle, die ihn anbeten, müssen im Geist und in der Wahrheit anbeten.“ (4,24) Und zugleich kann auch in dieser Friedensszene nicht das „tödlich Verhängnis“ dieses Christus vergessen werden. Eine Anspielung auf Golgatha. Der gewaltsame Tod ist die ständige Bedrohung des Friedens.

Man lese vor allem nach, wie Jens *Kierkegaard* interpretiert[119], im Mittelpunkt ein Satz aus Kierkegaards Schrift „Einübung ins Christentum“, der eine schonungslose Analyse des Zustands der Christenheit beinhaltet: „Die Christenheit hat das Christentum abgeschafft, ohne es selber richtig zu merken; folglich muß man, wenn man etwas ausrichten will, versuchen, das Christentum wieder in die Christenheit einzuführen.“[120] Solange dies nicht geschieht, solange Christ werden nicht wieder heißt, *Gleichzeitigwerden* mit Christus, ist für Kierkegaard ein neues Heidentum in der Welt. Und eine besonders schlimme Form dieses Heidentums ist die „christliche Kunst"! Hier arbeitet Jens in aller Schärfe Kierkegaards Fragen heraus: Kann man als Christ, vorausgesetzt, man ist überhaupt dazu fähig, allen Ernstes einen Pinsel in Farbe eintauchen oder einen Meißel hernehmen wollen, um Christus in Farben darzustellen oder seine Gestalt auszuhauen? Unmöglich! Unbegreiflich! Woher nimmt ein Künstler die Ruhe, Christus zu malen, ohne darüber nachzudenken, ob Christus überhaupt gemalt werden wolle. Müßte er nicht geradezu körperlich Christi Unwillen spüren und alles über den Haufen werfen, seine Pinsel und seine Farben, so wie Judas die dreißig Silberlinge einst von sich warf? Warum? Weil er plötzlich begreift, daß Christus nicht schöne Malerei und künstlerisches Genie, sondern allein „Nachfolgende" will! Er, der „hier in der Welt in Armut und Geringheit lebte, ohne zu haben, da er sein Haupt hinlegen konnte".[121] Kunst? Das führt von der Person Christi weg, fördert den Genuß, stachelt die Bewunderung für den Künstler an.

Aber zugleich arbeitet Jens die Ambivalenz der Kierkegaardschen Ästhetik-Kritik heraus. War dieser große Däne nicht selber ein brillanter Künstler, ein Schriftsteller von hohem Rang? Waren seine Täuschungs- und raffinierten Bezugsspiele mit Hilfe immer neuer Pseudonyme, Masken und Inkognitos nicht eine brillante Selbst-inszenierung? War nicht er es, der die religiösen Dichter geradezu aufforderte, „mit der Glut einer gewissen unglücklichen Liebe" die Idealität der Nachfolge Christi darzustellen – noch vor den jetzigen Pfarrern? War nicht er es, der dadurch den Dichtern fast ein geistiges Amt in glaubensferner Zeit zusprach? Der den Schriftsteller so beschrieb, daß er in seinem Leben dem Schicksal Christi zum Verwechseln ähnlich wurde? Genie in der Kleinstadt; unerkannt von den Seinen; ein Einsamer, der verbergen muß, wer er eigentlich ist; ein Märtyrer, der sich – angesichts der Zwielichtigkeit seines Dichtertums – für einen Anderen – Christus – aufopfert; der freiwillig in die Niedrigkeit eingeht, Knechtsgestalt annimmt, eingehüllt in ein Inkognito, um sich ja nicht in den Vordergrund zu stellen, um immer nur auf den zu verweisen, dessen Gleichzeitigwerden er einfordert: auf Jesus, den Christus? Wer also, wenn nicht Kierkegaard, hat gerade den Künstler wie kaum einen anderen aufgewertet: als Komplizen Jesu, als Spion Gottes?

Ähnlich luzide sind die Analysen, die Jens zu *Dostojewskij* vorlegt.[122] Dabei geht die Bedeutung dieses großen Russen für ihn über die Radikalität seiner Kirchenkritik weit hinaus. Gewiß: Dostojewskijs Parabel vom Großinquisitor ist neben Kierkegaards „Einübung ins Christentum“ die schärfste Kritik an der Christenheit, die ein Christ üben kann: Niemand unter den Christen würde Christus erkennen, käme er wieder, so bekanntlich die Pointe dieses Gleichnisses. Christen würden Christus wie einen Ketzer behandeln! Auf den Scheiterhaufen mit ihm! Warum bist Du gekommen, uns zu stören? Aber zugleich zeigt Jens noch etwas viel Wichtigeres. Dostojewskij hat die Ideale des Christseins gerade auch als Schriftsteller, im Vollzug seines Schreibens, verwirklicht, als Künstler im Umgang mit seinen Figuren. Schon seinen Aljoscha Karamasow hatte er erkennen lassen: Christi Schweigen vor dem Großinquisitor ist nicht Ausdruck einer Verachtung für Menschen, sondern einer unendlichen Güte, einer schrankenlosen Barmherzigkeit, einer umfassenden Demut. Sie sind die einzigen Mächte, die nach Dostojewskijs Überzeugung die Welt von sich selbst befreien können.

In diesem Geist arbeitet der Schriftsteller generell in seinem Werk. Autoren sind ja Schöpfer und Richter ihrer Figuren. Mit ihnen können sie nach Belieben verfahren. Sie können sie abwerten oder aufwerten, hochheben oder fallenlassen. Hier die Guten und Sympathischen – da die Schlechten und Bösartigen; hier gerettet – da verdammt. Schaut man sich aber – so arbeitet Jens heraus – die Dostojewskijschen Figuren an, erkennt man, daß sie allesamt offen sind, unfertig, variationsbegierig, voll von Überraschungen. Immer wieder arbeitet dieser Autor ungeahnte Seiten seiner Figuren heraus. Heute Gott und morgen der Teufel; heute Zyniker, morgen Samariter. Keine seiner Figuren – auch die angeblich verworfensten nicht (Smerdjakoff bei den Karamasows!) – ließ dieser Schriftsteller je fallen. Keine hat er dem Leser einfach zum Urteils-Fraß vorgeworfen. Immer versucht er, sie in der Fülle ihrer Möglichkeiten zu schildern. Nur nicht zu rasch verurteilen. Denn in der Welt der Menschen gibt es Mischungen, Vermischungen, Anteile der verschiedensten Art. Ein Mord – und es gibt viele Verantwortliche, viele Schuldige. Nur nicht zu rasch einen Sündenbock suchen. Richtet nicht, damit ihr nicht gerichtet werdet! Dieser Satz Jesu bestimmte Fjodor Michajlowitsch Dostojewskij als Künstler.

Christopoetisches Skizzenbuch II: Paul Celans „Tenebrae“

Und so könnte man dieses christopoetische Skizzenbuch des Walter Jens noch weiter vervollständigen, um seine Analysen zur Prosa von

Heinrich Böll beispielsweise und dessen „Metaphysik des Alltags“[123], im Mittelpunkt dieses Werkes ein Clown als Jesus-Figur[124], der angesichts einer verrechtlichten, entsinnlichten Kirchlichkeit ein Nachdenken über eine „Theologie der Zärtlichkeit“ fordert: „Kein Theologe ist je auf die Idee gekommen, über die Frauenhände im Evangelium zu predigen: Veronika, Magdalena, Maria und Martha – lauter Frauenhände ... die Christus Zärtlichkeiten erwiesen. Christus hat privat fast nur mit Frauen Umgang gehabt.“[125]

Zu vervollständigen auch um die Jens'schen Analysen der Weihnachtsgedichte von *Bert Brecht*[126] und der Passions-Gedichte eines *Paul Celan*.[127] Gerade Celans Gedicht „Tenebrae“[128] wird ihm zum Paradigma einer „bis heute ungeschriebenen Theologie nach Auschwitz“:

„Nah sind wir, Herr,
nahe und greifbar.

Gegriffen schon, Herr,
ineinander verkrallt, als wär
der Leib eines jeden von uns
dein Leib, Herr.

Bete, Herr,
bete zu uns,
wir sind nah.

Windschief gingen wir hin,
gingen wir hin, uns zu bücken
nach Mulde und Maar.
Zur Tränke gingen wir, Herr.
Es war Blut, es war,
was du vergossen, Herr.

Es glänzte.
Es warf uns dein Bild in die Augen, Herr.
Augen und Mund stehn so offen und leer, Herr.
Wir haben getrunken, Herr.
Das Blut und das Bild, das im Blut war, Herr.

Bete, Herr.
Wir sind nah.“

Ein Gedicht, das die Form eines Gebetes aufweist, aber die übliche

Subjekt-Objekt-Struktur eines Gebetes umkehrt. Denn der „Herr“, der hier offensichtlich in Anspielung auf die christliche Tradition angeredet wird, ist nicht bloß der Angebetete, sondern auch der Beter, der selber zum Gebet aufgefordert wird. Vergleich wird hergestellt zwischen toten, ineinander verkrallten Leibern von Menschen (deutlich eine Anspielung auf Leichenberge in Konzentrationslagern) und dem Leib Christi. So wie der Leib Christi geschunden wurde, wurden auch diese Leiber geschunden. Doch es bleibt nicht allein beim Vergleich: Beide werden sogar in nächste Nähe zueinander gerückt! Ihr Leiden bringt die Menschen in die Nähe des „gekreuzigten Gottes“, greifbar nahe sozusagen, nah bis zur „Austauschbarkeit“, so daß die Perspektive plötzlich umschlagen kann. Subjekt und Objekt geraten in die Schwebe, wechseln ihre Position. Nicht der Mensch betet mehr zu Christus, sondern Christus kann jetzt auch zu den Menschen beten.

So, in beschwörender Rede, arbeitet das Gedicht mit Bildern aus der eucharistischen Liturgie: Kommunion – Abendmahl – vergossenes Blut – zu trinkendes Blut – mit der Folge, daß sich Marterorte wie Auschwitz und Golgatha, Maidanek und Jerusalem durchdringen. Beide gehören zusammen: die Leiber dort und der Leib hier, der Marterort dort und der Kreuzigungsort hier. Schlüsselworte sind: „Leib“, „Herr“, „beten“, „Tränke“, „Blut“, „vergossen“. Es sind allesamt biblische Chiffren, scheinbar versteinerte Formeln der Leidensgeschichte, die, übertragen und derart verfremdet, für Jens „neue Plastizität“ erlangen: „Das um und um Gewendete, in dogmatischer Rede Nachgebetete, zu einer Begrifflichkeit Heruntergekommene, die nur noch auf sich selber weist ... all das gewinnt plötzlich Bannkraft und Magie einer vielfältige Bezüge aufdeckenden Sprache – einer neuen religiösen Verlautbarung als Ausdruck einer Theologie, die Gott und Mensch, im Dialog derer, die füreinander da und aufeinander angewiesen sind, als im Leiden Gleichberechtigte gemeinsam kommunizieren läßt. Die vielbeschworene weltliche Rede von Gott: *so*, im Idealfall, könnte sie aussehen.“[129]

Denkbar wäre: ein Konzil der Poeten

Und so könnte, ja müßte man dieses Buch weiterschreiben, und es könnte die Vorlage sein zu einem Projekt von großer Faszination. Jens hat es 1984 zur Eröffnung eines Symposions unter dem Titel

„Theologie und Literatur. Zum Stand des Dialogs“ skizziert. Ein Denkspiel, eine Realvision: Was geschähe, wenn die Poeten, Bildhauer und Maler sich zu einem Konzil versammelten? Was hätten die Künstler zu sagen, wenn sie eingeladen würden, auf einer ökumenischen Versammlung von ihren Erkenntnissen in Sachen Jesus, dem Christus, zu berichten? Was wäre das für ein Schauspiel, wenn etwa die großen Schriftsteller der europäischen und lateinamerikanischen Literatur auf einem solchen Konzil aufstünden und aus ihren Werken vorläsen, in denen sie den Nazarener zu deuten versuchten? Wenn sie sich in eine Runde setzten und miteinander ins Gespräch gerieten: Ihre Jesus-Deutungen einander austauschend und dann mit den Urkunden vergleichend. Was wäre das für ein Wettstreit um eine angemessene Christopoetik, ein Wettstreit also darüber, welche ästhetischen Kriterien erfüllt sein müßten, damit eine Jesus-Darstellung überzeugte, theologisch und literarisch! Konsequenz?

> „Einer nach dem anderen würde auftreten, im Verlauf des großen Konzils, und eine Kirche anklagen – utriusque confessionis –, in der allein noch der outcast, der Schnapspriester oder der befremdliche Herr Landpfarrer, der Häretiker oder der Clown verläßlich für jenen ‚Bruder Jesus‘ Zeugnis ablegten, den Erniedrigten unter dem Kreuz, der, in bewegender Ausschließlichkeit, Literatur und Kunst der Neuzeit beherrscht: Jesus ohne Kopf, Jesus mit der Gasmaske vor dem Gesicht; Jesus, der den Stahlhelm hat tragen müssen und, wie ein totes Kind, im Schoß Mariens ruht; Jesus, inmitten der Juden von Auschwitz; Jesus, hingerichtet wegen Anstiftung zum Frieden, Jesus in der Nacht von Bethlehem, die auf die Nacht von Golgatha verweist: Nicht unter den Himmeln, sondern unten, beim Kreuz und Fleisch, setzt, in Kierkegaards Weise eine Literatur an, die Poesie der Moderne, der es darum zu tun ist, den historischen Jesus wieder ins Blickfeld zu rücken und ihn, den Leidenden, mit einer Welt zu konfrontieren, für die, nach Auschwitz, der Pantokrator zum Anachronismus geworden ist (undarstellbar deshalb auch von der Kunst), während der Bruder im Leid, der *Christus patiens*, den Betroffenen zu immer neuer Variation ... provoziert.“[130]

III. Spiegelfiguren

„Wie bescheiden, indirekt, behutsam und annäherungsweise demgegenüber die Literatur: Das Wichtigste in Nebensätzen, Zeichen und verschlüsselten Verweisen versteckt – das Zentrum von der Peripherie aus (wo sich konkret arbeiten läßt) ins Blickfeld gerückt, die Mitte vom Rand her beleuchtet, Sein aus der Funktion, Tat aus der Wirkung abgeleitet. Und immer Abstand gehalten: lieber den Soldaten unter dem Kreuz als den Gemarterten, lieber Judas als Jesus ...“[131]

Wer jemand ist, zeigt sich auch in dem, wie er wirkt. Das Gegenüber wird zum Spiegel, zum Echo. Wirkungen löst man aus, die nicht zu kontrollieren sind, für einen selbst nicht, für das Gegenüber nicht. Auch das gehört zum Geheimnis eines Menschen: das letztlich Unkontrollierbare, das Stück Unberechenbarkeit, der Moment des Überraschenden. Jesus mit Judas konfrontiert: Was löst das aus? Für ihn und für den Jünger? Jesus vor Pilatus: Was hat das für Folgen? Für den Statthalter und den Verurteilten? Jesus mit Petrus oder Maria Magdalena: Wie verändert das ein Leben? Im Werk von Jens tauchen all diese Figuren auf. Judas vor allem; ihm gehört die größte Aufmerksamkeit dieses Autors. Zunächst gilt es, sich auf die „kleineren“ Arbeiten zu konzentrieren, die Petrus, Pilatus und Maria Magdalena gelten, einschließlich eines Selbstgesprächs des Reformators Philipp Melanchthon.

1. Petrus

Ein älterer Mann kommt Freitag für Freitag in ein Museum, in dem die Portraits aller Päpste der Kirchengeschichte hängen, um Zwiesprache mit diesen Bildern zu halten. Die Wärter lassen ihn mittlerweile gewähren. Er scheint verrückt, ist aber harmlos. Er hält sich für Simon Fels, einen jüdischen Fischer aus Galiläa. Das ist die Ausgangslage für einen spannenden Monolog, den Jens im Jahre 1992 erstmals veröffentlicht: „Simon Fels unter den Päpsten“.[132] Ein Text, der von einer doppelten Kontrastspannung lebt: zum einen der Spannung zwischen dem einfachen Fischer aus Galiläa und vielen in der Geschichte der Päpste, die seine Nachfolger wurden und nie daran dachten, selbstkritisch Maß an den petrinischen Ursprüngen zu nehmen. Zum anderen von den Spannungen in Petrus selber: zwischen seinen großspurigen Ankündigungen und seinem schmählichen Versagen.

Drei Versuchungen

Was diesen Aspekt betrifft, so nimmt Jens die vielfältigen Petrus-Überlieferungen des Neuen Testamentes auf. Schon sie zeigen ja Petrus keineswegs als strahlenden Glaubenshelden.[133] Schon der Evangelist *Matthäus* unterläuft ja das von ihm überlieferte (später weltgeschichtlich so folgenreiche) Jesus-Wort „Du bist Petrus, und auf diesen Felsen werde ich meine Kirche bauen" unmittelbar danach durch eine Zurückweisung desselben Petrus als *satanischem Verführer*. Warum? Weil dieser Jünger die erste Leidensankündigung Jesu nicht wahrhaben will. Der matthäische Jesus weist ihn deshalb brüsk mit dem Wort ab: „Weg mit dir, Satan, geh mir aus den Augen!" (16,23).

Dieselbe Ambivalenz im *Evangelium des Lukas*. Auf ein entsprechendes Jesus-Wort hin erklärt Petrus vollmundig, er sei bereit, mit Jesus sogar „ins Gefängnis und in den Tod zu gehen". Kühl bekommt er zur Antwort: „Ehe der Hahn kräht, wirst du dreimal leugnen, mich zu kennen" (22,33f.). Und schließlich überliefert auch das *Johannes-Evangelium* eine Zurückweisung. Nachdem Petrus dreimal ein Liebesbekenntnis gegenüber Jesus abgegeben hatte, will er unbedingt noch wissen, was denn mit demjenigen Jünger geschehen solle, den Jesus offenbar besonders liebgewonnen hat: Johannes. Auf diese deplazierte Frage bekommt er durch den johanneischen Christus die Antwort: „Wenn ich will, daß er bis zu meinem Kommen bleibt, was geht das dich an? Du aber folge mir nach!" (21,22). Zurückweisung als satanischer Verführer, Prophezeiung eines Verrats, der dann auch tatsächlich erfolgt (Mt 26,69-75 par), sowie die Zurechtweisung, sich nicht um Dinge zu kümmern, die ihn nichts angehen: Schon im Neuen Testament ist Simon Petrus ein Mann mit allen Stärken und Schwächen.

Jens knüpft hier an und läßt seine Petrus-Figur im Bilder-Museum seinen Verrat und sein Versagen selbstkritisch und reuevoll reflektieren. Sein „Petrus" gesteht sich die Diskrepanz ein zwischen seinen großen Worten und seinem schmählichen Versagen, gesteht vor allem seine *Angst*, die er mit Jesus gemeinsam gehabt hatte. Angst angesichts des Leidens Jesu, Angst angesichts der eigenen Kreuzigung. Damit aber bildet dieser Jünger gerade das Kontrastbild zu vielen, die später seine Nachfolger waren:

„Ein Mensch mußte Fels sein, kein Gott; ein Polterer und Hasenfuß ist auserwählt worden, die Lämmer zu weiden – und kein Gigant, kein Caesar in der Glorie. (hält inne) Petri Stuhl ist ein dreckiger Schemel, und sein Gewand von Tränen durchtränkt. Tränen der Wut, der Todesangst, des Erbarmens. (zu den Bildern) Ich, ihr Gewaltigen, bin nur ein Fischer; aber ich kann reden, seit jenem Pfingsttag, das sage ich euch, daß ihr mir wie eine Schar von Trappisten vorkommt.“[134]

Ein jüdischer Fischer und die Päpste der Kirche

Damit ist nun die entscheidende Pointe dieses Textes im Blick: Papstbild für Papstbild hängen da „Majestäten, Fürsten, Professoren, Gelehrte, Herren von Welt, studierte Leute! Bücherschreiber! Befehlshaber! Marschälle und Zeremonienmeister“. Überall hängen da (Johannes XXIII. und Cölestin V. bestätigen die Regel!), Männer, die sich als Kriegsherren aufspielten, im Bund mit den Mächtigen, und auf diese Weise „Ungehorsam – in offener Rebellion! – gegen den Gesalbten“ übten, der „ein Friedensfürst“ gewesen ist. Diener hätten sie sein sollen, Arme unter den Armen. Aber sie regierten „hoch über dem Volk“ als Präsidenten, Bankiers und Diplomaten: „Lämmer solltet ihr weiden und habt Kaiser gemästet und Schlächter zu euren Spießgesellen gemacht“.[135] Und – was genauso schlimm ist: „Zweihundertundzweiundsechzig Männer – und keine einzige Frau. Nepoten, Professoren, Militärs – wo bleibt Maria, die aus Magdala kam und klug war wie Paulus, nur viel lustiger, und predigen konnte sie auch? Und wo sind, ich suche und suche und finde sie nicht, Leute wie ich, Netzeflicker, Bootsbauer und Fischer? Unser Herr, ihr Heiligen Väter, war ein Zimmermann!“[136]

Die Geschichte der Päpste – mit jesuanischen Augen gelesen, mit petrinischen. Bewußt wählt Jens als Form seinen „Monologs“ die Narrenrede, das Selbstgespräch eines Verrückten. Form und Inhalt kommen so zur Deckung. Wie sollte man nicht auch verrückt werden, wenn man zu begreifen sucht, was alles im Namen Christi im Verlauf der Papstgeschichte praktiziert und gerechtfertigt wurde? Wieviele Nachfolger des Petrus der Zeugenschaft für den Gekreuzigten Hohn sprachen? Wie sollte man nicht auch verrückt werden, wenn man erkannt hat, wie sehr die Sache Jesu verdunkelt, verschleudert, ja verraten wurde durch die Praxis vieler „Stellvertreter Christi“

selber? Im Jahr 1992 befragt, wie er Jesus von Nazareth sehe, antwortet Walter Jens u. a. dies:

> „Er lebt unter uns – als der Ferne, dessen Mit-uns-Sein sich aus jener Menschlichkeit ergibt (Menschensohn: Inbegriff des wahren, alles nur Humane transzendierende Doppel-Wesens), einer Menschlichkeit, die sich für mich, mehr und mehr, in der Erwählung des Simon Petrus manifestiert: Kein Heros, sondern ein Angefochtener, ein schwaches Wesen wurde ausgesucht, um Nächster zu sein; ein Versager und kein Cäsar in der Glorie, ein Mann, der immer viel verspricht, die große Geste liebt, das Fuchteln mit dem Schwert und, wenn's ernst wird, klein beigibt: überholt von Maria Magdalena, zur Ordnung gerufen von Paulus, groß in Worten, klein im Tun ... und dann auf einmal der redegewandte Märtyrer – der Andere: ein Abbild seines Herrn. Ich denke, es ist lehrreich, über Jesus von Nazareth aus der Perspektive des Simon Fels nachzusinnen – des erwählten Menschen in seiner Schwäche, der wie kein zweiter die Doppelheit des nahfernen Jesus erhält."[137]

2. Maria von Magdala

Und Maria, die aus Magdala stammt? In der Tat: Wo bleibt sie? Bei Jens – analog Forschungen feministischer Theologie seit den achtziger Jahren[138] – bekommt sie ihr eigenes Recht und ihr eigenes Profil – und zwar im Kontext der Neubewertung der Geschichte marginalisierter und stereotypisierter Frauen um Jesus überhaupt.[139]

Von Anfang an umstritten

Maria von Magdala ist deshalb ein besonders eklatanter Fall, weil man die Bedeutung dieser Jüngerin Jesu in der Auslegungsgeschichte der Kirche seit den Zeiten Gregors des Großen durch Identifikation mit der namenlosen „Sünderin" aus Lukas 7 (die Frau, die Jesus die Füße salbte) herunterspielte, zumal Lukas ja auch noch berichtet hatte, daß Maria Magdalena durch Austreibung von „sieben Dämonen" geheilt worden sei (Lk 8,2). Völlig verdunkelt wurde dadurch die Rolle dieser Frau als erste Zeugin der Auferstehung Jesu, ja als einer Jüngerin von besonderem Rang. Hier setzt Jens an, im Wissen darum, daß in der jüngeren deutschen Literatur nur Luise Rinser mit ihrem Roman „Mirjam“ (1983) Maria Magdalena neues Profil verschafft hatte.[140]

Jens liest auch hier die neutestamentlichen Quellen noch einmal genau und stellt fest: Alle Evangelien berichten übereinstimmend, daß Maria von Magdala nicht nur erste Zeugin der Auferweckung Jesu (Mt 28,2-6) oder des leeren Grabs (Mk 16,4-6; Lk 24, 2-6; Joh 20,6-9), sondern auch erste Verkünderin der Osterbotschaft an den Kreis der zurückgebliebenen Jünger gewesen ist (Mt 28,8;10; Mk 16,10; Lk 24,9; Joh 20,18). Damit freilich hört die Übereinstimmung auch schon auf, denn die (offensichtlich durch diese beiden Fakten begründete) herausgehobene Stellung Maria Magdalenas in der Urgemeinde wird von den Synoptikern bereits auffälligerweise relativiert. Bei *Matthäus* bleibt der Verkündigungsauftrag an Maria Magdalena (und die „andere Maria“), der durch den Auferstandenen noch einmal eigens bekräftigt worden war (28,9f.), seltsam wirkungslos. Ob diese Botschaft bei den Jüngern überhaupt ankommt, bleibt offen (vgl. 28,11). Bei *Markus* wagen die Frauen, die vom leeren Grab kommen, darunter Maria von Magdala, erst gar nicht, die ihnen vom Grabesengel ausdrücklich aufgetragene Botschaft an die Jünger und Petrus weiterzusagen. Warum nicht? Weil „Schrecken und Entsetzen“ sie gepackt hatte (16,8). Erst eine Erscheinung des Auferstandenen selbst, die auffälligerweise wieder zuerst Maria aus Magdala gilt, ermutigt sie, im Jüngerkreis von der Auferweckung Jesu überhaupt zu berichten (16,9f). Aber auch hier stößt Maria Magdalena auf Unglauben (16,11). Ähnlich bei *Lukas*. Zwar kehren hier die Frauen von der Gruft zurück und verkünden sofort alles dem Jüngerkreis (nichts von „Schrecken und Entsetzen“), doch die Apostel halten auch hier das von den Frauen Mitgeteilte „für Geschwätz“ und glauben ihnen kein Wort (24,11).

Nur Johannes ist anders

Nur im Evangelium des *Johannes* ist alles anders. Hier hat Maria von Magdala von Anfang bis Ende eine herausragende Stellung, ist sie hier doch auffälligerweise die *einzige* Zeugin des leeren Grabes, während die Synoptiker ihr jeweils eine „andere Maria“ oder weitere Frauen an die Seite stellen. Mehr noch: Maria von Magdala ist hier auch dadurch hervorgehoben, daß Christus dieser Frau unmittelbar nach seiner

Auferstehung *vor* jeder anderen Person erscheint und ihr persönlich den Verkündigungsauftrag gibt, der offensichtlich dann auch im Jüngerkreis Gehör findet. In der Übersetzung von Jens lautet die entscheidende Passage Johannes 20,16-18 wie folgt:

„Und da sprach Jesus sie an: Maria!
Und sie wandte sich um: Rabbuni!
(Ein hebräisches Wort, das ‚Mein Meister' bedeutet.)
Nein, berühre mich nicht.
Noch bin ich nicht emporgegangen,
unter die Himmel,
zu meinem Vater.
Du aber geh zu den Brüdern
und erzähle Ihnen:
Ich gehe nun, unter die Himmel,
zu meinem Vater,
zu unserem Vater,
zu unserem Gott.
Und Maria lief zu den Schülern und sagte:
Ich habe den Herrn gesehen. Er lebt!
Er wird heimkehren zu unserem Vater."

Dieser Bericht des Johannes gibt Maria von Magdala die ihr gebührende Stellung und Ehre, zumal ihr Zeugnis vom Auferstandenen auffälligerweise in völligem Gegensatz steht zu der im selben Evangelium nur wenige Zeilen später berichteten Reaktion des ungläubigen Thomas (Jo 20,24-29).

An dieser Aufwertung der Gestalt Maria Magdalenas ist Jens interessiert, weiß er doch, daß in anderen Schriften des Neuen Testamentes selbst das noch verschwiegen wird, was die Synoptiker wenigstens noch erwähnen: die Zeugenschaft von *Frauen* für die Auferweckung Jesu. Paulus jedenfalls erwähnt sie mit keinem Wort mehr (vgl. 1 Kor 15,5-8). Nur bei Johannes ist Maria Magdalena uneingeschränkt die erste Kronzeugin, von Jesus offensichtlich auserwählt, um den Überlieferungsprozeß zu eröffnen, der ohne sie nicht hätte beginnen können. Jesus und seine Apostelin Maria Magdalena:

„Das ist ein bewegendes, wenn auch allzu selten ins Blickfeld gerücktes Muster-Bild der Humanität, des Aufeinander-Eingehens und Einander-Findens – ein Musterbild, das, wären die ersten achtzehn Verse des 20. Johannes-Kapitels richtig gelesen worden, eine andere, sanftere Tradition hätte begründen können, als es die petrinische Überlieferung tat."[141]

3. Pilatus

Szenenwechsel: Wer sich heute literarisch mit Pilatus auseinanderzusetzen versucht, braucht viel Mut. Bedeutende Schriftsteller haben das ihre getan: *Friedrich Dürrenmatt* mit seinem frühen Prosatext „Pilatus" (entstanden 1946), vorher der große Russe *Michail Bulgakow* in seinem Roman „Der Meister und Margarita" (entstanden 1928-1940) und auf seiner Linie *Tschingis Aitmatow* in „Der Richtplatz" (erschienen 1986).[142] Auch bei Jens gab es schon einmal eine Pilatus-Spur. In „Herr Meister" schildert der Schriftsteller A. seinen „Helden" einmal als die Verkörperung von Melancholie und Traurigkeit in verschiedenen Situationen. So stellt er sich vor, sein „Meister" sei ein von „Todesangst gezeichneter Mann", der zu Hause am Pult im Begriff sei, „sein Testament zu entwerfen", und zwar in jenem „greisenhaften Stil", den er, der Schriftsteller, vor Jahren selber einmal verwandt habe, als er in einem Roman „die Sprache des Pilatus" zu treffen versucht habe:

> *„Ich möchte einsam bleiben, und das Ende soll leicht sein. Das wird geschehen, wenn keiner meiner Freunde mehr lebt und mich niemand besucht. Es ist mein Wunsch, der Letzte zu sein und gelassen, weil mich hier nichts mehr erwartet, hinüberzugehen."*[143]

Ein Pilatus-Bild im Zeichen von Todesangst, Einsamkeit, Resignation – ganz so wie beim großen Franzosen *Anatole France*, der 1891 bereits in einer Erzählung unter dem Titel „Der Statthalter von Judäa" einen Pilatus gezeigt hatte, der nach seiner Zeit in Judäa zurückgezogen auf seinen Landgütern in Sizilien lebt und, nach 30 Jahren, auf den Fall eines gewissen Jesus aus Nazareth angesprochen, einem Freund gegenüber müde-resigniert gesteht: „Jésus? ... Jésus, le Nazaréen? – Je ne me rappelle pas" – „Jesus? ... Jesus von Nazareth? – Ich erinnere mich nicht".[144]

Der Statthalter als heimlicher Jünger

1994 legt Jens eine ganz andere Pilatus-Geschichte vor[145], deren literarischer Einfall darin besteht, daß der ehemalige Richter von vornherein als Angeklagter gezeigt wird. Er erscheint vor einem imaginären Gericht (Kafkas „Prozeß" vergleichbar) und wird von einem Richter verhört, der eine Maske vor dem Gesicht und einen großen schwarzen Hut auf dem Kopf trägt. Erstaunliches hat dieser Pilatus mitzuteilen. Er, der als römischer Statthalter eine brutale Machtpolitik gegenüber der jüdischen Bevölkerung praktiziert hatte (Plünderung des Tempelschatzes, Ermordung von Betern vor dem Allerheiligsten, Gemetzel unter Wallfahrern, 722 Todesurteile in den ersten 9 Jahren!) – er, der Herr über Leben und Tod war, ein Ritter aus dem Hause der Pontier, er hatte mit der Zeit die Juden für ihren Gottesglauben zu bewundern begonnen:

> „Das ist bewundernswert: wie sie an den Buchstaben glauben, in ihrer Wüste, an das Gesetz und die Schrift; wie sie nur *einen* Gedanken haben, einen einzigen: GOTT und nur *ein* Heiligtum, das Wort, während wir uns mit Najaden und Faunen begnügen, die sich aufs Kopulieren verstehen ... und sonst auf gar nichts. Unsere Götter sind dumm. Und dagegen *sie*, mit ihrer Philosophie und den Winkelzügen der Rabulistik, dem Witz und der Freude an der Paradoxie."[146]

Diese Sympathie macht den Jens'schen Pilatus sensibel auch für religiöse Strömungen im Volk. Er hört von der Bewegung um einen Prediger aus Nazareth, läßt sie ausspionieren, ist durch Verbindungsleute bestens informiert. Da verändert die Hinrichtung eines gewissen Samuel aus Cäsarea sein Leben. Als er diesen am Kreuz krepieren sieht, erkennt er im Schmerzensgebrüll dieses Mannes die Zukunft des Jesus aus Nazareth und begreift, was er tun muß. Wieder greift Jens zu einer bis in Einzelheiten gehenden Vergegenwärtigung des Kreuzigungsvorgangs, um dann seinen Pilatus Konsequenzen ziehen zu lassen:

> „Vierzig Jahre alt mußte ich werden, um zu lernen, was das ist: ein Feuer, das dein Fleisch verbrennt; ein Nagel, der dir durch die Hand geschlagen wird; ein Erdklumpen, der dich erstickt; eine Wanne, die dir zum Grab wird. (spricht immer schneller) Ausgerissene Fingernägel, zerquetschte Hoden, abgeschnittene Lider, gepeitschte Nieren, durchstochene Zungen: Das, Herr Richter, waren, wenn ich denn doch einmal schlief, meine Begleiter bei Nacht. Aber schlimmer noch als die Nächte waren die Tage: Dann nämlich dachte ich darüber nach, für welchen Schreckenstod ich aufbewahrt sei. Am Galgen? Von einer Schlinge langsam erwürgt? Ertränkt, mit einem Stein um den Hals? Oder – das Grauenvollste

> von allem – gefesselt und dann in einem luftdicht abgeschlossenen Sarg erstickt: aufgemacht und zugesperrt und noch einmal und wiederum und wiederum und dann für immer? ER durfte nicht gekreuzigt werden, Herr Richter! Hören Sie?“[147]

Was Pilatus zur Rettung unternahm

Und weil es im Fall von Jesus um eine Kreuzigungs-Verhinderung gehen muß, denkt Pilatus sich, als es so weit ist, Gegenstrategien aus. Er schickt Jesus zunächst zu Herodes nach Galiläa, um ihn aus Jerusalem wegzuschaffen, ihm eine Chance zu geben. Als dies nicht funktioniert, appelliert er ans Volk, die Freiheit Jesu zu fordern. Barabas, ein Mörder, solle sein Ersatzopfer sein. Aber auch diese Strategie schlägt fehl, ebenso wie der Versuch, Jesus in letzter Sekunde über die Grenze zu verläßlichen Leuten zu schaffen. Jesus schweigt zu all dem. Will er seinen Tod? Verzweifelt versucht es Pilatus mit einem letzten Trumpf:

> „Ich mußte ihn überzeugen, daß seine Prophezeiung dahin sei, wenn er *einen* Menschen – mich! – in die Hölle hinabstürzen ließe, indem er mich zu seinem Mörder machte. Und da, auf einmal, begann er zu sprechen, hob die Hände vor sein Gesicht , richtete sich auf und betete zu seinem Gott, er möge den Versucher schweigen lassen, den Teufel, der sich zum zweiten Mal an ihn herangemacht habe: viel klüger und verschlagener redend als damals auf der Spitze des Bergs. (neigt den Kopf) Es war gegen Mittag. Die Menschen, draußen im Hof, begannen gegen die Tore zu schlagen und riefen immer lauter: ‚Kreu-zi-ge ihn!‘ Es war wie ein Stundengebet, bei dem Vorsprecher und Chor Blutsbrüderschaft tranken, und da endlich begriff ich: Es war vorbei, ich hatte verspielt und konnte tun, was ich wollte. Alles vergebens: Es gab, unter dem finsteren Himmel erdacht, einen Heilsplan, in dem Pilatus die Rolle des Mörders zukommt. Ein Plan, ein Rahmen, ein Mann: Du bist verloren, Pilatus. (hält inne, spricht dann sehr langsam) Was – habe – ich – falsch – gemacht? (schreiend)“.[148]

Wer richtet den Richter?

Die Auflösung der Gerichts-Szene folgt unmittelbar danach. Der Richter war niemand anderer als das innere Gegenüber des Pilatus selber. Das Verhör war nichts als ein Zwiegespräch gewesen, ein Seelendisput. Nicht aber aufgelöst ist der Fall des Pilatus. Er hat Fragen aufgeworfen, die theologisch ins Mark gehen. Aus einer psychologisch ansetzenden Pilatus-Erzählung ist Schritt für Schritt eine Theodizee-Erzählung geworden, die nach den Opfern der „Heilsgeschichte" fragt, nach dem Preis, den bestimmte Akteure darin zu zahlen hatten. Und man kann sich als heutiger Leser in der Tat fragen: Sind solche Rückfragen an die Pilatus-Geschichte je gestellt worden? Haben Christen bei der Lektüre dieser Passagen des Neuen Testamentes je einen Gedanken daran verschwendet, ob Pilatus anders denn als Henker gesehen werden könne, zögernd gewiß, unter Druck handelnd, aber nichtsdestoweniger verantwortlich, schuldig? Hat je eine christliche Lektüre den Widerspruch empfunden zwischen der jesuanischen Botschaft von der Feindesliebe und der Weise, wie dieser römische Statthalter zum Feind gemacht wurde? Als Schriftsteller jedenfalls macht Jens sich zum Anwalt dieser verdrängten Fragen, gerade im Blick auf den politischen und juristischen Täter Pilatus, bei dem man dies am wenigsten erwartet. Ist dieser Mann am Ende – metaphysisch gesehen – nicht mehr Opfer als Täter? *Mußte* er – nach einem finsteren „Heilsplan" – den Mörder für Christus abgeben, damit dieser „Plan" sich erfülle? Wer aber hat sich das für ihn ausgedacht? Cruzifixus sub Pontio Pilato ...: Wer erfindet solche Rollen?

4. Judas

Auch der „Fall" des Judas aus Ischariot scheint von Anfang an ein klarer Fall zu sein. Die verfügbaren Quellen jedenfalls, die Evangelien des Neuen Testamentes, stimmen darin überein, daß es Judas war, der Jesus an die religiösen Machthaber Jerusalems („Hohepriester") auslieferte (Mt 26,14; Mk 14,10; Lk 22,4; vgl. Joh 13,21), und zwar aus Geldgier, auch das ist allen klar. Dabei weiß Johannes sogar noch, daß Judas – Kassenwart der Jünger – ohnehin schon früher ein „Dieb" gewesen sei, der Geld veruntreut habe (12,6). Unter wessen Einfluß? Dem des Satans, wie Lukas beizutragen weiß (22,3). Judas – ein Verräter des Gottessohnes aus Geldgier unter Einwirkung des Satans: das ist das Bild, das uns aus den Quellen entgegentritt. Besonders niederträchtig dieser Verrat, weil Judas ja zum engsten Jüngerkreis gehört und noch beim „letzten Mahl“ mit Jesus zusammengesessen hatte. Besonders verlogen, weil Jesus bei diesem Anlaß sogar noch eine unmißverständliche Warnung ausgesprochen hatte: „Doch weh dem Menschen, durch den der Menschensohn verraten wird! Für ihn wäre es besser, wenn er nicht geboren wäre“ (Mt 26,24). Und trotzdem ... Judas – er ist nicht nur ein vom Satan besessener geldgieriger Verräter, sondern auch ein niederträchtiger Heuchler, der noch in entscheidender Stunde zu einer bösartigen Verstellung imstande ist: „Bin ich es etwa, Rabbi?“ (Mt 26,25). Und als sei dies immer noch nicht genug, folgt kurze Zeit später die Gefangennahme Jesu mit dem Verräterkuß. Kein Wunder, daß das Ende eines solchen Menschen schrecklich sein muß. Matthäus jedenfalls ist daran interessiert, vom Tod des Judas genau zu berichten (wir halten uns an die Übersetzung von Walter Jens):

> „Judas aber, der ihn ausgeliefert hatte, sah nun, daß Jesus verurteilt war, und da packte ihn Reue, und er brachte den Großen Priestern und Mächtigen die dreißig Silberstücke zurück: ‚Ich habe Unrecht getan‘, sagte er, ‚und einen Menschen ausgeliefert, der unschuldig ist.‘ Doch sie antworteten ihm: ‚Was geht das uns an! Dies ist deine Sache; sieh du nur zu!‘ Da warf er die Silberstücke in den Tempel und ging fort, irgendwo hin, und hängte sich auf.“ (27,3-5)

Ein klarer Fall von Gut gegen Böse, Gott gegen Satan, was sonst? Und jahrhundertelang war der Fall des Judas aus Ischariot ein klarer Fall. In der Geschichte christlicher Theologie und Predigt wird er zur Projektionsfigur des Hasses auf alles Widerchristliche, auf alles, was sich gegen das Christliche verschworen zu haben scheint, „die Juden“ allen voran. Auch hier stellen erst Schriftsteller im 20. Jahrhundert Rückfragen: Ist die Judas-Geschichte wirklich so klar? Oder nicht voll von Ungereimtheiten, von Widersprüchen zu anderen Texten desselben Neuen Testaments? Liebesverrat und Galgentod in vollem Wissen Jesu – das sollte mit der Botschaft von der Bergpredigt vereinbar sein? Vielleicht ist ja alles ganz anders gewesen. Vielleicht handelte Judas aus anderen Motiven! 1975 legt Walter Jens in diesem Sinne den „Fall Judas“ neu vor. Um seine spezifischen theologischen, politischen und literarischen Interessen zu profilieren, unterlegen wir zunächst zwei Kontrastfolien: die Judas-Darstellung des Griechen Nikos Kazantzakis und die des Argentiniers Jorge Luis Borges.

Wofür Jesus Judas braucht: Nikos Kazantzakis

Könnte es auch ganz anders gewesen sein? Der Grieche Nikos Kazantzakis (1883-1957) ist einer der ersten Autoren in der Literatur des 20. Jahrhunderts, der in seinem 1951 erschienenen Jesus-Roman *„Die letzte Versuchung"* dem Fall Judas eine völlig andere Deutung abgewinnt.[149] Voraussetzung dafür ist, daß der Kazantzakische Jesus seine göttliche Bestimmung erst noch finden muß und daß Judas eine katalysatorische Funktion in diesem Psycho-Drama innehat. Judas ist bei Kazantzakis ein Anhänger der zelotischen Bewegung, die durch einen politischen Aufstand die Herrschaft der Römer beenden und die Herrschaft Gottes nach der Thora aufrichten will. Jesus ist in dieser Frage eher noch ein Zauderer, ein Sucher und Grübler. Er spürt, daß er einen eigenen Weg gehen, einen anderen Kampf kämpfen muß als die politischen Rebellen. Noch weiß er nicht genau, mit wem und für wen er kämpft. Aber dies eine weiß er sicher:

> „So kommt der Messias nicht. Nein, so kommt der Messias nicht, er wirft seine Lumpen nicht ab, er trägt keine Königskrone, ihm eilt das Volk nicht zu Hilfe, nicht einmal Gott. Er wird nicht gerettet; er stirbt in seinen Lumpen, alle, auch die Treuesten werden ihn verlassen, er wird einsam auf dem Gipfel eines öden Berges sterben und auf seinem Haupt eine Dornenkrone tragen."[150]

Erzählstrategisch ist dies ein kühner Griff nach vorn, denn die ganze Handlung ist so konzipiert, daß diese Stelle am Ende des Romans eingeholt wird. Denn immer deutlicher wird im Verlauf des Kazantzakischen Buches: Judas und Jesus verkörpern zwei Konzepte von Befreiung: die äußere durch politische Revolution und die innere durch Selbstfindung. Judas will seine Landsgenossen von der äußeren Macht der römischen Besatzung befreien. Jesus will zunächst „die Seele von der Sünde befreien".[151] Man baue nicht ein Haus und beginne mit dem Dach, meint Judas, man beginne mit dem Bau-Grund! „Der Baugrund ist die Seele, Judas" antwortet ihm der Kazantzakische Jesus.[152] Deshalb entzieht sich der Nazarener am Ende auch allen direkten politischen Erwartungen, angestoßen durch die Erinnerung an ein Wort des Propheten Jesaja. In einer Traumvision meint er sogar, eine direkte Anweisung dieses Propheten bekommen zu haben: „Lies!" Und was er las, hatte ihm den Angstschweiß auf die Stirn getrieben:

„,Er lud alle unsere Sünden auf sich, er wurde um unserer Missetat willen verwundet und um unserer Sünden willen zerschlagen. Gemartert tat er seinen Mund nicht auf, verlassen, verachtet von allen ging er dahin, ohne Widerstand zu leisten, gleich einem Lamm, das man zur Schlachtbank führt, um es zu schlachten.'"[153]

Jetzt aber glaubt der Jesus dieses Romans, den Schlüssel für die eigene Bestimmung gefunden zu haben. Als er sie Judas begreiflich macht, ist dieser fassungslos. Wie auch anders? Ein Leidenstod am Kreuz, um dann wiederzukehren? Was soll das? Warum nicht der direkte Weg? Warum erst der Kampf mit dem Tod? Jesus versucht es mit einem Gleichnis:

„,Mein Bruder Judas, trauere nicht. Weshalb dringt das Korn in die Erde? Weshalb sendet Gott Regen herab, der die Erde schwellen läßt? Weshalb treibt der Halm die Ähre aus der erweichten Erde und gibt den Menschen Nahrung? Wenn das Samenkorn nicht stürbe, würde je eine Ähre wachsen? So ist es auch mit mir, dem Menschensohn.'"[154]

Für diesen bewußt gewählten Tod aber braucht Jesus seinen Judas. Er braucht den Verrat, die Preisgabe. Er weiß: Nur Judas kann er diese Aktion zumuten, denn nur er ist stark genug:

„,Du hältst stand, Bruder Judas. Gott wird dir die Kraft verleihen, die dir dazu fehlt, denn so muß es geschehen. Ich muß getötet werden, und du mußt mich verraten, wir zwei müssen die Welt retten, hilf mir!'"[155]

Und Judas hilft Jesus in der Tat, seine Bestimmung zu erfüllen. Kazantzakis hat damit nicht mehr und nicht weniger als die neutestamentlichen Berichte vom Jüngerverrat umgedreht. Judas – der einzige unter den Jüngern, der zum Verräter wurde? Im Gegenteil. Bei Kazantzakis ist Judas der einzige Jünger, der an Jesu Seite blieb. „Verrat"? Um einen Akt der Freundschaft, ja der Liebe handelte es sich. Judas und Jesus sind Komplizen im Versuch, die Welt zu retten durch Tod, Auferstehung und Wiederkunft Christi. Ohne Judas könnte Jesus seine Bestimmung nicht erfüllen.

Die *literarische Form* freilich, die Kazantzakis wählte, ist denkbar konventionell: die Form des historisierenden und psychologisierenden Jesus-Romans in der Tradition des 19. Jahrhunderts.[156] Auktorial erzählt, erweckt dieser Roman einen Eindruck, der heute unter dem Einfluß der historisch-kritischen Exegese nicht mehr nachvollziehbar ist: daß er sich im Seelendrama seines Helden bestens auskennt. Der Grieche ist denn auch vor allem an den psychologischen Dimensionen seiner Figur interessiert und muß von daher die hier nun einmal kargen neutestamentlichen Quellen exzessiv ausgestalten. Das führt einerseits zu einer literarischen Selbstüberforderung und gleichzeitig zu einer Individualisierung und Psychologisierung des Verhältnisses Judas – Jesus. Gewiß: Wirkungen im Leser sind angezielt. Kazantzakis will bisherige konventionelle Deutungsmuster (vor allem das Deutungsmonopol kirchlicher Christologie) unterlaufen und seine Leser sensibilisieren für Achtsamkeit auf ihr eigenes Seelen-Drama. Aber die Psychologie Jesu wird hier in ein derartiges Extrem getrieben, daß diese Übertragung kaum vollzogen werden kann. Zu gigantisch wirkt das, was sich in der Seele dieses großen Einzelnen abgespielt hat. Judas ist dabei nur ein Rollenträger. Er hat seine Funktion für Jesus, die in der Tradition negativ, bei Kazantzakis positiv ist. Mehr gibt sein Fall nicht her. Wirklich nicht?

Menschwerdung Gottes in Judas? Jorge Luis Borges

Nur wenige Jahre zuvor hatte auf einem anderen Kontinent ein nicht weniger bedeutender Schriftsteller eine theologisch ganz anders radikale Konzeption von „Judas" entworfen: der Argentinier Jorge Luis Borges (1899-1986). Daß er zu den Schlüsselfiguren der lateinamerikanischen Literaturgeschichte des 20. Jahrhunderts gehört, ist mittlerweile nicht mehr umstritten. Alle namhaften Autoren der folgenden Generation, Gabriel García Márquez, Octavio Paz, Mario Vargas Llosa, Carlos Fuentes und Alejo Carpentier, sind von Borges direkt oder indirekt beeinflußt. In einem seiner bekanntesten Prosa-Bände „Fiktionen. Kunststücke" (1944) befindet sich ein kurzer Text mit dem Titel *„Drei Fassungen von Judas"*.[157] Geschrieben ist er in der Manier eines lexikographischen „Artikels", dessen Verfasser nicht ohne Abscheu, dennoch aber kenntnisreich und sachlich, über einen „Ketzer" des 20. Jahrhunderts berichtet, der besser in das 2. Jahrhundert nach Christus gepaßt hätte, in das des Gnostikers und Erzketzers Basilides. Inhaltlich geht es auch hier um eine neue Deutung von Rolle und Geschick des Judas.

Drei Fassungen? Das ist eine Anspielung darauf, daß in der *ersten, der kanonischen Fassung*, Judas eben ausschließlich als der verabscheuungswürdige Verräter seines Herrn beschrieben ist. Der Artikel berichtet nun von einem skandinavischen Theologen namens Nils Runeberg, der im Jahre 1904 in der schwedischen Universitätsstadt Lund ein Buch mit dem Titel „Kristus och Judas" veröffentlicht und damit in einer *zweiten Fassung* des Falles nachgewiesen habe, daß der Verrat des Judas nicht zufällig, sondern eine „vorherbestimmte Tatsache" gewesen sein müsse, die in der „Ökonomie der Erlösung ihren geheimnisvollen Platz" gehabt habe. Der Artikel zitiert Runeberg mit diesen Sätzen wörtlich:

> „Das Wort, da es Fleisch wurde, ging von der Allgegenwart in den Raum, von der Ewigkeit in die Geschichte hinüber, von der grenzenlosen Seligkeit in die Wandelbarkeit und den Tod; um einem derartigen Opfer zu entsprechen, mußte notwendig ein Mensch, in Vertretung aller Menschen, ein gleichwertiges Opfer darbringen. Judas Ischariot war dieser Mensch. Judas als einziger unter den Jüngern erschaute die geheime Gottnatur und das furchtbare Vorhaben Jesu Christi. Das Wort hatte sich zur Sterblichkeit hinabgelassen; Judas, der Jünger des Wortes, konnte zum Verräter hinabsinken (dem schlimmsten Verbrechen, dessen die Niedertracht fähig ist) und seine Wohnung in jenem Feuer nehmen, das nie erlischt. Die niedere Ordnung ist ein Spiegel der höheren Ordnung; die Formen der Erde entsprechen denen des Himmels; die Flecken auf der Haut sind eine Karte der unvergänglichen Sternbilder; Judas spiegelt auf gewisse Weise Jesus. Daher die dreißig Silberlinge und der Kuß; daher der freiwillige Tod, um der Verdammnis in noch höherem Maße würdig zu werden."[158]

Das „Rätsel des Judas"? Es ist entschlüsselt, wenn man die „Ökonomie der Erlösung" durchschaut hat. Nur Judas war dazu fähig. Nur er hat begriffen, daß die Menschwerdung eines Gottessohnes „notwendig" des Widerspiels auf menschlicher Seite bedurfte, und hat sich dafür geopfert. Judas ist somit in dieser Phase von Runebergs Denken die Entsprechungsfigur auf menschlicher Ebene für den Erniedrigungsvorgang des Gottessohnes auf göttlicher Ebene.

Angriffe von Theologen „sämtlicher Bekenntnisse" auf solche Thesen folgen, lesen wir im besagten Artikel. Runebergs Buch wird verdammt und verurteilt. Dies aber veranlaßt den Autor nur, seine Erlösungslehre noch zu verschärfen. 1909, fünf Jahre nach dem ersten Buch, legt er sein Hauptwerk „Den hemlige Frälsaren" vor und demonstriert in einer *dritten Fassung*, daß Gott, wenn er sich schon so erniedrigt habe und um der Erlösung willen Mensch geworden sei, es dann auch mit allen Konsequenzen und in aller Radikalität getan haben müsse:

> „Gott ward voll und ganz Mensch, aber Mensch bis zur Ruchlosigkeit, Mensch bis zur Verworfenheit und zum Abgrund. Zu unserer Rettung konnte er jedes beliebige unter den Schicksalen wählen, aus denen sich das verschlungene Netz der Geschichte webt; er konnte Alexander werden oder Pythagoras oder Rurik oder Jesus; er wählte ein allerniedrigstes Schicksal: Er wurde Judas."[159]

Was wir hier rekonstruierten, sind nur die inhaltlichen Grundaussagen des betreffenden Artikels. Dieser ist voll von weiteren Informationen, die teils im Text, teils in den Fußnoten wiedergegeben werden. Von Runebergs Hauptwerk gäbe es eine deutsche Fassung, erfahren wir deutschen Leser erfreut, besorgt im Jahre 1912 von einem gewissen Emil Schering, und zwar unter dem Titel „Der heimliche Heiland". Runebergs erstes Buch habe in der Erstausgabe als Vorspruch den Satz eines gewissen De Quincy aus dem Jahre 1857 getragen: „Nicht nur ein einzelner Zug, sondern alles, was die Überlieferung Judas Ischariot zuspricht, ist falsch". Dem Hauptwerk von 1909 sei das Vorwort eines dänischen Hebraisten namens Erik Erfjord beigegeben, eine Information, die in der Fußnote noch weiter präzisiert wird. Und wie es sich für einen Artikel dieser Art gehört, wird auch das traurige Ende des Ketzers nicht verschwiegen. „Selbstverständlich" stirbt Runeberg unverstanden und einsam; sein Werk bleibt in den Buchhandlungen von Stockholm und Lund liegen. Für Ungläubige ist es ein lächerliches theologisches Spiel; für Theologen glatte Ketzerei. Für Runeberg ist dieses sein Schicksal nur die Bestätigung der lange gehegten Vermutung, daß Gott sein „furchtbares Geheimnis auf Erden" nicht wollte offenbar gemacht haben:

> „Trunken von Schlaflosigkeit und schwindelerregender Dialektik irrte Nils Runeberg durch die Straßen von Malmö, laut betend um die Gnade, mit dem Heiland die Hölle teilen zu dürfen. Er starb am Bruch einer Pulsadergeschwulst, am 1. März 1912.
> Die Häretikerforschung wird ihm vielleicht ein Gedenken bewahren; er hat dem anscheinend erschöpften Begriff des Sohnes die Verstrickungen des Bösen und des Mißgeschicks hinzugefügt."[160]

Was ist von dem Ganzen zu halten? Wahrheit oder Erfindung? Die objektivierte wissenschaftliche „Artikel"-Form mit all den Namen, Orten, Daten läßt ja auf Faktizität schließen. Schaut man aber genau hin, so handelt es sich bei diesem Text um eine kunstvoll konstruierte Mischung aus geschichtlichen Fakten und als Fakten geschminkten Erfindungen. Natürlich gibt es eine schwedische Universitätsstadt namens Lund. Es haben auch viele Personen existiert, die im Artikel genannt sind. Das meiste aber ist glänzend erfunden. Einen Nils Runeberg hat es nie gegeben und damit auch seine Bücher nicht, von einer deutschen Übersetzung gar nicht zu reden. Dies alles aber ist für das Schreiben von Borges charakteristisch. Er besitzt die geniale Fähigkeit eines enzyklopädisch ausgerichteten Geistes, zwischen den Tausend und Abertausenden realen und fiktiven Markierungen auf der geistigen Landkarte des menschlichen Bewußtseins spielerisch Verknüpfungen herzustellen. Borges ist der Magier in den Sekundärwelten des Geistes: den Archiven, Bibliotheken und Denksystemen. Hier holt er sich den Stoff für seine Fiktionen, Aphorismen und Denk-Stücke. Philosophie und Fiktion stehen dabei auf der gleichen Ebene; auch die Theologie bezeichnet Borges einmal als zweite phantastische Literatur. Und in den *„Drei Fassungen von Judas"* ist dieses literarische Verfahren besonders virtuos angewandt. Es besteht, vergleichbar der surrealistischen Malerei, in der logisch perfekten Konstruktion des Un-Möglichen, in der bis ins Letzte stringent durchdachten Exploration des Un-Realen, aber Möglichen.

Soll diese Art des Schreibens ebenfalls irgend etwas bewirken? Ist der Autor hier so involviert wie Kazantzakis, der im Seelendrama Jesu zweifellos auch seinen persönlichen spirituellen Weg spiegelte und durch seinen Roman Monopoldeutungen des Christlichen unterlaufen wollte? Kaum. Denn Borges wählt für seinen Fall Judas eine Art des Schreibens, die den historisierenden und psychologisierenden Roman bereits hinter sich gelassen hat, bevor er bei Kazantzakis wieder fröhliche Urständ feiert. Er verschwindet als Autor bewußt hinter seinen „Fiktionen". Er ist ganz der kalte Konstrukteur, für den der Gegenstand des „Spiels" austauschbar ist. Ob Judas oder ein anderer Fall: das Konstruktions-Material ist prinzipiell unerschöpflich, auch das intellektuelle Vergnügen an immer neuen Fiktionen. Zwar erzeugt auch seine Art des Schreibens im Leser Wirkungen; auch Borges konstruiert ja neue Wirklichkeiten und unterläuft durch Alternativmodelle Totalitätsansprüche überkommener Deutungsmonopole. Aber festgelegt ist der Verfasser auf nichts, weder politisch noch theologisch. Wo sein „Herz“ schlägt? Was geht das die Leser an? Er hat viele Herzen in der Brust und tausend Gedanken, mit denen er sein Gehirn füttert.

Seligsprechung für Judas! Walter Jens

Genug der „Kontrastfolien“. Was ergeben sie für das spezifische Profil des „Falles Judas“ bei Walter Jens aus dem Jahr 1975? Zunächst die Erkenntnis, daß Jens – ohne Kenntnis der „Drei Fassungen“ und der „Letzten Versuchung“[161] – ebenfalls die Rolle des Judas umschreibt, aber aus einer ganz anderen Motivation als Borges und Kazantzakis. Ein Doppeltes vorweg:

(1) Jens ist ähnlich wie Borges ein Liebhaber fiktiver „Kunststücke“. Schon in „Herr Meister“ (1963) gibt es eine Stelle, die – in motivgeschichtlicher Rückschau gelesen – aufhorchen läßt. Der Historiker in diesem Buch bekräftigt einmal im Verlauf des Briefwechsels mit dem Schriftsteller seine Absicht, „eines Tages ein Nachschlagewerk besonderer Art zu edieren, ein ‚Who is who‘ der Fabelwesen, wenn man will, ein Lexikon, das seine Benutzer über Swann genauso wie über Achilles und über Leverkühn nicht minder genau als über Orest informiert“.[162] Ein Reichtum an Kombinationsmöglichkeiten wäre damit gegeben! Überraschende Paarungen und Trennungen würden möglich, Geisterdialoge und Totengespräche. Mehr noch: Der Historiker spielt sogar mit dem Gedanken, nach der Vollendung seines „Who is who?“ in der Literatur eine Reihe „imaginärer Kritiken zu schreiben: Rezensionen von Büchern, die es nie gegeben hat – erdachte Romane und fiktive Übersetzungen, erträumte Biographien, phantastische Tagebücher und Geister-Korrespondenzen; Hymnen und Tadel, die, durch erfundene Leser-Briefe und Stellungnahmen der Autoren ergänzt, eines Tages – wann? – unter einem Pseudonym publiziert werden sollen“.[163]

Wieviel Borges steckt in Jens, der schon in „Herr Meister“ nicht nur eine Christus-Spur (vgl. Kapitel II), sondern auch eine Judas-Spur gelegt hatte. So findet sich in der Hattington-Parabel (vgl. Kapitel I) zum Thema Denunziation und Stigmatisierung von Außenseitern der Satz „ACHTET AUF BORE oder JUDAS ELLINGTON, WO WARST DU AM 4. DEZEMBER?“.[164] Mehr noch: Schon in „Herr Meister“ soll bekanntlich die Geschichte des „traurigen Menschen“ geschrieben werden, in dessen Augen sich nicht nur „Golgatha spiegelt“, sondern der auch „Judas' Beichte gehört" hat.[165] Schon hier heißt es einmal im Blick auf die Figur des Odysseus, daß gerade dessen Ende als „Höllenfahrt" zu schildern wäre: „Ein gespenstischer Reigen ließe sich denken: die Totenprozession zum Tempel des Saturn: der starre Puppentanz, aus dem sich dann einzelne, schärfer umrissene Schatten, Rudolph II., Karl V., Baudelaire herauszulösen begännen – huschende Zwerge, die Odysseus nach seinem Schicksal befragten. Auch Judas, lästerlich redend, könnte dabei sein (Ihr Traktat!). Jeremias und Hiob träten hinzu ...".[166] Und doch ist Jens im „Fall Judas" als Christ ganz anders engagiert als Borges. Er spielt mit vollem persönlichen Einsatz, ähnlich wie der Grieche. Deshalb gilt:

(2) Jens benutzt nicht weniger sorgfältig die neutestamentlichen Quellen als Kazantzakis. Auch sein Buch wertet die Schriftzeugnisse in Sachen Judas präzise aus, treibt Exegese, kennt die kirchen- und theologiegeschichtliche Wirkungen. Und doch reduziert Jens das Christus-Judas-Drama nicht aufs Psychologische. Er weiß um die gesellschaftlichen, kirchlichen und theologischen Konsequenzen der Judas-Problematik und will sie durch Literatur einem neuen öffentlichen Diskurs zuführen.

In der Sache geht es um nicht mehr und nicht weniger als einen Prozeß zur Seligsprechung ausgerechnet von Judas! Was wir Leser in „Der Fall Judas" geboten bekommen, sind Aufzeichnungen eines gewissen Dr. Ettore J. Pedronelli aus dem Jahre 1974, der in der Rückschau von seiner Rolle als Prokurator bei der vatikanischen Ritenkongregation berichtet, eingesetzt bei einem äußerst heiklen Prozeß. Alles war 1962 ins Rollen gekommen, weil der Antrag eines gewissen Franziskaner-Paters namens Berthold B. in Jerusalem auf Seligsprechung des Judas beim zuständigen Patriarchen nach einem kanonisch vorgeschriebenen ersten „Informativprozeß" befürwortend zur Entscheidung nach Rom weitergeleitet worden war, was eine erste Überraschung bot: Statt das Ansinnen des Paters von vornherein für nichtig zu erklären, wird es an die nächsthöhere Instanz weitergereicht. Es geht immerhin um den Antrag, „man möge ein förmliches Verfahren eröffnen, an dessen Ende die Erklärung stehen solle, daß Judas, der Mann aus Kerioth, in die Schar der Seligen aufgenommen worden sei – ein Märtyrer, der Jesus Christus bis zum Tod die Treue hielt." Ein unerhörter, ein brillanter literarischer Einfall, um den der Mann aus Buenos Aires den Tübinger beneidet hätte.

Von seiner formalen Struktur her besteht das Buch deshalb – von kurzen erzählenden Zwischentexten abgesehen – aus zusammenfassenden Auszügen oder langen Zitatpassagen aus den Akten des Jerusalemer Verfahrens, verfaßt von Dr. Petronelli. Vier Teile sind erkennbar: (1) der Antrag des Pater Berthold als „Postulator“ im Jerusalemer Verfahren; (2) die Berichte des Patriarchen über die Person des Antragstellers sowie über Prozeßverlauf, Zeugenaussagen, Argumente, Theorien und das positive Votum mit Überweisung an die römische Ritenkongregation; dann (3) der Bericht über das Gegengutachten des in Jerusalem tätigen Glaubensanwalts. Das Buch schließt (4) mit einem Nachtrag, der vom weiteren Schicksal der beiden Protagonisten, Pater Berthold und Dr. Petronelli, berichtet.

Das alles zeigt schon, daß Jens im „Fall Judas“ von heute auf die Quellen des Neuen Testamentes zurückblickt. Auch er kann – wie schon Borges – nicht mehr auf die Form eines konventionell erzählten Jesus-Romans zurückgreifen. Die Problemlage ist für einen Erzähler von heute komplexer geworden. Kritische Exegese kann nicht einfach ausgeblendet werden. Die Evangelien sind nun einmal keine Biographien, schon gar keine Psycho-Dramen. Kein Erzähler kann mehr so tun, als könnten die kargen neutestamentlichen Berichte nur ein wenig psychologisch „aufbereitet“ werden, damit sie wieder Plausibilität gewinnen. Jens wird dieser neuen Komplexität dadurch gerecht, daß er für seine „Fassung des Judas“ die Form einer *forensischen Fallstudie* wählt. Sie ermöglicht Sachlichkeit und Informationsfülle in der Darstellung, erfordert Knappheit, Härte, Genauigkeit im Stil und zwingt zu Präzision und Gedankenschärfe in der Durchführung, ohne zu den Konstruktionen eines Borges greifen zu müssen. Die „offene Form“ der Präsentation ist einem Akt des Lautdenkens vergleichbar und stellt dadurch eine Aufforderung an den Leser dar zur kritischen Auseinandersetzung mit der hier vorgetragenen Problemkonstellation.

Das gewählte *literarische Genus* ist nicht analogielos im Werk von Jens: Fallstudien, Verhöre, Zeugenbefragungen, Protokolle. Brechts Vorliebe für Verhöre mag Pate gestanden haben, aber auch sein eigenes fiktives „Brecht-Verhör“ in der Unterwelt, Bestandteil von „Die Götter sind sterblich“. Ist nicht die „Urform des Dramas“ das Verhör: „ein Richter, der Angeklagte, die Zeugen; Vers auf Vers und Satz auf Satz, einer fragt und einer gibt Antwort – bis zur Entscheidung“, so hieß es schon in diesem frühen Werk.[167] Die Prozeß-Struktur ermöglicht also ein ungemein reiches, differenziertes, facettenreiches Bild von Judas, aber auch von Jesus, der hier stets indirekt mit in den Blick kommt. Der ständige Wechsel der Perspektiven, die ständige

Durchprobung verschiedenster Argumente und Theorien, das ständige Wechselspiel von These und Antithese machen es möglich, beide Figuren darzustellen, ohne sie je auf ein Bild festzulegen. Von Jesus entsteht nicht mehr als ein Schattenriß und auch von Judas werden nur die Konturen seiner Persönlichkeit sichtbar. So wird schon rein formal-erzähltechnisch geleistet, was inhaltlich ausgesagt werden soll: Beide Figuren bleiben unbegreiflich, entziehen sich einer endgültigen Ausdeutung, psychologisch und theologisch. Sie sind nicht direkt greifbar, deshalb aber auch nicht länger verdammbar.

Warum ein Seligsprechungs-Prozeß ausgerechnet für Judas? Weil der Jerusalemer Franziskanerpater erkannt zu haben glaubt: Das Bild, das die Evangelien, Johannes allen voran, von diesem Judas zeichnen, ist ein von Haß und Ressentiments verzerrtes Bild. In Wirklichkeit muß es genau umgekehrt gewesen sein:

> „Hätte er sich geweigert, unseren Herrn Jesu den Schriftauslegern und Großen Priestern zu übergeben: hätte er nein gesagt, *Nein, ich tue es nicht, jetzt nicht und auch in Ewig*keit *nicht,* als Christus ihn anflehte, barmherzig zu sein und ein Ende zu machen: hätte er sich seiner Bestimmung entzogen und die Tat verschmäht, die um unser aller Erlösung willen getan werden mußte – er wäre an Gott zum Verräter geworden. Ohne Judas kein Kreuz, ohne das Kreuz keine Erfüllung des Heilsplans. Keine Kirche ohne diesen Mann; keine Überlieferung ohne den Überlieferer."[168]

Deshalb der Antrag, Judas zum Zeugen für Christus zu erklären, der seinem Auftrag treu blieb:

> „Indem er ihn erfüllte, wurde er zum Vollstrecker des göttlichen Plans – und zwar freiwillig. Aus eigenem Willen. Und auf diesen Tatbestand eben: daß sich hier einer, aus Frömmigkeit, dazu hergab, die Rolle des leibhaftigen Satan zu spielen, den Part Dschingis Khans oder Eichmanns: daß jemand aus freien Stücken zum Demonstrationsobjekt wurde, um auf diese Art, ex negatione, den Beweis anzutreten, daß wir Menschen, nach Adams Fall, allesamt der Erlösung bedürfen."[169]

Und deshalb, weil es bei der Tat des Judas um die Erfüllung des Heilsplanes Gottes ging, war Judas – nach der Überzeugung von Pater Berthold – kein Verräter. Und weil er kein Verräter gewesen war, kann er auch nicht auf ewig der Verworfene sein, der Teufel in Menschengestalt. Was dann? Er war der *Bruder Jesu,* der ihm half, seine Bestimmung zu erfüllen. Er *muß* der Bruder gewesen sein, um Jesu und Gottes willen! Sonst? Sonst muß man *Jesus* in „einen Dämon verwandeln, der mit uns spielt, uns in Versuchung führt, ja uns zum Verbrecher werden läßt".[170] Sonst muß man annehmen, daß Jesus (wenn er gewußt hat, Judas werde ihn verraten) sich dazu hergegeben hat, „einen Unwissenden ins Messer laufen zu lassen".[171] Sonst muß man glauben, daß *Gott* „wie ein Cesare Borgia über den Wolken, Judas zum Opfer bestimmt hat und daß der Sichelmann (denn das wäre er!) dennoch für seine Tat verantwortlich ist: verworfen und – schuldig!"[172] Pater Berthold also macht klar: Wer Judas in der traditionellen Manier als satanischen Verräter deutet, bringt Jesus ins moralische Zwielicht und beschwört das Theodizee-Problem herauf.

Hier liegt denn auch der entscheidende Grund, warum Dr. Petronelli – zunächst ganz neutraler Prozeßberichterstatter – sich später mit der Sache des Pater Berthold identifiziert. Denn auch ihm wurde durch das Studium der Akten klar, was im Fall des Judas christologisch und theologisch auf dem Spiel steht:

> „Ich aber weigere mich, an einen solchen Jesus zu glauben: einen gnadenlosen Gottmenschen, der das Brot der Heiligen Kommunion in eine Zyankalikapsel verwandelt: *›Und als er den Bissen empfangen hatte, fuhr der Teufel in ihn.‹* Und ich weigere mich auch, dem Dogma eines Glaubensanwalts zu vertrauen, das mir einreden möchte, daß es kein Aberwitz sei in einem Atemzug von der ewigen Verwerfung des Menschen und von seiner Freiheit zu sprechen (...) Nein, das *credo quia absurdum* geht mir nicht über die Lippen. Ich weigere mich zu glauben, daß sich Gottes Freiheit verringert, wenn sich meine – und Judas, – Freiheit vergrößert. Ich weigere mich, auch nur eine Sekunde lang daran zu zweifeln, daß Judas unseren Herrn Jesus aus freiem Entschluß – und weil Gott es so wollte – überliefert hat."[173]

Hieße aber ein solchen Ansinnen nicht, grundsätzlich alle sicheren Schemata, alle festen Wertsysteme zu verflüssigen? Kommen hier nicht Himmel und Hölle buchstäblich in Bewegung? Hieße nicht Judas selig sprechen, in letzter Konsequenz gar den Teufel selbst selig sprechen? Wer solche Fragen stellt, hat etwas von der Erzählstrategie des Autors begriffen. Dieser will in der Tat, daß durch die Neubewertung des „Falles Judas" traditionelle Urteilsschemata in Bewegung geraten. Erschüttert werden soll der ewig scheinende Dualismus in den Köpfen der Menschen. Erschüttert werden soll der Drang nach Konstruktion eines feindlichen „Anderen“. Erschüttert werden soll insbesondere im Raum des Christlichen eine heilsgeschichtlich denkende Theologie, die ihre Unheilsgeschichte, ihre Opfer immer schon als festen Gegenpol miteinkalkuliert, die sich ihrer Schemata so sicher ist: hier gut und da böse, hier fromm, da verschlagen, hier gottgefällig, da gottwidrig.

Gerade seinen Dr. Petronelli läßt der Autor deshalb, stellvertretend für den idealen Leser, einen Erkenntnisprozeß durchlaufen. Was hat christliche Tradition nicht alles aus Judas gemacht? Was haben Bildhauer, Dichter, Maler, Theologen und Kirchenfürsten im Verlauf der Geschichte nicht alles auf dieser Figur abgeladen: alles Häßliche und Verzerrte, alles Dreckige und Perverse, alles Verworfene und Verkommene bis hin zu Luthers antijüdischen Tiraden, den antisemitischen „Schmähschriften der deutschen Faschisten“: Judas, „der Schacherer, Inbegriff der Zinstreiber im Getto. Judas, der Verräter: Sprecher eines Volkes, das Jesus preisgegeben hat und darum ausgerottet werden muß. Judas, der Teufelssohn, der die Teufelskinder die Teufelskunst lehrt.“[174] Welch ein Erbe also: Judas zur Negativ-Figur schlechthin gemacht, ein ganzes Volk damit identifiziert und im Namen des Gekreuzigten verteufelt.

Auch für die Protagonisten des „Falls“ hat der Prozeß erhebliche Konsequenzen. Denn für eine Rehabilitation des Judas streiten heißt selbst gebrandmarkt, heißt zum Störenfried und Außenseiter werden. Pater Berthold erfährt dies am eigenen Leib. Je mehr er auf Abschluß des Verfahrens in Rom drängt, desto mehr wird sein Bild für seine „christliche“ Umgebung deckungsgleich mit dem Bild des Verräters. Der Fall Judas wirkt wie ein Katalysator: Vorurteile brechen wieder auf, Ressentiments, Haßgefühle. Anonyme Schmierereien und Briefe stempeln den Pater ab. Der Fall des Judas reißt den Scheinheiligen in der christlichen Gesellschaft die bigotte Maske vom Gesicht. „Als ich Pater B. sah, wußte ich, daß er immer noch unter uns ist: Judas, der Störenfried. Judas, das Freiwild. Ein Opfer der Inquisition; ein Opfer der Glaubensanwälte – ihm galt es zu helfen“,[175] so Dr. Petronelli, zu dem sich der Pater in seiner Verzweiflung geflüchtet hatte. Konsequenzen für ihn: er verliert seine Stelle, ihm wird der Prozeß gemacht, er verliert Amt und Würden. Doch je mehr Ettore spürt, daß dieser Fall Judas keine historische Kuriosität, sondern aktuelle Wirklichkeit widerspiegelt, desto mehr erkennt er nicht nur seinen „Fall“ wieder, sondern die Tatsache, daß Judas längst zur *Symbolfigur* geworden ist für

„jene Millionen, die die Orthodoxie (welcher Art immer sie sei) um ihres Freimuts oder, oft genug, auch nur um ihrer Andersartigkeit willen verdammte ... Chiffre für Jude und Heide, für Kommunist, Neger und Ketzer – für alle, die man verteufelte und zum Sündenbock machte. Dann verdiente er die Auszeichnung eines Märtyrers, die ihm das Gericht zuerkannte: doppelt und dreifach und wäre von unserer katholischen Kirche – der ich, Ettore J. Petronelli, bis zu meinem Tode treu bleiben werde – erst recht seligzusprechen. So oder so: Die Kongregation muß jetzt handeln. Ehre dem Judas. Ehre den Opfern."[176]

Das theologisch Entscheidende aber (und darin unterscheidet sich Jens fundamental von Borges): Den Verworfenen zum Märtyrer machen, den Verräter zum Bruder, heißt von Person und Sache Jesu her die Bewertungsmaßstäbe anders setzen. Ohne diesen Jesus, wie die Protagonisten des Prozesses ihn verstehen, wäre der Fall Judas ein hoffnungsloser Fall. Weil aber von Jesus her Hoffnung ist, ist der Fall Judas letztlich ein Fall Jesu; nur von ihm her bekommt dieser Fall seine theologische Tiefenschärfe: keine endgültige Erlösung auf Kosten der Unerlösten; keine ewige Seligkeit angesichts der Verdammnis; kein Himmel, solange es die Hölle gibt. So fügt Jens in einer „Note" zu seinem „Fall Judas" an:

„Vergessen wir nicht: In Jerusalem hingen *zwei* Männer am Holz. Es gab *zwei* Opfer. Blutacker und Schädelstätte gehören zusammen.
Der Fall Judas, der ein Fall all jener Anderen ist, die, als Gebrandmarkte, auf den Gezeichneten am Kreuz verweisen, steht zur Neuentscheidung an. Die Akten sind offen."[177]

Wir tragen noch nach: Schon *Heinrich Böll* war bei einer Besprechung des „Fall Judas" aufgefallen, daß sich in diesem „kurzen, gedrängten Buch" ein „Theaterstück oder eine Oper" verberge.[178] Und in der Tat hat Walter Jens rund zehn Jahre später das Buch zu einem Ein-Mann-Stück umgearbeitet, das in der Form einer Fernseh-Inszenierung mit dem Schauspieler Bruno Ganz ausgestrahlt wurde. Inhaltlich von derselben Brisanz, erscheint der Stoff durch die Form des monologischen Bewußtseinsstroms ungemein verdichtet, werden doch in dieses monomanische Selbstgespräch des Judas Dialoge eingearbeitet, insbesondere mit Jesus, dem Herrn und Bruder. Ein dramatisches Pro und Contra kommt hier noch einmal in Gang, wieder mit dem Ziel, einen Judas zu zeigen, der kein Verräter war[179], sondern Jesus zuliebe sich zum Überlieferer machte, weil es ohne ihn die Überlieferung „pro nobis“ nicht gegeben hätte. Wir werden in Kapitel IV/5 noch einmal auf diesen „Monolog“ zurückzukommen haben.

5. *Der Fall Melanchthon*

Zu den Akten gelegt ist nach wie vor auch nicht einer der großen Ketzer-Skandale in der Geschichte der Christenheit: die Hinrichtung des spanischen Arztes Michael Servet am 27. Oktober 1553 im reformierten Genf. Feuertod wegen Ketzerei unter Billigung des großen Reformators Jean Calvin.

Der Protest des Stefan Zweig

Schon einmal in der Literatur des 20. Jahrhunderts hatte ein großer Schriftsteller Michael Servet die Ehre zurückgegeben. 1936 veröffentlicht *Stefan Zweig* sein Buch „Castellio gegen Calvin oder Ein Gewissen gegen die Gewalt“. Der Fall Servet wird hier aus der Perspektive eines einzigen Mannes neu aufgerollt, der damals gegen den in Genf mit diktatorialer Gewalt herrschenden Calvin vorzugehen wagte: Sebastian Castellio (1515-1563), der 1540 in Genf auf Betreiben Calvins die Stelle des Leiters des Studienkollegs von Rive bekommen hatte. Ein humanistischer Gelehrter von hohem Rang, ist Castellio einer der ersten Vertreter des Gedankens der religiösen Toleranz und hat den Mut, gegen die Praxis eines Calvin in Sachen Ketzerbekämpfung offensiv vorzugehen. Für Stefan Zweig im Jahre 1936 eine weitere Möglichkeit, der neuen diktatorialen Gewalt in Europa, der der Faschisten, Widerstand aus Gründen des Gewissens entgegenzuhalten. Im Sommer 1936 hatte der Spanische Bürgerkrieg begonnen! Beschäftigt hätten ihn in seinen *Novellen*, schreibt Zweig in seinen posthum (1944) veröffentlichten Lebenserinnerungen „Die Welt von gestern“, vor allem Gestalten, die dem Schicksal unterlegen seien. In den *Biographien* dagegen eher Gestalten, die nicht im realen Raume des Erfolgs, sondern einzig „im moralischen Sinne“ recht behalten hätten: „Erasmus und nicht Luther, Maria Stuart und nicht Elisabeth, Castellio und nicht Calvin“.[180]

Jens wählt für seinen „Fall Servet“ eine völlig andere, aber nicht minder aufregende Perspektive, die des Reformators Philipp Melanchthon.[181] Auch dieser war bereits in „Herr Meister“ kurz einmal aufgetaucht – und zwar im Kontext des Gedankenexperiments, daß Hamlet, der dänische Prinz sich seine Schwermut in Wittenberg geholt habe, als Luther und Melanchthon dort tätig gewesen seien.[182] Jetzt aber, im „Testament des Philipp Melanchthon“ (2001), ist der Reformator selber ein kranker, gebrochener Mann. Jens läßt ihn am Tag vor seinem Tod zu Wort kommen (18. April 1560). Er zeigt ihn als einen von schwerer fiebriger Erkrankung gezeichneten Mann, der weiß, welches Leben er geführt hat. „Praeceptor Germaniae“, Lehrer Deutschlands, hatte man ihn genannt. Als Mitarbeiter Martin Luthers, als Verteidiger der reformatorischen Lehre, als brillanter Philologe und Wissenschaftler hatte er allseits Respekt, ja Bewunderung genossen.

Die Reformation frißt ihre Kinder

Davon aber will der Jens'sche Melanchthon am Tag vor seinem Tod nichts wissen. Ihn quälen Schuldgefühle über das, was er sich in der Vergangenheit gestattete:

> „An meinen Händen klebt Blut. Ich habe, wenn man mich fragte, immer für die Todesstrafe plädiert, weil ich es für notwendig hielt. Wenn die Bauern und Ketzer, all die Schwärmer und Propheten, die kleinen Leute, die sich erleuchtet fühlten durch den Heiligen Geist, Gnade erhofften, vor Gericht, dann war ich für sie der Staatsanwalt und nicht ihr Verteidiger. Ich, Philipp Melanchton – ... bin ein Mann gewesen, für den *ein* Wort zu allerletzt galt, *Aufblick zum Kreuz*, das Wort meines Herrn: Barmherzigkeit.“[183]

Beispiel Michael Servet, 1553 in Genf hingerichtet. Sieben Jahre ist das her. Hingerichtet warum? Weil er die kirchliche Lehre von der Trinität, von der Dreieinigkeit also von Vater, Sohn und Heiligem Geist, verworfen hatte. Sie ist ihm durch die Heilige Schrift nicht gedeckt![184] Hatte Servet aber damit etwas anderes getan als das Urprinzip der Reformation angewandt? „Sola scriptura“, „Nur die Bibel zählt“! Hatte es ursprünglich nicht so geheißen unter Protestanten? Jens läßt seinen Melanchthon dies durchschauen und die Kompromisse bereuen, die er selber im Blick auf dieses Urprinzip eingegangen sei: „‚Die apostolische Überlieferung will ich denn doch nicht vergessen'. Und schon war ich bei Augustin, bei Hieronymus, und so ging's weiter von einem Jahrhundert zum andern, bis am Ende die Tradition der einen gemeinsamen Kirche die Heilige Schrift zu verdunkeln begann."[185] Daher nun die Schuldgefühle gegenüber Servet: „Gerechter Gott! Er hatte doch genau dasselbe gesagt wie ich: Es steht in der Heiligen Schrift kein Wort über die Dreieinigkeit von Vater, Sohn und Heiligem Geist ... und hatte recht damit! Ich wußte, warum ich in der ersten Auflage meiner Lehrschriften ... die Trinität nicht erwähnte. Aber später hab' ich's dann nachgeholt; die Sache wurde zu gefährlich für uns evangelische Leut."[186]

So auch für Calvin. Auch er hält die Leugnung der Trinität für eine den Protestantismus politisch schwächende Häresie. Als Servet im August 1553 nach Genf kommt, wird ihm sofort der Prozeß gemacht, in dem Calvin persönlich sich bei der Wiederlegung der Irrtümer des „Ketzers" leidenschaftlich engagiert. Als dieser nicht widerruft, bleibt nur die Todesstrafe. Was im Klartext bedeutet: Ein Reformator läßt einen Reformierten hinrichten. Die Reformation frißt ihre eigenen Kinder. Die gerade noch von der römischen Inquisition Verfolgten verfolgen nun ihre eigenen Anhänger. Servets Tod auf dem Scheiterhaufen – er wird gebilligt von allen Autoritäten im protestantischen Lager, darunter Philipp Melanchthon, der nach Genf geschrieben hatte:

> „Der Magistrat der Genfer Republik hat ein frommes und für alle Nachwelt denkwürdiges Beispiel gegeben, wie man Lästerungen bestrafen müsse, indem er den Aragonier Servet hinrichtete. Freilich wundere ich mich, daß es Menschen gibt, welche jene Strenge mißbilligen: unbegreiflich, wie man von den Richtern über ein solches Verbrechen Milde erwartet."[187]

Der Ketzertod Servets und die Reue des Melanchthon

Von daher verstehen sich nun die Schuldgefühle, die Jens seinem Melanchthon in die Brust senkt, Schuldgefühle, die in einem Gebet bewältigt werden, mit dem dieser evangelische Christ seinem Tod entgegengeht:

> „Vater in den Himmeln, laß die Zeit kommen und befördere sie, da Philipp Melanchtons Erben um Verzeihung bitten, mit unserem Castellius, dem Sachwalter der Humanität und Toleranz, sagen

> werden: ‚Wer einen Menschen tötet, verteidigt nicht eine Lehre, sondern tötet einen Menschen. So einfach ist das.' *Sehr leise, der Tod ist nah, beinahe flüsternd:* Hab' Erbarmen mit mir, Servet."[188]

Stefan Zweig und Walter Jens in einem Dialog über den Fall Servet. Brücken über Jahrzehnte werden möglich. Ein Dialog, der der Literatur ihre moralische Bedeutung wiedergibt: Gewissen zu sein gegen jede Form diktatorialer Gewalt. Literatur ist für Jens immer auch eine Art Gedächtnisspeicher, in dem das Unabgegoltene der Geschichte zur Sprache kommen kann und muß. So kann Dichtung ihre Rolle als Interpretin gerade auch im Raum der Religion spielen: „Vergessenes neu belebend und das historisch Verengte durch Visionen transzendierend, die das ursprünglich Gemeinte, in freiem Zugriff, wieder offenlegen."[189]

IV. Weimar im Schatten von Buchenwald: Juden und Christen in Deutschland

„Wer Geschichte studiert und es nicht wagt,
die Toten zum Leben zu wecken –
wer das Zwiegespräch mit ihnen scheut
zahle sein Lehrgeld zurück.“[190]

Sie heißen Ingrid Wolf, Lore Koppel, Lotte Teitelbaum, Ralf Weinstein oder Ruth Levi: intelligente, aufgeweckte Jungen und Mädchen, Angehörige der hanseatischen Mittelschicht, die Wert darauf legt, ihre Kinder in die fortschrittlichste, einer modernen aufklärerischen Pädagogik („Koedukation“) verpflichtete Schule zu schicken.

1. Ein Lehrer ist anders

Mehr als ein Drittel der Mitschülerinnen und Mitschüler in der „Versuchsschule“ Breitenfelder Straße 35, Hamburg-Eppendorf, sind jüdischer Herkunft. Kinder „mosaischen Glaubens“ Seite an Seite mit Kindern christlichen Glaubens. Diese Erfahrung macht Jens schon früh. Sie wird sich unauslöschlich einprägen. Eineinhalb Jahrhunderte seit der Aufklärung hatte es gebraucht, bis Juden dieses Ideal erreichten und Christen dieses Ideal tolerierten.

„Staatsfeindliche Gesinnung“

1933 dann der Wechsel auf die Hamburger Gelehrtenschule Johanneum. Und schon sind die Töne anders. Was der Schüler noch nicht durchschauen kann, realisiert der Ältergewordene in seinem ersten autobiographischen Essay „Mein Lehrer Ernst Fritz“ (1981) umso präziser.[191] Ein Studienrat nimmt mit Vorliebe jüdische Mitschüler aufs Korn (Egon und Ralf Giordano sitzen in derselben Klasse). Wenn er bei disziplinierenden Abfragereien (und seien es nur die griechischen Verben) mit Betonung ihnen zuruft: „Gerade *Sie* sollten etwas strebsamer sein“, dann legte er – so der Berichterstatter – „den ganzen Rosenberg und den ganzen Streicher“ hinein. „*Gerade Sie:* Das war der Ton des ‚Stürmer‘ auf den höheren Rängen, die zynisch-sanfte Suada eines Altphilologen“.[192]

Ein Lehrer ist anders: Ernst Fritz. Drei Jahre lang ist er Deutschlehrer des jungen Jens, bevor er 1936 von der Schule entfernt wird. Er ist der Mann, der den Schülern die Augen öffnet und sie die chauvinistische Propaganda mit wenigen Andeutungen und gezielten Beobachtungen durchschauen läßt. Selber Lyriker, wird er zum Sprachmeister der Kinder: „‚Schließt die Augen, Jungs, wenn der Mann spricht, schaut nicht hin, aber hört sehr genau zu, hört das tierische Gebrüll der Menschen, und dann stellt euch vor, was man in London davon denken wird‘“.[193] So ging es ständig. Immer wieder die Entzauberung der hohlen Phrasen, die Ernüchterung des Größenwahns. Sprachkritische Anmerkungen (zum Horst-Wessel-Lied beispielsweise) sind wie Nadelstiche in einen aufgeblasenen Luftballon voll von Ideologie.

Ehre seinem Angedenken!

Die „staatsfeindliche Gesinnung“ dieses Pädagogen bleibt Eltern und Schulautoritäten nicht verborgen. Die dreizehnjährigen Schüler – es ist 1936 – werden in Untersuchungen verwickelt, sollen Zeugen gegen ihren Lehrer sein. Die Hakenkreuzflagge – ein Drecklappen? Das hat er doch gesagt!? Die Juden – ein gequältes Volk; die jüdischen Jungen – bemitleidenswert? Das stammt doch alles von ihm!? Jens hat nichts gehört. Mit Genugtuung liest er später – als die Hamburger Schulbehörde ihm Einblick in die Akten gewährt – den Satz im damaligen Vernehmungsprotokoll: „‚Jens ... weiß grundsätzlich überhaupt nichts. Es seien keine Witze über Goebbels und Göring erzählt worden. Fritz habe niemals etwas über die jüdische Rasse gesagt. Die Aussagen von Jens sind offenbar unrichtig. Er ist in jeder Weise bemüht, Fritz in Schutz zu nehmen.‘“[194]

Doch es nützt nichts. Denunzianten finden sich genug. Der Lehrer wird entlassen, ins Gefängnis gesteckt, nach Kriegsende wieder eingestellt und, da wunderlich geworden, abermals entlassen. Und derjenige, der ihm Jahrzehnte später ein „Ehre seinem Angedenken“ nachruft, beendet seine Erinnerung mit den Zeilen: „Seine besten Zeugen, die am 1. Mai 1936 im Kampfblatt der Hitlerjugend, ‚Nordmark-

Jugend' hieß es, als krummnäsige, an Fritzens Rockschößen hängende Judenbengel Verhöhnten, waren tot oder verjagt."[195] Eine erste Geschichte von Juden in Deutschland, autobiographisch verbürgt.

2. *Die Weisheit überlebender Juden*

Später folgt eine *zweite Geschichte*, erfunden, aber genauso wahr. Ein vierzigjähriger Hamburger Volksschullehrer namens Heinrich Mittenhaufen, verheiratet, Vater zweier kleiner Kinder, sieht sich, an Scharlach erkrankt, auf einmal mit der Tatsache konfrontiert, daß er sein Augenlicht verliert. Blindheit ist über ihn gekommen, irreversibel. Kein Arzt kann ihm helfen. Jetzt liegt er in der Augenklinik – es ist der 3. November 1950 – und versucht, mit der neuen Situation fertig zu werden.

Das Überlebens-Spiel

Ein Freund, der Schauspieler Moses Matthäus, hatte ihm ein Baukastenspiel geschenkt. Die darin befindlichen glatten Holzsteine baut Heinrich sich jetzt zu Vierecken auf, und läßt sich, die Steine betastend, wachtraumartig in die Welt der Imagination fallen: die Gänge seiner Frau, eine Reise nach Rom, Erfahrungen in der Schule. Das Spiel mit der Phantasie wirkt wie eine halluzinative Droge. Nur ja nicht das Sehen verlernen, wenn es auch nur Innen-Bilder sind. Da besucht ihn der Freund im Spital und klärt ihn über die Hintergründe auf. Als Jude hatte er Jahre im Konzentrationslager verbracht. Er hatte überlebt, u.a. dadurch, daß jüdische Mithäftlinge dieses Spiel erfanden. *Aaron Pulitzer* schnitzte die 48 Steine, *Isaac Wedzin*, ein junger Lehrer aus Lodz, erfand das dazugehörige Spiel, „führte Menschen zusammen und ließ sie sich trennen, baute Häuser auf, um sie wieder zu zerstören, schuf Jahre, Länder und Meere und machte aus allem immer wieder neue Geschichten".[196] Nur: Mit dem Spiel sind von Anfang an Bedingungen verbunden. *Erste Bedingung:* Man darf nur spielen, wenn man anders nicht mehr leben kann. *Zweite Bedingung:* Man darf nur spielen, um Hoffnung zu schöpfen, einmal wieder leben zu können. *Dritte Bedingung:* Man darf nur spielen, was in der Zukunft liegt und was man einmal glaubt, verwirklichen zu können.

Sieben Tage später wird der Lehrer aus dem Spital entlassen. Der erste Weg als Blinder durch die Stadt in die Wohnung, das Zurechtfinden ohne sehende Augen im eigenen Haus, ist mühsam und demütigend. Die Spielleidenschaft ist gebrochen, nicht aber das Bedürfnis nach Selbstentfernung in imaginäre Räume, vor allem nicht die Angst, eines Tages ganz allein zu sein, selbst von der eigenen Frau verlassen. Welche Zukunft hat schon ein Blinder? Da greift Moses Matthäus noch einmal ein und bringt ihn zu einem jüdischen Freund, der damals mit im KZ saß und an dem Steine-Spiel beteiligt war: *Joseph Freiburger.* Zur größten Überraschung von Heinrich besitzt auch dieser Mann dasselbe Spiel mit denselben Steinen; der alte Aaron hatte damals nicht nur einen, sondern zwei Baukästen geschnitzt. Und von Freiburger erfährt Heinrich nun die *vierte Bedingung:*

> „‚Man darf das Spiel nicht allein spielen, denn sonst ist man verloren. Wir wußten das alle. Deshalb hat nie jemand für sich gespielt ... Vielleicht hat jeder zuletzt für sich selbst gespielt, aber zuerst immer für den, der am gefährdetsten war ... Behalten Sie den Baukasten und denken Sie daran, daß man sieht, solange man die Gesichter der anderen nicht vergißt. Man darf nie allein spielen.‘“[197]

Hat er gut reden, dieser Freiburger? Was soll diese Bedingung für einen Blinden? Wer ist er überhaupt? Selbst Moses weiß nichts Genaues. Nur dies: „‚Das einzige, was ich mit Sicherheit weiß, ist, daß er seit seiner Geburt blind ist und früher einmal ein sehr großes Vermögen besessen hat, das er verschenkte. Jetzt nennt er sich Sprachlehrer. Niemand weiß, was er eigentlich tut.‘“[198]

Die Hellsichtigkeit des Blinden

28 Jahre ist Walter Jens alt, als er die Erzählung „*Der Blinde*“ veröffentlicht. Vorbei waren die Eppendorfer Tage, aber nicht die Erinnerung an die verhöhnten, verjagten oder gemordeten jüdischen Bürger. Eine Schoa-Geschichte, 1951, die in der deutschen Literatur damals eher die Ausnahme ist. Lyriker jüdischer Provenienz wie Nelly Sachs oder Paul Celan bestätigen die Regel. Dürrenmatt hatte sich an dieses Thema gewagt – mit einem eher mißglückten Kriminalroman unter dem Titel: „Der Verdacht“, 1951 im selben Jahr von „Der Blinde“ begonnen, 1953 erschienen. Max Frisch hatte sich – was die Judenproblematik betraf – im „Tagebuch 1946-1949“ auf Andeutungen be-

schränkt; „Andorra“ sollte erst 1961 aufgeführt werden. Thomas Mann hatte in „Doktor Faustus“ die Auseinandersetzung mit dem deutschen Faschismus kulturgeschichtlich und metaphysisch durchgeführt, ohne ein einziges Wort über die Schoa zu verlieren. Jens hält mit „Der Blinde“ die Erinnerung wach – literarisch unspektakulär, ohne Moralisierung, ohne Anklage.

Aber gerade weil hier nicht mit der Trommel moralisiert, gerade weil hier nicht mit Plakaten pathetisch demonstriert wird, ist diese Geschichte – liest man sie aus heutiger Sicht – gerade in ihrer Zurückhaltung bewegend. Da leben auch im Deutschland nach Auschwitz wieder jüdische Bürger: ein Schauspieler, ein Sprachlehrer. Sie sind schlicht wieder da. Lange waren sie fort. Auch ihnen wird kein Anklagepathos in den Mund gelegt. Nur ihre durch bittere Erfahrung gewonnene Lebensweisheit geben sie weiter, ihre der Blindheit abgerungene Hellsichtigkeit für ein lebenswertes Leben: Hoffnung, Glauben an die Zukunft, Einbeziehung des Anderen. Ein blindgewordener Hamburger Volksschullehrer lernt von den jüdischen Überlebenden, darunter ebenfalls ein Blinder, was Leben ist. Das ist die Pointe dieser Geschichte. Den Namen der jüdischen Mitschüler, die mit ihm die Grundschulklasse in Hamburg-Eppendorf teilten: Levi und Wolf, Weinstein und Teitelbaum, die wirklich lebten, fügt Jens in seinem Werk nun erstmals fiktive jüdische Gestalten hinzu: Moses Matthäus, Aaron Pulitzer, Isaac Wetzin und Joseph Freiburger.

3. Schuld – Erinnern – Verdrängen: „Ahasver“

Eine dritte Geschichte. Der Mediziner Dr. Albrecht Busch, glücklich verheirateter Vater zweier vielversprechender Kinder, ist soeben zum Chefarzt einer großen Berliner Klinik ernannt worden. Er scheint am Ziel eines langen Weges. Schon kann er vom Bau eines neuen Hauses am Wannsee träumen. Doch die politischen Verhältnisse? Sie sind nicht so. Man schreibt das Jahr 1932.[199]

Sechsmal vertrieben

Ein Jahr später ist Hitler an der Macht, und Professor Busch begreift, was das für ihn als Juden bedeutet. Er schickt seine Frau Ruth mit den beiden Kindern nach Paris und gibt sie in die Obhut des Freundes Monsieur Tarotte. Er selber zieht sich aus der Klinik zurück (um seiner Entlassung zuvorzukommen).

Exodus 1: Busch (Jahrgang 1888) eröffnet eine Privatpraxis, weil er meint, als vielfach dekorierter Frontoffizier des Ersten Weltkriegs unbehelligt zu bleiben. Vier Jahre geht dies gut. Da kommt ein Verletzter in seine Praxis und bittet um ärztliche Hilfe. Er ist aus einem KZ geflohen, von einem Streifschuß verletzt. Es ist der Sohn eines Pfarrers, der, selber von den Nazis verhaftet, in ein Konzentrationslager gebracht und dort ermordet worden war. Busch kennt diesen Pfarrer von früher. So hilft er dessen Sohn, weiß aber, daß dies das Ende seines Aufenthalts in Deutschland ist.

Exodus zwei: Zwei Tage später ist er in Paris, in Sicherheit, wie er meint. Mit seiner Familie ist er jetzt wieder vereint, Anstellung findet er in einer Klinik. Dann bricht der Krieg aus. Nach Frankreich ist er als Jude geflohen, *in* Frankreich muß er jetzt als Deutscher fliehen, weil unter Kriegsbedingungen seine Existenz in der Klinik gefährdet ist. Den Franzosen gilt Busch wie alle anderen Deutschen als feindlicher Ausländer.

Exodus drei: Busch wird in ein Lager nordöstlich von Paris gebracht. Er lebt jetzt hinter Stacheldraht. Aber als Lagerarzt ist seine Existenz erträglicher als die anderer Häftlinge. Als die deutschen Truppen weiter vorrücken und Busch Angst um das Schicksal seiner Kinder haben muß, stimmt er dem Plan zu, sie von Monsieur Tarotte adoptieren zu lassen. Es ist auch höchste Zeit. Die Deutschen nehmen Paris ein und stehen kurze Zeit später auch vor dem Gefangenenlager.

Exodus vier: Der Lagerkommandant läßt in letzter Minute die deutsch-*jüdischen* Gefangenen entkommen. Busch schlägt sich nach Südfrankreich durch, wo es ihm gelingt, unter falschem Namen als Dr. Lefèvre in einem kleinen Städtchen als Arzt erfolgreich zu wirken, da der bisher in der Stadt praktizierende Mediziner in deutscher Kriegsgefangenschaft sitzt. Dessen Frau neidet dem Neuen den Erfolg bei den Patienten, entdeckt seine wahre Identität und denunziert ihn bei der deutschen Besetzern.

Exodus fünf: Wieder auf der Flucht, schlägt sich Busch in die Schweiz durch, wo er abermals interniert wird, „eben noch als Jude verfolgt und schon wieder als Deutscher geschmäht und verhaftet".[200] Physisch ist er jetzt, noch keine 60 Jahre, fast am Ende: seine Haare weiß, seine Hände zitternd, sein Körper erschöpft. Doch das Ende des Krieges kommt jetzt rasch und damit die Befreiung aus der Haft.

Exodus sechs: Busch will zurück in seine Heimat, nach Deutschland, will nichts, als in Ruhe ärztlich praktizieren. Doch bevor er das kann und sich in München niederläßt, wird er bei der Entlassung aus dem Schweizer Lager von einem Abgesandten des neugegründeten Staates Israel mit der Aufforderung konfrontiert, nach Palästina überzusiedeln. Als er ablehnt (er habe „noch nie für ein Land, einen Staat oder eine Idee gekämpft"; er sei zu alt und heimatsüchtig), gerät er wieder zwischen die Fronten: diesmal zwischen die innerjüdischen. Zurück in das Land der Täter? In Deutschland leben wollen, „um denen zu helfen, die uns (Juden) gefoltert, gequält und über die ganze Erde gejagt" haben?[201] Doch als Busch endlich in München wieder als Chefarzt eines großen Krankenhauses praktizieren kann, fällt es den Mitarbeitern schwer, ihn – die lebendige Verkörperung moralischer Anklagen und Schuldgefühle – zu ertragen. Zu sehr erinnert Busch die Mitarbeiter an ihren früheren Chef, einen gewissen Professor Bauer, den man ebenfalls hinauswarf, weil er sich von seiner jüdischen Frau nicht hatte scheiden lassen wollen. Busch mit einem ähnlichen Schicksal hält für die Mitarbeiter auf unerträgliche Weise diese Wunde offen: „Es ist nicht angenehm, wenn man immer an etwas erinnert wird, das man gern vergessen möchte".[202]

Das Schicksal eines deutschen Juden

Es ist eine „Ahasver"-Geschichte, die Walter Jens 1956, fünf Jahre nach „Der Blinde", als Hörspiel vorlegt. Literarisch nicht ohne Risiko. Die Geschichte des jüdischen Mediziners soll offenbar Modellcharakter haben. Aber allzu viel ist in sie hineingeschrieben, als daß sie mehr sein könnte als eine experimentelle Kunstfigur. Beinahe alles ist in der einen Person synthetisiert: die deutsch-jüdische Symbiose mit Anklängen an die deutsch-nationalen jüdischen Frontkämpfer des Ersten Weltkriegs; die hohe Qualifikation jüdischer Intellektueller; deren Assimilationsmöglichkeiten im Deutschland der ersten Hälfte des 20. Jahrhunderts, die bei vielen Angehörigen desselben Jahrgangs (1888) die Illusion nährte, doch endlich als deutsche Bürger anerkannt zu sein; die Vertreibung aus Deutschland, weil die Nazis nicht vergessen können, wer ein Jude ist; die Vertreibung in Frankreich, weil die Franzosen nicht vergessen können, wer Deutscher ist; die Rettung durch einen Franzosen, weil dieser Juden nicht an Deutsche ausliefern will; zuletzt die Anklagen jüdischer Mitbürger, die den

Staat Israel schließlich aufgrund des unausrottbaren europäischen Antisemitismus gegründet hatten, dessen Opfer auch Busch ist. Ein jüdisches Schicksal in Deutschland also, zerrieben zwischen den Fronten: den Deutsch-Nationalen ein verachtenswerter Jude, den Franzosen ein bedrohlicher Deutscher, den Juden ein deutsch-nationaler Sympathisant. Keine Frage: Das alles ist ein wenig viel für eine einzige Figur, deren Geschichte man auch nur deshalb literarisch akzeptiert, weil Jens geschickt die damals neue Form des Hörspiels zu nutzen versteht. Sie erlaubt den raschen Sprung zwischen den Lebensstationen eines Helden sowie durch Auf- und Abblendungen den raschen Wechsel der Schauplätze.

Doch die ästhetischen Formprobleme einmal dahingestellt: Im Jahre 1956, elf Jahre nach der Schoa, die Tragödie *deutscher* Juden künstlerisch zu gestalten, ist alles andere als selbstverständlich. Kühn ist auch, den Ahasver-Mythos aufzugreifen und kritisch *zugunsten* des Judentums zu interpretieren, handelt es sich bei diesem „Mythos" doch um eine im 13. Jahrhundert in christlichen Kreisen Italiens entstandene Geschichte von einem Juden, der Jesus auf dessen Kreuzweg angeblich die Hilfe versagt hatte und zur Strafe dazu verurteilt worden war, unruhig über die Erde zu wandern, bis Christus wiederkehre. Christlich-antijüdische Haßprojektion hatte diese Geschichte ausgebrütet und in der Gestalt dieses „ewigen Juden" den angeblichen Fluch über das gesamte jüdische Volk propagandistisch veranschaulicht.

Die Opferrolle als Opferfalle

Was aber jahrhundertelang als antijüdisches, später antisemitisches Stereotyp benutzt wurde, wird bei Jens zur Aufklärungs-Chiffre über das, wozu deutsch-nationale rassistische Verblendung Juden verurteilte.[203] Der Ahasver-Mythos wird zum kritischen Spiegel für ein Tätertum im Nachkriegs-Deutschland, das sich obendrein noch unter Ausnutzung einer Schlußstrich-Mentalität gesichert fühlen kann: „Es ist nicht angenehm, wenn man immer an etwas erinnert wird, das man gerne vergessen möchte". Das „Ahasver"-Hörspiel ist somit eine Auseinandersetzung mit dem Thema Opfer – Täter, Schuld – Schuldgefühle, Erinnern und Verdrängen. Dessen Pointe aber („Es ist nicht angenehm ...") radikalisiert das Schuldproblem auf eine fast ausweglose Weise. Erst werden Juden in antisemitischer Haßprojektion zu Opfern eines Vernichtungswahns. Wenn sie diese ihnen zugedachte

Vernichtung aber auch noch überleben und sogar noch wiederkehren, werden sie noch einmal abgelehnt, weil sie Schuldgefühle erzeugen, die Menschen nicht ertragen wollen. Hier scheint mir – allen formalen literarischen Defiziten zum Trotz – der gültige Beitrag dieses Hörspiels zu liegen. Es erhellt auf nachdrückliche Weise den Problemkomplex *Opferrolle als Opferfalle* und stellt nach wie vor ein Ärgernis für eine Mentalität dar, deren Exponenten bis zum Jahre 2001 gebraucht haben, um Opfer der Schoa, die auf perfide Weise auch noch wirtschaftlich ausgebeutet wurden, angemessen zu entschädigen. Noch heute ist diese Struktur vielfach wirksam: Ein Opfer, das sich als Opfer offensiv sichtbar macht, wird noch einmal zum Opfer. Es entkommt der Falle nicht, in die andere es gezwungen haben.

Die bisherigen Arbeiten konnten nur Ausschnitte bieten, keine umfassende literarische „Verarbeitung" sein. Fingerzeige bestenfalls auf ein Trauma der jüngsten deutschen Geschichte, nicht dessen „Bewältigung". Jüdische Figuren, wenn sie bei Jens in dieser Phase auftauchen, sind entweder Schoa-Überlebende oder exilierte *deutsche* Juden, d. h. Repräsentanten jener deutsch-jüdischen Symbiose im Zeichen von Emanzipation und Assimilation, wie sie sich seit den Zeiten von Moses Mendelssohn und der jüdischen Aufklärung (Haskala) gerade in Deutschland entwickelt hatte. Diese Symbiose ist so grauenhaft alternativlos, daß die jüdischen Figuren bei Jens selbst nach der Schoa nur in Deutschland weiterleben können und es sogar – wie im Fall des Mediziners Busch – explizit ablehnen, in den Staat Israel auszuwandern. Lebensgeschichtlich hatten sie in der Tat keine Alternative. Weder der Zionismus noch die Religion spielten und spielen in ihrem Leben eine Rolle. Doktor Busch hat offensichtlich ebensowenig Hiob-Fragen an sein Schicksal wie Moses Matthäus oder Joseph Freiburger. Auch die Welt der Halacha, die Welt der Selbstverpflichtung auf ein Leben nach den Geboten und Verboten von Thora und Talmud, ist diesen deutschen Juden fremd. Kurz: Die politisch-zionistische Seite der Problematik ist hier ebenso ausgeblendet oder negiert wie die religiöse.

Anders gesagt: Die Jens'schen jüdischen Figuren sind nicht Teil einer Glaubensgemeinschaft, sondern einer Schicksalsgemeinschaft. Sie stehen damit für eine Form jüdischen Lebens in Deutschland, für die es gerade auch auf Seiten der Schriftsteller zahlreiche Parallelen gibt. Ob Arnold Zweig, Anna Seghers, Hans Mayer oder Ernst Bloch, ob Rose Ausländer oder Hilde Domin: sie kehren in das Land ihrer geschichtlichen Herkunft und sprachlichen Identität zurück, ohne daß dieses Land je wieder Heimat werden konnte. Nelly Sachs und Peter Weiss bleiben in Stockholm, Celan in Paris, Erich Fried und Elias Canetti in London, Wolfgang Hildesheimer in Poschiavo, Schweiz.[204]

Wahrnehmungsverschärfung ist angesagt, denn bei diesem engen Ausschnitt jüdischer Wirklichkeit konnte es nicht bleiben. Persönliche Erinnerungen an jüdische Klassenkameraden, Bezugnahme auf die Lebensweisheit jüdischer Überlebender und der Überlebens-Trotz eines exilierten jüdischen Mediziners reichen auf Dauer für die Durchdringung des Problemkomplexes „Juden in Deutschland" nicht aus. Auch das Roman-Experiment „Herr Meister" (1961) bringt Jens nicht weiter (über die Grundkonzeption haben wir schon in Kapitel I gesprochen). Jens läßt seinen Schriftsteller A. einen nach Deutschland zurückgekehrten jüdischen Emigranten sein, daran interessiert, den Stimmungswechsel des Jahres 1933 in literarischer Form zu beschreiben: „Das schlechte Gewissen regiert, viele machen Abschiedsbesuche oder gehen, wenn ein Jude vorbeikommt, auf die andere Seite. Manche verlassen ihre Häuser nicht mehr, niemand ist sicher".[205] Und was geht im Professoren-Kollegium vor – Frühjahr '33? Erste Uniformen tauchen auf, doch man hält noch Distanz und sucht sich nach beiden Seiten zu sichern: „Niemand weiß Genaueres, man tauscht Vermutungen aus und sucht in den Mienen zu lesen: sah der Hoheitsträger (ein Gauleiter; Verf.) nur das EK I am Frack, als er den jüdischen Philosophen so herzlich begrüßte? Gesten werden gedeutet. Gespräche flüsternd weitergegeben, Namen auf schwarze Listen gesetzt".[206] Das ist alles. Auch in „Herr Meister" kommt der Autor über solche Anspielungen auf deutsch-jüdisches Schicksal nicht hinaus.

4. Wahrnehmungsverschärfung: Innenansichten vom Judentum

Man muß schon das Medium wechseln, um andere Beobachtungen zu machen. Denn neue Signale gehen nicht mehr von den literarischen, wohl aber von den essayistischen und literaturkritischen Arbeiten aus. Hier wird die Problematik Deutschtum – Judentum nun komplexer reflektiert, hier kommt die Problematik der Schoa in noch ganz anderer Schärfe in den Blick. Neue Facetten tun sich auf. Man lese beispielsweise den Ende der 50er Jahre entstandenen Essay über die beiden jüdischen Schriftsteller Franz Kafka und Isaak Babel. Als einer der ersten Literaturhistoriker nach 1945 deutet Jens – gegen eine damals dominierende rein texthermeneutische Interpretation[207] – den Prager Kafka entschieden als jüdischen Intellektuellen und zeigt eindringlich, was es für einen unter dem Einfluß des Westens lebenden Juden heißt, am *Judentum zu leiden*, wenn man weder in die Welt des Ostjudentums zurückkehren noch in die Siedlungen Palästinas auswandern kann.

Franz Kafkas Leiden an der Isolation

Mehr noch: An Kafka zeigt Jens (seine eigenen literarischen Figuren konterkarierend), daß Assimilation, die religiös indifferent macht, keine Option für einen sensiblen jüdischen Intellektuellen ist, der Anschluß sucht an die Tradition seines Volkes. In seinem Vater Hermann hatte Kafka ja die „Verkörperung eines um jeden Preis nach Assimilation in Sitte, Praktik und Verkehr strebenden Provinz-Israeliten" vor Augen, der sein Leben „auf Erfolg, berechnende Angleichung und rechte Beziehung" abgestellt hatte.[208] Kafkas Vater hatte sich aus der dörflichen Ghetto-Gemeinschaft befreit; sein großstädtisch-geschäftliches Leben hatte er als Freiheitsgewinn betrachtet. Sein Sohn macht bereits die umgekehrte Erfahrung. Assimilation und Emanzipation führen für Juden zur Vereinzelung. Gewiß, ein Leben in traditioneller religiöser Geborgenheit ist künftig ebenfalls undenkbar. Aber was an dessen Stelle setzen, wenn man noch Jude sein will? Wie jüdische Existenz leben jenseits von religionsgesetzlicher Orthodoxie und religionsindifferenter Assimilation?

In Kafka hat Jens einen Juden vor sich, dessen Judentum ihn „traurig und wissend" gemacht habe. Es sei ein „spätes, um eigene Bedingtheiten wissendes, ein historisches Judentum" gewesen. Der Väterglaube? Noch erahnt, aber nicht mehr gelebt; zur „Verdammnis, aber nicht zur mystischen Ekstase tauglich".[209] Andererseits aber: Ohne Israel kein Gott, kein Gott ohne sein Volk. Ein Jude kann nicht radikal einzeln leben wollen. Die Gemeinschaft gehört genauso dazu wie das Land. Kann es aber diese Gemeinschaft noch geben, wenn die Erziehung westlich, die Schule deutsch, die Universität gleichfalls germanisiert ist? Stürzt nicht das Ganze, wenn die jüdische Schule fällt? Was also? „Fragen über Fragen, Wege und kein Ziel, Treppen und kein Ausgang".[210]

Und dennoch: Eine Faszination für die Welt des Ostjudentums, eine wache Neugier für die Geschichten des Chassidismus, ein Drang nach Erlernen der hebräischen Sprache, ein Liebäugeln mit der zionistischen Alternative – alles kommt in der Person dieses Prager Juden zusammen, wird im Werk hundertfach gespiegelt, wenn auch diese Spiegel zerbrochen sind. Jens schreibt dies alles gut dreißig Jahre nach Kafkas Tod im Bewußtsein der „größten Katastrophe, von der jemals eine menschliche Gemeinschaft betroffen" worden sei: „Auch Kafkas Schwestern, auch seine Freundin Milena wurden ermordet; niemand entkam. Vom Atlantik bis zum Kaukasus, vom Eismeer bis zur afrikanischen Wüste trieben die barbarischen Jäger ihr wehrloses Wild. Der alte, die hundert Jahre zwischen der vollzogenen Emanzipation und dem Triumph der schwarzen Henker beschäftigende Gegensatz zwischen Ost- und Westjuden versank im Zeichen des Beils: zweihundert Jahre nach Moses Mendelssohn endete die Geschichte der deutsch-jüdischen Literatur in den Gaskammern von Auschwitz."[211]

Isaak Babels zerrissene Existenz

Von Prag nach Odessa, vom Westjudentum zum Ostjudentum, dessen prekäre Lage genauso klar durchleuchtet wird, und zwar im Spiegel des *Isaak Emmanuelewitsch Babel*, 1894 in Odessa geboren, dem russischen Marseille.[212] Im Ghetto dieser kosmopolitischen Hafenstadt am Schwarzen Meer wächst er als Nachkomme von spanischen Rabbinern auf, von Frankfurter Geldwechslern, von Gelehrten und Kaufleuten. Was Kafka erspart bleibt, erfährt der elfjährige Babel am eigenen Leib: ein Pogrom (Oktober 1905 in Odessa). Noch einmal die Erfahrung von Angst, Verfolgung, Isolation. Doch was Leben im Ghetto bedeutet, kann Babel später wie kein anderer beschreiben („Geschichten aus Odessa"). Die orthodoxe Tradition ist ihm wohlvertraut. Die uralten Rituale hat er noch erlernt: Totenfeier, Thora-Fest und Jom-Kippur-Gebete. Was Marc Chagall in seinen Bildern gelingt, das gelingt Babel in seinen Geschichten: der Ghettowelt symbolische Signifikanz zu verleihen.

Doch zugleich ist dieser Jude offen für die Kultur des Westens, die Literatur Frankreichs vor allem. Hier sucht er Vorbilder, schult sich und wird einer der glänzendsten Stilisten der russischen Literatur. Kurzgeschichten schreibt er wie kein anderer in einer bestechenden Synthese von Präzision und Luzidität. Als die Russische Revolution ausbricht, gehört er bald zur künstlerischen Avantgarde seines Landes, das plötzlich eine erstaunliche Vielfalt von Begabungen hervorbringt: Mayerhold und Eisenstein, Majakowski und Blok. Mit seinem Erzählungenband „Die Reiterarmee" (1926) macht Babel sich literarisch einen Namen, gerade weil eben niemand so präzise die Realität zu beschreiben vermag – bis hin in alle Grausamkeiten und Unmenschlichkeiten des Lebens. Die Geschichten spiegeln Babels Teilnahme an den Polen-Feldzügen des russischen Reitergenerals Budjonny. Eines ihrer Hauptthemen ist der Konflikt zwischen dem empfindsamen Intellektuellen und der primitiven Gewalt der Kosaken. Babels Helden morden, rauben und vergewaltigen. Von idealistischer Verklärung keine Spur. Die Roten sind wie die Weißen. Babel bleibt ein unbestechlicher Realist. Das führt zu Protesten in militärischen Kreisen Moskaus und erklärt, warum der Polenkämpfer, ein gefeierter Autor der zwanziger Jahre, am Ende in den Mahlstrom des Stalinismus gerät. 1939 wird er verhaftet, 1940 zum Tode verurteilt. Verschollen ist er in irgendeinem sibirischen Lager.

Jens macht in seinem noch heute glänzend zu lesenden Essay klar: Das Leben auch dieses jüdischen Intellektuellen ist voll von Widersprüchen. Auch Babel ist wie Kafka ein Schriftsteller, der die Zerrissenheit jüdischer Existenz in der Moderne am eigenen Leib verspürte, und der ähnlich wie Kafka aus diesem Zwiespalt heraus künstlerisch produktiv wurde. Beides zugleich war er: „jüdisch und russisch, liberal und orthodox". Wie Kafka und Chagall verdankt auch Babel dem jüdischen Theater und der Synagogen-Liturgie entscheidende Impulse – „aber zu gleicher Zeit war er, der unter dem Glockenmantel des Schofar heranwuchs und die uralten Rituale ... erlernte, ein liberaler Westler und Freund der gallischen Klarheit, Liebhaber Flauberts und Maupassants".[213] Gleichzeitigkeit des Widersprüchlichen. Die Wahrnehmungsverschärfung innerhalb der jüdischen Welt führt bei Jens zu bestechenden Analysen unmöglicher Möglichkeiten der Existenz.

Ein Besuch Paul Celans: „Tübingen, Jänner"

Wer wie Jens zur literarischen Avantgarde im Nachkriegsdeutschland gehört, trifft auf Schriftsteller jüdischer Herkunft, die schreiben, weil sie entkommen sind. Literatur *nach* der Schoa. Mai 1952, Niendorf an der Ostsee: Im Rahmen des Treffens der „Gruppe 47", der schon damals bedeutendsten und einflußreichsten Schriftsteller-Vereinigung im Nachkriegs-Deutschland, stellt sich erstmals ein Mann namens Paul Celan vor. Kaum einer kennt ihn, und sein Auftritt löst durchaus zwiespältige Reaktionen aus. Hans Werner Richter, Gründer und Leiter der „Gruppe 47", erinnert sich:

> „schüchtern, sensibel, sich fremd fühlend, gestört vielleicht, ein Mann, der nicht lachen kann. Er ist, so scheint es mir, fast immer abwesend ... Seine Stimme klingt mir zu hell, zu pathetisch. Sie gefällt mir nicht. Wir haben uns das Pathos längst abgewöhnt. Er liest seine Gedichte zu schnell. Aber sie gefallen mir, sie berühren mich, obwohl ich die Abneigung gegen die Stimme nicht überwinden kann. Die Teilnehmer hören schweigend zu. Die Gedichte scheinen eine fast hypnotische Wirkung auf sie zu haben. In ihren Gesichtern sehe ich den Erfolg Paul Celans. Ist es ein anderer Klang, ein neuer Ton, der hier wirksam wird? Es gibt kaum kritische Stimmen nach der Lesung. ‚Das ist eine Entdeckung', sagen einige und viele benehmen sich, als seien sie selbst die Entdecker. Man fragt mich: ‚Wer ist denn dieser Celan? Wo kommt er her? Weißt du etwas Genaueres? Du mußt es doch wissen.' Aber ich weiß es nicht."[214]

1952 war Celans Gedichtband „Mohn und Gedächtnis" erschienen. Er enthält das nachmals vielbeachtete Gedicht „Die Todesfuge". 1955 wird der Gedichtband „Von Schwelle zu Schwelle" folgen, 1959 „Sprachgitter". Noch ist Celan nur Eingeweihten bekannt. Jens, seit 1950 selber zu Tagungen der „Gruppe 47" eingeladen, nimmt deshalb eine Besprechung dieses letztgenannten Buches zum Anlaß, diesen Lyriker der breiteren deutschen Öffentlichkeit so vorzustellen:

> „Welch eine einzigartige Verbindung: Paul Celan, 1920 in Czernowitz geboren, aufgewachsen im mythenträchtigen Raum ostjüdischer Weisheit, umgeben von der Klarsicht chassidischer Märchen, später, unter schrecklichen Zeichen, von den Henkern vertrieben, heimgekehrt nach Paris: französisch sprechend, denkend und übersetzend in den Sprachen des Ostens, deutsch dichtend!"[215]

Jens – Teilnehmer in Niendorf – war nicht verborgen geblieben, daß es selbst im Kreis der „Gruppe 47" ablehnende, teilweise herablassende Reaktionen auf Celans Lesung gegeben hatte, so daß dieser weitere Einladungen in diesen „Club der Fußballspieler" (wie Celan sich seinerseits herablassend gegenüber Hermann Lenz geäußert haben soll[216]) abgelehnt hatte. Zu einer weiteren Begegnung zwischen Celan und Jens kommt es 1957 in Tübingen. Mit einem Brief vom 26. November desselben Jahres hatte Celan Jens eine Lesung in der Osiander'schen Buchhandlung für den 6. Dezember angekündigt und um ein Treffen gebeten.[217] Fünfzehn Monate später, am 21. März 1959, schickt er Jens den soeben erschienenen Gedichtband „Sprachgitter" und legt einen Brief bei, in dem er vor allem das Schlußgedicht in diesem Band, „Engführung", erläutert:

> „Die Zyklen sind nicht nur Strukturelemente (aber auch das), es sind auch, und vor allem, die Jahre, die Stunden, die (darf ich es Ihnen sagen? Ich darf es: die furchtbaren) Zäsuren.
> Ich habe die Worte, die *Stimmen* wirklich eng geführt (mich von ihnen eng führen lassen) – ins Unerbittliche des letzten Gedichtes (zeitlich war es nicht das letzte, aber ich wußte, daß es das letzte war)."[218]

Der Brief endet mit dem Zitat des 114. Fragments von Demokrit: „Gleiche Gesinnung erzeugt Freundschaft". Jens seinerseits veröffentlicht im Mai 1959 die oben genannte Besprechung von „Sprachgitter" und fügt den bereits zitierten Sätzen über die Herkunft Celans hinzu:

> „Kein Wunder, daß diesen Mann schon vor Jahren, 1952, als sein erster Gedichtband, *Mohn und Gedächtnis*, erschien (drei Jahre später folgte *Von Schwelle zu Schwelle*), die Aura der Legende umgab: hier, so glaubte man, erstand noch einmal die Größe der Abseitigkeit, hier wuchs, ganz für sich allein, ein Werk des Schweigens und der Einsamkeit, hier war der Gegenpol zum poetischen Kongreßbetrieb unserer Tage, zum Dichterlesungsrummel, zu Akademiesitzungen und Festreden bezeichnet. Dabei vergaß man freilich, daß Celan selber alles georgianische Pathos ebenso fremd ist wie der rilkische Kult mit Eingebung, Gnade und Inspiration: Das Pathos seiner Gedichte ist nüchtern; exakte Beobachtung und vivisektorische Präzision verfremden den hymnischen Schwung des Poems; die Diktion ist die Sprache eines Menschen, der weder den Trost der Zuversicht noch die Würde der Furcht jemals verleugnet."[219]

Niemand konnte zu diesem Zeitpunkt ahnen, daß noch eine ganz andere Auseinandersetzung auf Celan zukommen würde. Im April 1960 versucht die Witwe des Schriftstellers Yvan Goll, Claire, durch einen Artikel in einer kleinen literarischen Zeitschrift namens „Baubudenpoet“ eine schon länger schwelende Kampagne öffentlich noch einmal zu intensivieren.[220] Es geht um Plagiat-Vorwürfe an Celans Adresse, der von November 1949 bis zum Tode Yvan Golls im Februar 1950 in enger persönlicher Verbindung zu diesem vielbeachteten Lyriker gestanden hatte. Feuilletons wichtiger Tageszeitungen greifen die Vorwürfe auf, da Celan mittlerweile als bedeutender Lyriker seiner Generation gilt. Die Verleihung des Georg-Büchner-Preises der Deutschen Akademie für Sprache und Dichtung in Darmstadt steht unmittelbar bevor.

Die Affäre stürzt Celan in eine tiefe Krise. Er empfindet die Beschuldigungen als lügnerisch-infam und die Pressereaktionen als Bestätigung einer langgehegten Furcht, daß in Westdeutschland wieder antisemitische Kräfte am Werk seien. Zwar hatten im Verlauf des Jahres 1960 (gerade im Zusammenhang mit der Büchner-Preis-Verleihung am 22. Oktober 1960) namhafte Literaturwissenschaftler und Schriftsteller (darunter Peter Szondi, Marie Luise Kaschnitz und Hans Magnus Enzensberger) die Vorwürfe widerlegt und zurückgewiesen, Celan aber sucht weitere Bundesgenossen für eine öffentliche Verteidigung, zumal Claire Goll nicht bereit ist, ihre Angriffe einzustellen. Von Jens kann er nicht ohne Grund Unterstützung erhoffen, nachdem er ihm noch am 20. Oktober 1959 – in Reaktion auf den im Mai erschienenen „ZEIT“-Artikel über „Sprachgitter“ – geschrieben hatte: „Nun kann ich doch nur, und spät obendrein, sagen, daß es für mich – nun, ja, daß es für mich eine raison d’être war und ist, daß derselbe Walter Jens, der ‚Die Götter sind sterblich‘ geschrieben hat, zu meinen Gedichten steht. Was Sie darüber geschrieben haben: für mich wars ein Adelsbrief.“

Am 20. Januar 1961 schickt Celan Materialien zur Affäre nach Tübingen. Er ist sichtlich unter Zeitdruck, bietet er doch sechs Tage später (26.1.) in einem Brief an, „gerne zu Ihnen nach Tübingen“ zu kommen, „um Ihnen das mir zur Verfügung stehende Material zu zeigen. Wir brauchen vier, vielleicht fünf Stunden – und *nur Philologie*.“ Am selben Tag noch trägt sich Celan in sein Tagebuch ein: „‚18.30 Jens angerufen. Ich fahre Ende nächster Woche nach Tübingen. Jens hat mir geschrieben, er brauche, sagt er, den offenen Brief C.G.‘s (= Claire Golls) und ein ‚Feature‘ über mich. Feature? Soll ich etwa beweisen, daß meine Eltern im Lager getötet wurden? *Das – nie!*‘“[221] Natürlich hatte Jens nie etwas Derartiges verlangt. Die Eintragung sagt mehr über Ängste als über Fremderwartungen aus. Einen Tag später fährt Celan mit dem Nachtzug von Paris nach Stuttgart, dann weiter nach Tübingen, wo er am 28. Januar, einem Samstag, eintrifft. Man studiert Dokumente, vergleicht Texte. Noch am selben Abend Rückfahrt nach Paris. Es folgt eine Korrespondenz zur Sache mit Dokumenten und Informationen, bis Jens am 9. Juni 1961 mit einem Artikel für „DIE ZEIT“ unter dem Titel „Leichtfertige Vorwürfe gegen einen Dichter. Ein abschließend klärendes Wort zu der von C. Goll behaupteten Abhängigkeit Paul Celans von Yvan Goll“[222] seinen Beitrag zur Verteidigung Celans in dieser Affäre leistet.

Dieser hatte noch am Tag der Rückkehr aus Tübingen, am 29. Januar 1961, das Gedicht „*Tübingen, Jänner*“ geschrieben. Und Interpreten sind sich einig, daß die hier erfolgten Anspielungen sowohl auf den im Tübinger Turm in Umnachtung lebenden Hölderlin (dessen Hymne „Der Rhein“ fragmenthaft ebenso zitiert wird wie dessen überliefertes irres Wort „Pallaksch“) als auch auf die Verfassung „dieser Zeit“ durchaus auch autobiographisch motiviert sind.[223] Am Tag zuvor hatte Celan noch auf der Neckarbrücke gestanden und den Turm gesehen. Es ist Januar:

„TÜBINGEN, JÄNNER

Zur Blindheit über-
redete Augen.
Ihre – ‚ein
Rätsel ist Rein-
entsprungenes‘ –, ihre
Erinnerung an
schwimmende Hölderlintürme, möwen-
umschwirrt.
Besuche ertrunkener Schreiner bei
diesen
tauchenden Worten:

Käme,
käme ein Mensch,
käme ein Mensch zur Welt, heute, mit
dem Lichtbart der
Patriarchen: er dürfte,
spräch er von dieser
Zeit, er
dürfte
nur lallen und lallen,

immer-, immer-
zuzu.

(‚Pallaksch. Pallaksch.‘)“[224]

Schwester Hiobs? Nelly Sachs

Am 14. Dezember 1966 findet in der Deutschen Botschaft zu Stockholm eine Ehrung für *Nelly Sachs* statt, der in diesem Jahr der Nobelpreis für Literatur zugesprochen worden war. Laudator ist Walter Jens, der seine Rede auf die als Jüdin 1940 aus Berlin vertriebene und seither in Stockholm lebende Nelly Sachs zum Anlaß nimmt, noch einmal grundsätzlich die Probleme einer Literatur nach Auschwitz zu reflektieren. Seltsam zu denken: Aus einer winzigen Wohnung Stockholms, Bergsundstrand 23, war seit 1943 das einzigartige lyrische Werk der Nelly Sachs herausgewachsen. 1947 hatte sie ihren ersten großen Gedichtband „In den Wohnungen des Todes“ veröffentlicht, gefolgt 1949 von „Sternverdunklung“ und von „Eli“ (1951), einem „Mysterienspiel vom Leiden Israels“.

Ein ungewohnter, ja kühner Ton war in diesen Gedichten zu hören, die direkt Israels Weg beschworen, um ihn dem Gedächtnis der kommenden Generationen zu bewahren. Gleich im allerersten Gedicht von „In den Wohnungen des Todes“ werden die Krematorien konkret benannt und zugleich im Sprechakt wie Welt-Zeichen gedeutet:

„O DIE SCHORNSTEINE

Auf den sinnreich erdachten Wohnungen des Todes,
Als Israels Leib zog aufgelöst in Rauch
Durch die Luft –
Als Essenkehrer ihn ein Stern empfing
Der schwarz wurde
Oder war es ein Sonnenstrahl?

O die Schornsteine!
Freiheitswege für Jeremias und Hiobs Staub –
Wer erdachte euch und baute Stein auf Stein
Den Weg für Flüchtlinge aus Rauch?

O die Wohnungen des Todes,

Einladend hergerichtet
Für den Wirt des Hauses, der sonst Gast war –
O ihr Finger,
Die Eingangsschwelle legend
Wie ein Messer zwischen Leben und Tod –

O ihr Schornsteine,
O ihr Finger,
Und Israels Leib im Rauch durch die Luft!“[225]

Wer diesen Text auf sich wirken läßt, versteht die Einschätzung des Laudators besser – damals 1966 in der Deutschen Botschaft zu Stockholm. Nelly Sachs, so beobachtet er, verharre in ihrer Dichtung „in der Haltung des Staunens“. Gleichsam „weltenweit entfernt, wie von einem anderen Planeten aus“, schaue sie auf die Gegenwart: „Nicht der beschwörende Ausruf, sondern die entsetzte Frage – ich kann nicht daran glauben, ist es denn wirklich?“[226] Erst diese staunenden Fragen gäben dem Schrecken seine Kontur. Gegenbilder aus der Hebräischen Bibel und dem Neuen Testament würden in diesem Werk beschworen, um an ihnen den Grad an Verkehrung zu zeigen, der Israel widerfahren sei. Gegenbilder der verschiedensten Art, in Gedichtzeilen kühn zusammengebracht, wie im Gedicht „Jakob“ aus „Sternverdunkelung“: „O ISRAEL, / Erstling im Morgengrauenkampf / ... O das spitze Messer des Hahnenschreis / der Menschheit ins Herz gestochen“[227] – ein Satz, der vom Alten Testament (Jakobs Kampf mit Gott) über das Neue Testament (Hahnenschrei beim Verrat des Judas) bis ins 20. Jahrhundert führt. Jens wörtlich: „Die Kontinuität soll nicht enden, die Kommenden müssen Brücken haben, Auschwitz darf kein Ende sein: deshalb werden die Opfer von heute in der gleichen Weise beschrieben wie die biblischen Figuren ...“[228]

Schon früh also erkennt dieser Laudator, daß Schreiben nach Auschwitz Aufgabe gerade der Entronnenen ist. Sie können das ihre dazu beitragen, daß die Nachfahren eine Gedächtnisstütze erhalten, um gewappnet zu sein für den Fall, daß ein zweites Mal die verkehrten Zeichen am Himmel erscheinen. Deshalb sind die Gedichte der Nelly Sachs Ausdruck einer „Gegenstimme in der Welt des Schreckens, die Stimme einer Schwester Hiobs, der einzigen vielleicht, die seinem schrecklichen *Warum* nicht Antwort, aber ein Ziel des Fragens zu zeigen vermöchte“.[229] *Schwester Hiobs?* Entscheidend ist für uns nicht, ob diese Deutung dem Werk von Nelly Sachs gerecht wird. Gerade die Hiob-Gestalt wird von ihr stark gebrochen rezipiert, besteht mehr in Revokation als in Identifikation.[230] Wichtiger ist, daß Jens mit dieser bewußt der jüdischen Tradition entnommenen Symbolsprache einer Frau die Ehre gibt, die nach einer langen Verfolgungs- und psychischen Leidensgeschichte, aber auch nach einem keineswegs gradlinig verlaufenden Prozeß der Rezeption ihres Werkes im Nachkriegs-Deutschland nun die ihr gebührende Anerkennung erhalten hat. Die Berliner Jüdin Nelly Sachs ist – ein Vierteljahrhundert nach ihrer Vertreibung aus Deutschland – Nobelpreisträgerin für Literatur! Begreiflich, daß Jens am Schluß seiner Rede noch einmal an die *deutsch-jüdische Symbiose* erinnert, jene „deutsch-jüdische Verschwisterung im Geist", der die Welt so viel verdanke, um sich dann an die anwesende Nelly Sachs direkt zu wenden:

> „Ich danke Ihnen, Nelly Sachs, und ich danke der Schwedischen Akademie. Sie hat mit ihrer Ehrung die Blicke wieder auf jene Symbiose gerichtet ... Sie begann, als ein Mann namens Moses Mendelssohn Einlaß bittend an die Tore Berlins pochte – dafür, daß sie nicht endet, bürgen diese Gedichte, die dazu beitrugen, mit den Opfern auch die deutsche Sprache zu bewahren und sie, die Goethes Sprache, aber nicht die Sprache Hitlers ist, vor der Finsternis des Verstummens zu retten."[231]

In seinen „*Biographischen Skizzen*" aus dem Jahr 1994 kommt Jens noch einmal auf diese bewegende Stunde zu sprechen: „Als ich geendet hatte, gingen der deutsche und der israelische Botschafter, Gustav von Schmoller und Jaakov Shimoni, der einmal Jakob Simon hieß und aus Deutschland vertrieben wurde, aufeinander zu und sprachen zum ersten Mal nicht englisch, sondern deutsch miteinander, unterhielten sich in der Weise Lessings und Heines, zivil, urban und sehr friedlich: beinahe so liebenswürdig wie einst Lotte Teitelbaum, Ralph Weinstein und Walter Jens sich miteinander besprachen, auf dem Nachhauseweg von der Versuchsschule Breitenfelder Straße."[232]

5. *Sind Judas und Shylock erlösbar?*

Franz Kafka und Isaak Babel, Paul Celan und Nelly Sachs: das Bild vom Judentum – wir halten uns hier ausschließlich an die literarischen Dokumente – hatte Ende der sechziger Jahre die der Sache angemessene Komplexität erhalten. Die Wahrnehmungsverschärfung führt *erstens* zu einer inneren Differenziertheit innerhalb des Judentums selbst und *zweitens* zu einer Auseinandersetzung mit der Schoa in ihren gesellschaftlichen, politischen und ästhetischen Dimensionen. Erst 1975 kommt im „Fall Judas“ eine spezifisch *theologische Dimension* hinzu, und zwar im Zuge einer persönlichen Neuorientierung an der Person des gekreuzigten Nazareners, die wir in den Kapiteln I, II und III zu rekonstruieren versuchten. An dieser Stelle muß herausgearbeitet werden, warum auch die theologisch-christliche Dimension zur Erhellung des Problemkomplexes „Juden in Deutschland“ unverzichtbar ist.

Neuanfänge im jüdisch-christlichen Dialog

Daß die Schoa auch das Ende einer bisher ungebrochen praktizierten Theologie ist, hat man in den christlichen Kirchen erst spät begriffen. Erste Signale mußten ausgerechnet von jüdischen Denkern kommen. 1958 veröffentlich der aus Buchenwald entkommene Schriftsteller *Eli Wiesel* in Frankreich erstmals sein Buch „Die Nacht“, Beginn einer sogenannten Holocaust-Literatur. 1966 erscheint das Buch des amerikanischen Rabbis *Richard L. Rubinstein* „After Auschwitz: Radical Theology and Contemporary Judaism“, Beginn einer sogenannten Holocaust-Theologie. Weitere jüdische Theologen wie Emil L. Fackenheim oder Eliezer Berkovitz kommen hinzu.[233] Doch auch christlichen Theologen bleibt auf Dauer nicht verborgen, daß eine Theologie *after* Auschwitz anders aussehen müßte als eine Theologie *before* Auschwitz. 1963 erscheint das Buch „Die Juden und das Evangelium“, verfaßt vom damaligen kanadischen Augustiner-Pater Gregory Baum, geboren in Berlin, Sohn jüdischer Eltern, Konvertit und jetzt Mitglied des Augustiner-Ordens. Ein Buch, das mit dazu beitrug, daß auf dem Zweiten Vatikanischen Konzil (1962-1965) eine epochale Erklärung der katholischen Kirche über den „Glauben Israels“ verabschiedet werden konnte. In „Nostra aetate“ Nr. 4 kann man denn auch lesen:

> „Die Kirche, die alle Verfolgungen gegen jegliche Menschen verwirft, beklagt im Bewußtsein des gemeinsamen Erbes mit den Juden, nicht aus politischen Gründen, sondern angetrieben von der religiösen Liebe des Evangeliums, Haß, Verfolgungen und

> Manifestationen des Antisemitismus, die sich, zu welcher Zeit auch immer und durch wen auch immer, gegen Juden gerichtet haben."

Auch kirchlicherseits also hatte man zu begreifen begonnen, daß ohne den jahrhundertelang gehätschelten christlichen Antijudaismus ein rassischer Antisemitismus sich nicht hätte entwickeln können; daß ohne die jahrhundertelang praktizierte und von ungezählten Bischöfen, Theologen und Katecheten gestützte Verachtung und Diskriminierung von Juden eine widerstandslose Duldung der Ausrottungspolitik der Nazis undenkbar gewesen wäre. In beiden christlichen Kirchen in Deutschland setzt Ende der sechziger, Anfang der siebziger Jahre ein Umdenken ein, dokumentiert etwa durch das von den beiden evangelischen Theologen Karl-Heinz Rengstorf und Siegfried von Kortzfleisch herausgegebene „Handbuch zur Geschichte von Christen und Juden" (1968-1970), bevor dann der Rat der Evangelischen Kirche in Deutschland 1979 eine für die protestantische Tradition epochale Studie zu „Christen und Juden" veröffentlicht. Der jüdisch-christliche Dialog wird auf neue Grundlagen gestellt und beginnt sich Anfang der siebziger Jahre in Deutschland neu zu entwickeln: mit Shalom Ben Chorin, Pinchas Lapide, Nathan Peter Levinson auf jüdischer sowie Clemens Thoma, Franz Mussner, Hans Küng, Helmut Gollwitzer und Friedrich Wilhelm Marquardt auf christlicher Seite.[234]

Das Bekenntnis des Judas

In diese Phase einer Neuorientierung im jüdisch-christlichen Denken gehört auch das Buch „Der Fall Judas" von Walter Jens. Seine narrative Aufklärungs-Strategie zielt ja darauf – wir haben in Kapitel III davon berichtet –, in Judas die haßerfüllte Projektionsfolie durchschaubar zu machen, die Christen jahrhundertelang für ihren Glauben brauchten. Judas steht für das je Andere, das Wider-Christliche. Er ist der erste „ewige Jude", in dessen Schicksal vorweggenommen ist, was das jüdische Volk nach der Zerstörung des Zweiten Tempels Jahrhundert für Jahrhundert erleben wird: Verachtung, Schmähung, Vernichtung – vollzogen durch Christen, die einen Juden, geboren von einer jüdischen Mutter, als Gottessohn verehren. Dieses „Syndrom" will Jens durchschaubar machen. Und dies alles kommt noch einmal in jenem „imaginären Monolog" zur Sprache, den Jens – vierzehn Jahre nach „Der Fall Judas" – vorlegt, in einem Ein-Mann-Stück unter dem Titel „Ich, ein Jud". Der „Roman" von 1975 ist hier in eine einzige Verteidigungsrede des Judas zusammengezogen, ist aber – gerade was die jüdische Problematik betrifft – noch einmal deutlicher zugespitzt:

> „Kein Pogrom, kein Lager, kein Gas. (plötzlich ausbrechend) Hilf mir Herr! Erbarme dich meiner! Gib ein Zeichen, das mir sagt: Du hast recht getan, Judas. (Pause) Wie stumm du bist! Schau mich an: Ich war mir so sicher. Zweitausend Jahre lang, bis zu diesem Augenblick. Und nun, auf einmal, ganz plötzlich, der Zweifel: Ich hätte alt werden können, wie du, kein Glaubenskrieg wäre durch meine Schuld über die Menschen gekommen. Millionen hätten überlebt, nach meinem Nein. Um unseres Gottes willen gegen diesen Gott und sein Todes-Gebot zu revoltieren – Judas, wäre das deine Sache gewesen? Judas aus Kerioth: kein Sklave Gottes, sondern ein Mensch, der Nein gesagt hätte, *sein* Nein, nicht (kurzer Blick ins Publikum) euer Nein, sondern sein eigenes? (die Anfangsmusik setzt wieder ein) Wenn alles nun falsch war und ich ungehorsam sein mußte? Mußte! Nach allem, was geschehen ist? Wenn mein Nein millionenfaches Ja bedeutet hätte: Zum Leben, zur Versöhnung, zum Frieden – zu einem menschlichen Dasein, das nicht mit einem Mord und einem Selbstmord beginnt und in der Blutspur weitergehen muß, sondern ... (die Musik wird immer lauter und übertönt Judas' Worte. Evangelist: ‚Jesus aber sprach zu ihm.' Jesus: ‚Mein Freund, warum bist zu gekommen?' Evangelist: ‚Da traten sie hinzu und legten die Hände an Jesum und ergriffen ihn.')
> Judas (die Musik mit einer letzten ungeheuren Anstrengung überschreiend): Nein! Nein! Nein, habe ich gesagt. (Die Musik bricht ab, es wird dunkel, fahles Licht bleibt auf dem Pestkruzifix und Judas' in Angst und Verzweiflung auf den Schmerzensmann blickendes Gesicht.)."[235]

Ist es denkbar, im Geiste der Bergpredigt und der Aufklärung den Judas-Komplex auflösen? Denkbar, im selben Geist auch den Shylock-Komplex aufzulösen: jenes Stereotyp vom bösartigen, rachsüchtigen, fanatischen Juden, das seit Shakespeares berühmt-berüchtigtem Stück durch die europäische Bewußtseinsgeschichte geistert? Keine Frage doch: Wenn es *eine* jüdische Negativfigur in der christlichen Tradition gibt, dann ist es Judas; wenn es aber eine jüdische Negativfigur in der europäischen Literatur gibt, dann ist es Shylock, der seit Shakespeares Drama „Kaufmann von Venedig“ auf bestürzende Weise ebenfalls zum „Weltkulturerbe“ gehört.

Shakespeares bösartiger Jude

Schauplatz Venedig. Der Kaufmann Antonio hat mit dem Juden Shylock einen Darlehensvertrag über dreitausend Dukaten abgeschlossen und ihm als Sicherheit dafür ein Pfund Fleisch aus seinem Körper verpfändet. Als Antonio nach finanziellem Ruin dieses Darlehen nicht zurückzahlen kann, besteht der Jude auf seiner mörderischen Forderung. Shylock – ein widerwärtiger, bösartiger Charakter? Keine Frage, obwohl Shakespeare diesen Juden, vergleicht man seine literarischen Vorlagen, psychologisch durchaus differenzierter darzustellen vermochte als andere. Sein Jude zeigt mehr als nur das Monströse. Er zeigt auch das ganze, in Jahrhunderten der Demütigung angestaute Leid seines Volkes angesichts der scheinheiligen Moral einer „christlichen Gesellschaft“. Shakespeares Shylock hat Tragödienformat. Und dennoch: Die Figur dieses Juden ist in seinem Haß auf seinen Rivalen Antonio und in der fanatischen Konsequenz seiner Schuldeintreibung von abstoßender Bösartigkeit.

Lessings Nathan ist anders

Gotthold Ephraim Lessing hat mit seinem Drama „Nathan der Weise“ (1779) zu diesem Bild das Gegenbild geliefert. Gewiß: Auch das Schicksal von Lessings Nathan ist mit dem von Christen verflochten, bleiben doch auch ihm lebensgeschichtliche Katastrophen nicht erspart. Seine Frau und seine sieben Kinder wurden Opfer eines von Christen organisierten Pogroms! Und doch hält Lessings Nathan an seiner *Ergebenheit in Gott* fest und ist fähig, trotz allem zu Muslimen, aber auch zu Christen freundschaftliche Verbindung zu pflegen.[236] Am Ende des Stückes steht – durch Nathans „Parabel von den drei Ringen“ bekräftigt – die Erkenntnis, daß über Kontinente verstreute, durch unterschiedliche Religionen getrennte, durch die Macht ihrer jeweiligen Traditionen gespaltene Menschen sich als *Angehörige einer Familie* wiederentdecken können, einer Familie des Blutes und des Geistes. Lessing riskiert also das Kunst-Stück, Juden, Christen und

Muslime auf ein und dieselbe Bühne zu bringen, und zwar so, daß sie am Ende fähig sind, sich gegenseitig in die Arme zu fallen.

Dabei war der Wolfenbütteler Bibliothekar Realist genug, um zu wissen, daß diese seine Utopie von der Versöhnung nur vorscheinweise, nur in antizipierenden Träumen der Kunst *Wahrheit* hatte werden können. Jens hat dies deutlich gesehen und sehr präzise herausgearbeitet:

> „Nur auf dem Theater ließ sich die autonome Gesellschaft jener sympathisierenden Geister realisieren, die keiner Regierung mehr bedürften, keiner weltlichen Tyrannei und keiner religiösen Disziplinierung.
> Wenige Wochen vor seinem Tod empfahl Lessing dem Freund Moses Mendelssohn einen Emigranten, den Juden Daveson, dem von Israeliten und Christen in gleicher Weise mitgespielt worden sei: ‚Er will von Ihnen nichts, lieber Moses, als daß Sie ihm den kürzesten und sichersten Weg nach dem europäischen Lande vorschlagen, wo es weder Christen noch Juden gibt ... sobald er glücklich dort angelangt ist, bin ich der erste, der ihm folgt.' So, auf die Formel gebracht, das Testament eines Liebhabers der Theologie im Zeitalter der Aufklärung, auf dessen Grabstein der Brecht-Satz stehen könnte: ER HAT VORSCHLÄGE GEMACHT.
> Vorschläge, die bis heute nicht angenommen, geschweige denn verwirklicht worden sind."[237]

Deshalb erst recht die Frage: Und Shylock? Kann Lessings Nathan Shakespeares Shylock verdrängen? Kann der gute Jude den bösen vergessen machen? Wie ist das Verhältnis von Nathan und Shylock zu bestimmen?

Ein Totengespräch zwischen Lessing und Heine

1979 veröffentlicht Jens ein fiktives „Totengespräche zwischen Lessing und Heine" und präsentiert hier einen Schlüssel zum besseren Verständnis des Komplexes Nathan – Shylock.[238] Heine zu Besuch bei Lessing! Zwei einander kongeniale Schriftsteller begegnen sich an Lessings Arbeitsstätte, der Herzog-August-Bibliothek zu Wolfenbüttel, führen ein Werkstattgespräch, tauschen Professionelles, Gelehrtes, Geistreiches aus. In Heine hat Lessing einen Partner vor sich, dem er zutraut, daß er ihn versteht. Derselbe Anspruch an Witz, Gelehrsamkeit und Stil. Das ist der Grund, warum Lessing nur Heine anvertraut, was ihn beim Schreiben des „Nathan" wirklich bewegt habe. Gewiß: Im „Nathan" gehe es auch um Verbrennen, Mord und Pogrom – und zugleich um Zinsfuß und Schachspiel, um Kommerz und Gebet. Aber die *eigentliche* Idee? Die eigentliche Idee beim Schreiben des „Nathan" – so der Jens'sche Lessing – sei die „Zurücknahme Shakespeares" gewesen, die Zurücknahme desjenigen Stücks vom „Kaufmann von Venedig", in dem der Jude Shylock als haßerfüllter, rachedurstiger Antiheld dargestellt sei:

> „Ich wollte den Wucherer Shylock mit seinem Opfer versöhnen – mit Antonio, dem Kaufmann, aus dessen Leib sich der Jud sein Pfund Fleisch herausschneiden möchte. Den Handelsherrn, der keinen Zins nimmt – den Christen also! – und den Schacherer – diesen unseligen Vater ... Diese beiden in einer einzigen Figur zu vereinen – einem Menschen-Bürger, der für alles steht, die guten Willens sind ... das, lieber Heine, war mein Ziel. Am Beispiel Nathans, des erlösten Shylock, eine Welt vorwegzunehmen, in der Jud so viel wie Christ gilt, Frau so viel wie Mann."[239]

"Ich *wollte*"! Aber der Jens'sche Lessing hat einsehen müssen, daß ihm der „Nathan" nicht gelungen ist. „Familiarität und blutiger Haß, Wirklichkeit und Utopie"? Das habe sich „einfach nicht fügen" wollen; das sei nicht zusammengegangen. Aber wenn er und Heine sich zusammentäten – so Lessing weiter im „Totengespräch" –, wenn Heine mit seiner ganzen Erfahrung als Jude und er mit seiner ganzen Erfahrung als Christ zusammenarbeiteten, dann könne ein Stück entstehen, das dem Thema „Juden und Christen" jenseits von Shylock und Nathan gerecht werden könnte: „Ein halber Christ, ein halber Jud ... zum Teufel, dann müßt's doch gelingen!"[240] Dieses Stück aber ist noch nicht geschrieben. Nathan und Shylock stehen noch immer unerlöst nebeneinander. Was wären Ansätze für eine Lösungs-Strategie?

Fontanes späte Reue

Totengespräche, Gedankenspiele. Sie sind bei Jens' Akte der Trauerarbeit über eine Geschichte, die anders hätte sein können, sein müssen. Selbst die Form einer Predigt kann er nutzen, um den unausrottbar scheinenden „Shylock"-Komplex aufzuarbeiten, und zwar – aufregenderweise – gerade auch am Beispiel *Theodor Fontanes*, am Modell eines Schriftstellers, dem Jens stets besondere Wertschätzung angedeihen ließ. Schauplatz ist das Dorf Ribbeck im Havelland, unsterblich gemacht durch ein Gedicht Fontanes über einen Birnbaum im Besitz des „Herr von Ribbeck auf Ribbeck im Havelland", ein Loblied auf die Großzügigkeit und Menschenfreundlichkeit eines Mannes über dessen Tod hinaus. 1998 war Jens in die Dorfkirche eingeladen worden, um dort im Fontane-Jahr eine Predigt zu halten, und zwar auf der Basis des Schrifttextes 1. Petrus 5: „Gott widersteht den Hochmütigen, aber den Demütigen gibt er Gnade."

Die Zuhörer in der Dorfkirche zu Ribbeck werden in ein Gedankenspiel hineingezogen.[241] Da gibt es – Kenner wissen dies – noch am Ende des Werkes von Fontane, in seinem letzten Roman „Der Stechlin", eine ergreifende Szene: die Traueransprache von Pastor Lorenzen auf den soeben verstorbenen Dubslav von Stechlin. Mit dieser Predigt hat sich der Christ Theodor Fontane gleichsam von einem „Christentum lutherischer Prägung" verabschiedet und die *praxis pietatis*, das unermüdliche Tätigsein in der Nachfolge Jesu, in den Vordergrund gerückt. Seinen Pastor läßt Fontane nämlich über den alten Stechlin sagen:

> „Er hatte keine Feinde, weil er selbst keines Menschen Feind war. Er war die Güte selbst, die Verkörperung des alten Weisheitssatzes: ‚Was du nicht willst, daß man dir tu.' Und das leitet mich dann auch hinüber auf die Frage nach seinem Bekenntnis. Er hatte davon weniger das Wort als das Tun. Er hielt es mit den guten Werken und war recht eigentlich das, was wir überhaupt einen Christen nennen sollten. Denn er hatte die Liebe ... Alles, was einst unser Herr und Heiland gepredigt und gerühmt und an das er die Seligpreisung geknüpft hat – all das war sein: Friedfertigkeit, Barmherzigkeit und die Lauterkeit des Herzens. Er war das Beste, was wir sein können, ein Mann und ein Kind. Er ist nun eingegangen in seines Vaters Wohnungen und wird da die Himmelsruhe haben, die der Segen aller Segen ist."

Aber derselbe Fontane, der in Glaubensdingen nie ein enger Dogmatiker war, dem starre, Andersdenkende ausschließende Glaubenssätze verhaßt waren, der nach der Devise lebte: „In meines Vaters Haus sind viele Wohnungen", derselbe Fontane verstieg sich, wenn es um Juden ging, immer wieder zu „rigoroser Verdammung". Er hielt die Juden für „ein Volk, dem von Uranfang an etwas dünkelhaft Niedriges anhaftet, mit dem sich die arische Welt nun einmal nicht vertragen" könne. Es wäre besser gewesen, man hätte den Versuch der Einverleibung *nicht* gemacht, denn „einverleiben lassen sie sich, aber eingeistigen nicht".[242] So Fontane brieflich (12. Mai 1898) ebenfalls nur wenige Monate vor seinem Tod. Wie also kann beides zusammengehen: hier die Orientierung an der Goldenen Regel „Was du nicht willst, das man dir tu, das füg auch keinem andern zu"; hier im Roman „Stechlin" die Berufung auf die Seligpreisungen der Bergpredigt – und dort, *gleichzeitig*, die Verachtung gegenüber den Juden, für die – selbst im Fall von Konversionen – das Taufwasser nicht ausreiche ...?

An dieser Stelle seiner Predigt nun läßt Jens den großen alten Mann selber auftreten. Was würde er, Theodor Fontane, zu diesem Widerspruch sagen, wenn er jetzt, beim Gottesdienst in der Kirche zu Ribbeck, unter den Zuhörern säße? Würde er sich nicht erheben und sehr leise, besonnen, aber entschieden darauf verweisen, daß es in seinem Werk, was die Judenfrage betreffe, durchaus auch andere Töne gäbe? Und doch wolle er nichts beschönigen! Vierzehn Jahre zum Beispiel hatte ihn tiefe Freundschaft mit einem Mann namens Georg Friedlaender verbunden. Ungezählte Anregungen hatte er von diesem Freund empfangen, ihn als seelenverwandt empfunden. Aber weil dieser jüdischer Abstammung ist, wird er – im selben genannten Brief – als „Stockjude" verächtlich gemacht, der seine „jüdische Gesinnung" nicht habe loswerden können. „Diese Worte", so läßt Jens seinen Fontane in der imaginäre Szene sagen, diese Worte „möchte ich zurücknehmen, und den Mann, der mir im Alter der Nächste war, um Verzeihung bitten".

So also könnte sie aussehen, die Strategie zur Erlösung vom Shylock-Komplex: Differenzierung, Selbstkritik, Vergebungsbitte und die Herstellung historischer Gerechtigkeit. Dazu gehört – so Jens –, daß Fontane nicht einfach unter die Zentralformel „Auschwitz" subsumiert werden kann. Der Antisemitismus war zu seiner Zeit weit verbreitet, auch unter Intellektuellen. Statt in Einzelnen Sündenböcke zu suchen, gilt es, Tiefenstrukturen zu analysieren:

> „Wir aber fragen, an Fontanes Statt, ob es nicht zuletzt unsere, der Christen Schuld war, daß der Judenhaß über die Jahrhunderte hinweg grassierte; daß Judas Ischarioth als wuchertreibender Itzig an den Pranger gestellt werden konnte; daß der Satz ‚sein Blut komme über uns und unsere Kinder' zur Generalformel wurde –

dienlich, wenn es galt, Pogrome zu inszenieren; daß man mit dem Evangelisten Johannes von ‚den' Juden sprach, gerade so, als hätten sie zur Zeit Jesu aus einer einzigen Gruppe bestanden und wären nicht in Fraktionen geteilt gewesen; daß schließlich – und vor allem! – der Lessingsche Satz ‚daß unser Herr doch selbst ein Jude war' nie ins Bewußtsein drang: zu Fontanes Zeit so wenig wie trotz der Schoa, in unserer: Jesus, der Jud', der Heiland mit dem gelben Fleck auf der Brust; Christus, der Preisgegebene, ein Opfer scholastischer Kontroversen in den eigenen Reihen: welch ein Thema für einen Disput mit Fontane – einem Mann, der Stoeckers rüden Antisemitismus erlebt hatte und sich, wie Lorenzen, gleichwohl vom christlich-sozialen Volksprediger nicht lossagen mochte."[243]

Stoecker? Es handelt sich um *Adolf Stoecker* (1835-1909), der seit 1878 als Hofprediger in Berlin tätig ist und jahrzehntelang als Abgeordneter der konservativen Partei im Reichstag sitzen wird. Von sozialreformerischen Gedanken beseelt (Gründung der Christlich-Sozialen Arbeiterpartei), gewinnt Stoecker in den achtziger Jahren vor allem durch seinen offenen, aggressiven Antisemitismus die Aufmerksamkeit der Massen. Ja, in seiner Eigenschaft als Hofprediger legitimiert er gewissermaßen den Antisemitismus, macht ihn in Deutschland hoffähig. Sätze wie diese: „Der Krebsschaden, an dem wir leiden, frißt weiter ... unsere Zukunft (ist) bedroht, und der deutsche Geist verjudet" werden nur noch übertroffen von einem Zeitgenossen und Geistesverwandten Stoeckers, dem Historiker *Heinrich von Treitschke*, von dem der berühmt-berüchtigte Ausruf stammt: „Die Juden sind unser Unglück" ...[244]

6. Weimar, Buchenwald und die Folgen

So vorbereitet, können wir jetzt die drei programmatischen Reden besser verstehen, in denen Jens in den achtziger Jahren seine neu gewonnenen Einsichten in den Komplex „Christentum und Judentum in Deutschland" zu bündeln versucht: „Das Land der Sieger weitab von der Paulskirche, weitab von Weimar", „Der Traum von der Versöhnung und das Ende der Illusion", „Nathan der Weise aus der Sicht von Auschwitz".[245] Die Stilmittel, die Jens jetzt benutzt, sind durch die Erfahrungen der letzten 30 Jahre bestimmt und werden in den verschiedenen Beiträgen variabel eingesetzt. Wir können hier nicht ins Einzelne gehen. Wir beschränken uns auf die Rekonstruktion wiederkehrender argumentativer Grundmuster.

Demonstration der inneren Komplexität des Judentums

Was im imaginären Dialog zwischen Franz Kafka und seinem Vater stattgefunden hat, wiederholt sich tausendfach unter Juden im Deutschland des 20. Jahrhunderts: der Disput darüber, was jüdische Identität bedeutet, wie Juden als Deutsche in Deutschland sich verstehen sollen. Dazu benutzt Jens immer wieder die *Form der Geisterdialoge* mit bewußt zusammengestellten Kontrastpaaren: Walther Rathenau, Exponent einer scheinbar gelungenen Assimilation (ein Jude, der es bis zum Reichsaußenminister der Weimarer Republik bringt), im Gespräch mit Josef Roth, dem Autor von „Hiob“ und beredten Anwalt des Ostjudentums („Juden auf Wanderschaft“), geboren in Brody/Galizien. So ließen sich Fäden weiterspinnen und um der Komplexität der Sache willen immer neue Dialogpaarungen erfinden:

> „Man stelle sich vor, hier auf dem Podium seien Rathenau und Josef Roth, Arnold Zweig und Tucholsky, Kaftanjuden aus dem Scheunenviertel und Assimilierte aus Berlin-W, Mitglieder des Centralvereins und Zionisten versammelt: Welch ein Gespräch ergäbe das, leidenschaftlich, laut und human, über Rabbiner-Herrschaft und Selbst-Emanzipation, über den Sabbath und über Weihnachten, das die Assimilierten (genauer: Akkulturierten) zum Leidwesen der Zionisten auch unter Hitler noch festlich begingen – und zwar umso intensiver, je wohlhabender sie seien.“[246]

Immer wieder also läßt Jens in den Reden der achtziger Jahre aufscheinen, wie leidenschaftlich der Streit unter Juden um jüdische Identität geführt wurde, wie breit das Spektrum der Einstellungen gewesen ist: vom deutsch-nationalen jüdischen Frontkämpferbund bis zum glühenden Zionisten, vom Talmud-Gelehrtentum bis zum säkularen Kulturjudentum. Lange Zeit hat es gebraucht, bis Juden in Deutschland gleiche Rechte genießen konnten. „Große Nothelfer“ waren nötig: Kriegsrat *Dohm* etwa mit seiner Schrift „Über die bürgerliche Verbesserung der Juden“, der in enger Kooperation mit Moses Mendelssohn die Situation der jüdischen Bevölkerung von den „drückenden Verhältnissen" her zu begreifen lehrte. Oder *Wilhelm von Humboldt*, der Verfasser der liberalen preußischen Judengesetzgebung, der sich gegen den Vorwurf zur Wehr setzen mußte, er verwandle mit seiner Verfassung von einem Tag zum andern „die Knechte in Herren".[247]

Das Ende aller Illusionen: Die Assimilation ist gescheitert

Doch die Beschwörung der Anfänge am Ende des 18., Anfang des 19. Jahrhunderts macht die Einsicht in die Katastrophe nur noch schmerzlicher. Trotz formaler Gleichberechtigung wird der Judenhaß in großen Teilen der Bevölkerung nicht kleiner. Zum religiös-kulturellen Antijudaismus kommt ein rassischer Antisemitismus, und zwar keineswegs erst unter den Nazis und keineswegs nur im „einfachen Volk". Im Gegenteil. Die Bilanz gerade der „Großen der Nation" sieht bitter aus:

> „Wen immer, nehmt Mommsen aus und den anderen großen 48er, Rudolf Virchow natürlich ... wen immer man auch zitiert unter den Großen der Nation, Fontane oder, auf dem Berliner Katheder, Harnack in seinem unermüdlichen Kampf gegen das Alte Testament und dessen kanonische Geltung: Ein *Gespräch*, geschweige denn eine *Symbiose* im Sinne einer Kulturgemeinschaft, wo Geben und Nehmen einander die Waage halten, hat es nicht einmal ansatzweise gegeben. Wenn hier einer schenkte, dann sind es die Juden gewesen; und wenn einer Geschenke nahm, dann waren es diejenigen, deren Kultur ein Discontinuum ohne Wegemarken-Setzung wäre, hätte es Freud und Marx, Heine und Kafka, Einstein und Schönberg nicht gegeben.
> Deutsch-jüdische Symbiose: Das ist ein Trugtraum."[248]

Schoa – den Einzelnen ins Blickfeld rücken

Weg von den Abstraktionen lautet immer wieder die selbstkritische Arbeitsanweisung. Weg von den Verallgemeinerungen und Großthesen („6 Millionen Tote", „Judenvernichtung im KZ"). Stattdessen: Hinschauen lernen, so mühselig das auch sein mag. Den Einzelnen ins Blickfeld rücken, so bedrückend das ist. Gesichter statt Zahlen; Menschen statt Statistiken. Die entsprechenden Passagen in den Reden von

Jens sprengen fast die Form (wo ist die Grenze des Konkreten? Wo läuft man Gefahr, sich ins Detail zu verlieren?). Aber Jens mutet seinen Zuhörern dieses Ausmaß an Präzision und Anschaulichkeit zu:

> „Man stelle sich vor: Da brannten Krematorien in Birkenau und Sobibor, in Treblinka und Maidanek, wurden Millionen von Juden ins Gas gejagt, hielten Mütter ihre kleinen Kinder, hoch über den Köpfen, an die Decke, damit sie ein paar Atemzüge länger lebten. Da hatten Mendelssohns Nachfahren sich einen gelben Fleck an Kleid, Mantel und Anzug zu nähen, weil auf diese Weise, so die Argumentation der Nationalsozialisten, der Stoß ins Herz rascher und genauer gelänge. Da war Juden selbst das Halten von Haustieren, Katzen oder Kanarienvögeln, strikt untersagt. Da sah sich auch der Nichtjude drakonisch bestraft, der auf offener Straße freundlich Menschen ansprach, Un-Personen mit dem Judenstern, die sich, zu festgesetzter Zeit, ein paar Stunden im Freien ergingen. Da wurde das Bethaus verbrannt und der Beter gefoltert.“[249]

Dasselbe Verfahren bei der Beschreibung der Judenvertreibung aus der Universitätsstadt Freiburg. Jens – der ehemalige Freiburger Student – hat noch im Alter gründlich recherchiert. Er will wissen, was zu der Zeit geschah, als er selber ein Freiburger wurde. Das Ergebnis: Am 22. Oktober 1940 waren 361 Juden von Freiburg aus, zusammen mit anderen Preisgegebenen aus Baden und der Pfalz, ins südfranzösische Lager Gurs transportiert worden. Zweitausend Juden wurden später von Gurs aus in die Vernichtungslager transportiert, überlebt haben dreizehn:

> „Hinter den Namen der anderen stehen die Worte *verschollen* oder *für tot erklärt* – Synonyma für *vergast:* Bloch, Betty; Bloch, Camilla; Bloch, Friedrich; Bloch, Ida; Bloch, Isidor; Bloch, Julius: Die Litanei hat viele Strophen, und alle präludieren den Totengesang vom November.“[250]

Gemeint ist der November 1944, als die Stadt Freiburg im Bombenhagel alliierter Bombergeschwader unterging …

Das Ideal und sein Verrat

Zu den Standard-Figuren in den Reden gehört immer wieder der Fingerzeig auf die Normativität des schon Erreichten, das konkrete

Benennen dessen also, was geschichtlich bereits möglich gewesen ist. Was wurde erreicht, und was ist daraus geworden? Was war das Niveau von einst, und auf welchem Tiefpunkt stehen wir heute? Deshalb durchzieht die Reden immer wieder die Bezugnahme auf normative Referenztexte, angefangen von Lessings „Nathan" über Kants Schrift „Zum ewigen Frieden" bis hin zur Verfassung der Französischen Republik. Die nachträgliche Beschwörung ist Teil einer Trauerarbeit, die um das Scheitern weiß, herbeigeführt durch einen auch im 19. Jahrhundert nicht ausrottbaren Antijudaismus von Predigern, Professoren, Politikern und Künstlern (Richard Wagner!).

Das Ideal und sein Verrat: *Hier* – in Paris – die Toleranz- und Emanzipationsgebote der Französischen Revolution; *hier* – in Weimar – Humanität als Prämisse urbanen Kommunizierens (Goethe, Herder, Wieland) – und *dort* der Judenhaß, die Judenverfolgung, die Judenvernichtung. Beides wird immer wieder scharf kontrastiert, als könne der Redner – Nelly Sachs gleich – nicht fassen, was geschehen ist. Ein KZ in Sichtweite des Frauenplans! Weimar im Schatten von Buchenwald! Unbegreifbar allen, die an die durch „Weimar" verbürgten Ideale der Humanität glaubten:

> „Das Gartenhaus, die Ilm, der Park – und der Appellplatz: Das ist das doppelte Deutschland, das Land Mendelssohns *und* das Land ohne Juden, das Land, in dem ein alter Mann die Konturen eines neuen, durch die Weltliteratur, den Welthandel und die Weltbürgerlichkeit definierten Jahrhunderts beschrieb, *und* das Land, das zugrunde ging in Schande, Elend und Selbst-Isolation."[251]

Deshalb in den Reden immer wieder das Stilmittel der scharfen Kontrastierung. Die Schoa? Eine Absage an Weimar, ein Widerruf der Aufklärung, eine Zurücknahme „Nathans", eine Widerlegung der Schillerschen „Ode an die Freude". Buchenwald oberhalb von Weimar? Die „nationale Exkommunikation Goethes"![252] In einem Satz gesagt: „Was in Paris, in Wolfenbüttel und Berlin begann, das Zeitalter der Toleranz und Humanität, wurde in Nürnberg, Birkenau, Sobibor zu Grabe getragen."[253]

Konsequenzen? Eine andere Geschichtsschreibung

Von daher ist es nur konsequent, daß derjenige, der bereits eine andere Geschichtsschreibung praktiziert, eine Historie aus der Perspektive der Opfer, auch grundsätzlich eine andere Geschichtsschreibung in Deutschland fordert. Konsequent und stringent, daß er sich dagegen wehrt, die deutschen Verbrechen „historisch“ zu relativieren. Jens‘ Stellungnahmen zum *„Historikerstreit“* um Nationalsozialismus und Zweiten Weltkrieg in den achtziger Jahren sind entschieden und scharf. Ausgelöst hatte diese Debatte der Berliner Historiker Ernst Nolte mit apologetischen Spekulationen: über den Bolschewismus als Vorbild und Schreckbild des Nationalsozialismus; über den bolschewistischen Klassenmord als Voraussetzung für den nationalsozialistischen Rassenmord, über einen „europäischen Bürgerkrieg“ von „1917 bis 1945“; über eine angebliche „Kriegserklärung“ des Präsidenten der Jewish Agency, Chaim Weizmann, an das „Dritte Reich“.[254] Abenteuerliche, gefährliche Hypothesen. Deutsche Historiker hatten Spekulationen möglich gemacht nicht nur über einen Präventivkrieg Hitlers gegen Rußland, sondern auch über einen Präventivmord Hitlers an den wehrlosen Juden! Solche „Historisierung“ der Nazi-Vergangenheit lief *faktisch* auf eine relativierende Einebnung und verharmlosende Trivialisierung hinaus, eine Entlastung der Verbrecher, eine glatte Umkehr der Relation Täter – Opfer.

Jens erkennt in dieser unseligen Debatte ein vertrautes Grundmuster wieder: Nach wie vor gibt es in Deutschland eine Geschichtsschreibung vor allem „aus der Perspektive der Täter“. Deshalb fordert er umso entschiedener: Es ist an der Zeit, „daß unsere *eigentliche*, republikanisch-demokratische Geschichte“ in den Vordergrund gestellt wird. Die „Geschichte martialischer Sieger“ ist lange genug großgeschrieben worden. Die „Geschichte jener Ehrenhaften, die man demütigte“[255], dagegen hat man weitgehend vergessen:

> „*Glasnost,* denke ich, ist eine gute Wegbezeichnung bei dem Versuch, in unserem Land endlich die Jakobiner und Achtundvierziger, die Ahnen der Friedensbewegung, Georg Friedrich Nicolai (wer, Hand aufs Herz, kennt ihn?) oder Harry Graf Kessler, die Radikaldemokraten und Sozialisten, von Forster bis Landauer, von Knigge bis Liebknecht, die jüdischen Kulturträger, von Moses Mendelssohn bis Arnold Zweig, und die Parlamentarier von Gabriel Riesser über Eugen Richter bis hin zu Carlo Schmid, dem *praeceptor Germaniae*, entschiedener und kuragierter als bisher ins Blickfeld zu rücken.“[256]

Und dies alles im Blick auf ein Europa der Zukunft, in dem die Menschenrechts-Programme der Französischen Revolution so gut wie die

Utopie von Lessings „Nathan" Eingang gefunden haben sollten – Eingang in die alltägliche Praxis: „Ein Europa, in dem kein Muselman, Christ oder Jud durch die immer kleiner werdenden Fenster in eine Welt hinausblicken muß, die ihn ausschließt."[257]

7. Ein Kaddisch für den demokratischen Sozialismus

Welches politische Modell von Europa aber propagieren? Die rein kapitalistische Marktwirtschaft? Die Widersprüche sind zu offenkundig. Den staatstotalitären Sozialismus? Spätestens '89 ist er untergegangen. Jens selbst hält auch nach 1989 an seinen politischen Vorstellungen fest – in Treue zu seinen „Anfängen" der sechziger Jahre im Zeichen von Karl Barth, Helmut Gollwitzer und Ernst Bloch: am *Modell eines demokratischen Sozialismus*, zumal er der Überzeugung ist: In Deutschland hatte dieses Modell nie eine echte Verwirklichungs-Chance, zerrieben zwischen Faschismus und Stalinismus. Aber die Utopie gilt es aufrechtzuerhalten.

Ein Jude aus Hechingen

Wie aber diese Utopie noch einmal aufscheinen lassen, ohne sie in plumper Weise propagandistisch zu vertreten? Ohne Trommel und Plakat? Jens löst das Problem durch zwei Formentscheidungen: *Erstens* wählt er ähnlich wie beim Thema Krieg und Frieden das argumentative Ideen-Drama (wir werden im letzten Kapitel dieses Buches mehr davon hören), und *zweitens* wählt er unter den möglichen Dramen-Formen das „Requiem", so wie Max Frisch dies einst tat für eines seiner Nachkriegsstücke: „Nun singen sie wieder. Versuch eines Requiems" (1946). Durch diese Formentscheidung liefert Jens dem Zuschauer *erstens* Argumente für eine politische Option und zeigt *zweitens* den demokratischen Sozialismus von vornherein als unerfüllte, ja als verratene Utopie. Ex negativo soll sie noch einmal lebendig werden. 1992 wird sein Stück uraufgeführt: *„Ein Jud aus Hechingen. Requiem für Paul Levi"*.[258]

Hier ist noch einmal alles gebündelt, was Jens zum Komplex „Judentum, Christentum, Deutschtum" zu sagen hat. Im Zentrum steht die historische Figur des Paul Levi, 1883 in Hechingen geboren (der Vater ist Vorsteher der dortigen jüdischen Gemeinde), der nach einem Jurastudium, einer Ausbildung als Gerichtsreferendar und einer juristischen Promotion 1912 dem „Sozialdemokratischen Verein" beigetreten war. Als Rosa Luxemburg wegen antimilitärischer Agitation vor Gericht steht, übernimmt Levi ihre Verteidigung. Zwei Jahre später entwickelt sich für mehrere Monate eine Liebesbeziehung zwischen beiden. Von 1915 an folgen drei lange Jahre Gefängnis für Rosa Luxemburg (mit nur wenigen Monaten Unterbrechung), Levi wird zur Armee eingezogen.

Die Kriegsereignisse radikalisieren ihn politisch noch stärker. Bald gehört er zum Kreis von Oppositionellen in der SPD („Spartakusgruppe") und gründet im April 1917 die USPD mit. Dann kommt das Ende des Kriegs, die Abdankung des Kaisers, die Ausrufung der Republik. Ende Dezember 1918 ist Levi auf dem Gründungsparteitag der später KPD genannten Partei an vorderster Front. Anfang Januar 1919 kommt es zum Spartakus-Aufstand, zum Generalstreik, zu Straßenkämpfen in Berlin. Am 15. Januar werden Rosa Luxemburg und Karl Liebknecht von Freikorps-Offizieren ermordet. Im März übernimmt Levi die Führung der KPD, wird aber im Frühjahr 1921 – unter Druck der Moskauer Zentrale – von der Partei ausgeschlossen, was im September 1922 zum Wiedereintritt in die SPD führt. Ab 1924 ist Levi deren Reichstagsabgeordneter für den Bezirk Chemnitz-Zwickau. Am 10. Februar 1930 setzt er seinem Leben ein Ende. Er stürzt sich aus dem Fenster seiner Berliner Wohnung am Lützowufer, unweit der Stelle, an dem der Körper von Rosa Luxemburg in den Landwehrkanal geworfen worden war. Seit 1928 war Levi als Ankläger im Revisionsprozeß gegen Paul Jorns tätig gewesen, gegen jenen Reichsanwalt, der seinerzeit dafür gesorgt hatte, daß die Mörder von Luxemburg und Liebknecht von der Mordanklage freigesprochen und zu minimalen Haftstrafen verurteilt worden waren.

Damit setzt das Stück von Jens ein. Es spielt an dem Tag, an dem Levi sein Leben beenden wird. Er ist krank und muß sich auf seine Anklage im Revisionsprozeß vorbereiten. In Fieberphantasien werden prägende Erlebnisse seines Lebens noch einmal lebendig: die Beziehung zu Rosa Luxemburg, ihre Ermordung, die Justiz-Farce bezüglich ihrer Mörder. Aber auch die haßerfüllte Auseinandersetzung mit dem Abgesandten der Moskauer Zentrale, Karl Radek, dem Levi den Ausschluß aus der KPD verdankt. Wieder ein Verräter, wieder ein Judas.[259] Wieder die Teilung in Orthodoxe und Ketzer. Dabei hatten doch er, Rosa Luxemburg und viele andere daran geglaubt, daß

Demokratie und Sozialismus vereinbar seien. Vom Zyniker Radek aber mußten sie sich anhören:

> „Das ist Häresie von A bis Z! *Lässig.* Sie könnten es auch Schwärmerei am Kamin nennen ... Die jüdische Intelligenz des alten Europa – wir sind hier ja unter uns – parliert über die klassenlose Gesellschaft. ... Sonderwinkel des Herzens! Die Bürgerkinder spielen Weltrevolution: bei Chopin-Musik und Shakespeare-Lektüre ... Aber die Wirklichkeit sieht anders aus. Die Dreher und Metteure, Arbeitslosen und Frauen, die zehnmal geboren haben ... die brauchen etwas, woran sie sich halten können ... Die Partei!“[260]

So wird der Traum vom demokratischen Sozialismus Stück für Stück durch Feinde von außen und von innen zerstört. Am Ende läßt Jens – mit sichtlicher Lust an der überraschenden Kombination – eine Figur auftreten, die ebenfalls das bündelt, was Levi charakterisiert: „ein Jud, ein Linker, ein Schwab“.[261] Es ist der in Ulm geborene *Albert Einstein*, dessen Vision von einer „Weltregierung“ und einem „Weltsozialismus“ ebenfalls noch einmal aufleuchten darf, bevor sie im Chaos der Geschichte untergeht:

> „*Einstein:*
> ... solange Menschen da sind, die an Kriegen verdienen: ein Taler für jedes Geschoß und tausend für jede Kanone. Eine feine Gesellschaft! Erstes Gebot: Ich bin das Geld, dein Gott. Du sollst nicht andere Götter haben neben mir.
>
> *Levi:*
> Das heißt: Kein Friede ohne Sozialismus in aller Welt. Könnte von mir sein. Sie werden immer radikaler, Genosse Einstein.
>
> *Einstein:*
> Radikal? In Grenzen, *sehr* engen Grenzen, lieber Freund. Möchte nur verhindern, daß die paar Leute, die schon wieder von der letzten Schlacht Deutschlands reden oder, Pardon, dem Siegeskampf des internationalen Proletariats, uns noch einen weiteren Weltkrieg einbrocken.
>
> *Levi:*
> Und Ihr Rezept?
>
> *Einstein:*
> Das wissen Sie doch. Die Weltregierung.“[262]

Dies alles aber bleibt ein schöner Traum der beiden linken Juden aus Schwaben, denn am Schluß steht ein doppelter Tod. Levi stürzt sich aus dem Fenster seines Hauses, drei Monate später auch sein Vater Jakob Levi in Hechingen. Vater und Sohn werden am Ende noch einmal zusammengeführt, und der Ältere spricht ein ergreifendes *Kaddisch* über den Nachgeborenen:

> „Jetzt bist du heimgekehrt, Sohn, und bist geborgen, und ich bin es auch. Dein Vater, der ein Lehrer und ein Schohet war. Brauchten sich nicht zu fürchten vor mir, die Tiere, ging alles rasch und ganz ohne Schmerz: ein einziger Schnitt nur: vorbei. *Legt sich die Hand an die Kehle.* Könnte auch einen Schohet brauchen, Bub, einen wie mich. *Geste.* Siehst du, die Hand ist immer noch sicher. Aber ich darf nicht. 's wär gegen Gott. *Streicht dem Toten über die Stirn.* Bald, wenn der Sabbath beginnt, werden sie mich drüben vorm Bethaus empfangen: ‚Gott tröste dich, Bruder.' *Beugt sich tief herab.* Weißt, Paul, ein Jud ist nicht tot, solange ein einziger Mensch von ihm spricht – und von dir werden sie noch reden – *richtet sich auf* –, wenn in dieser großen Stadt niemand mehr sein wird, der heute lebt. *Blickt sich um. Ein schwacher Lichtschein fällt auf die umstehenden Genossen.* Chravah Kaddisch, die Heilige Gemeinde, ist um Dich, mein Sohn. Dein Vater zuerst, der nicht bei dir war, um, wie das Gesetz es befiehlt, die Heiligen Worte mit deinem letzten Atemzug zu vereinen. *Stimmt zunächst hebräisch ‚Schmai Israel', dann ins Deutsche fallend, das ‚Schema' an.* ‚Hör, Israel, der Ewige, unser Gott, der Ewige, ist einzig. Gesegnet sei der Name der Herrlichkeit seines Reiches immer und ewig.' *Leiser werdend, murmelnd, dann noch einmal laut.* ‚Ich aber, spricht der Herr, werde den Regen eures Landes geben zu seiner Zeit, den Frühregen und den Spätregen, und ihr werdet das Getreide einsammeln und den Most und das Öl und werdet essen und satt werden, für alle Zeit.' *Pause.* ‚Ein jeglicher in jedem Land. So will es der Herr.'"[263]

Trauerarbeit an der Geschichte Deutschlands

Jens hat ein Trauerspiel um den demokratischen Sozialismus geschrieben, der durch Hitler einerseits und Stalin andererseits keine geschichtliche Chance bekam. Sein Stück ist ein Akt der Trauerarbeit an der politischen Geschichte Deutschlands im 20. Jahrhundert. Der dritte Weg eines Paul Levi und einer Rosa Luxemburg? Er endete in der Katastrophe. Deshalb die Form eines „Requiems“, eines Toten-Gebets, das freilich nicht (in kirchlicher Tradition) die Toten der „Ruhe“ Gottes anempfiehlt, das vielmehr in den Nachgeborenen die Erinnerung an die Toten geschichtlich wachhalten will. Ein Kaddisch wird hier „gebetet“ – nicht nur für einen Juden, sondern für ein politisches Modell, das Freiheit und Gerechtigkeit, Demokratie und Sozialismus hatte versöhnen wollen.

Viele Themen aus einer damals bereits vierzigjährigen Werkgeschichte sind in dieses Stück noch einmal eingearbeitet. Anspielungen auf Jesus und Judas sind mit Händen zu greifen. Rosa Luxemburg kehrt wieder, der Jens schon 1966 ein Fernsehspiel unter dem Titel „Die rote Rosa“ gewidmet hatte.[264] Albert Einstein tritt auf, dessen Vision von einer Weltregierung Jens schon einmal in einer Rede des Jahres 1968 programmatisch herausgestellt hatte.[265] Die Rolle von jüdischen Intellektuellen in Deutschland wird noch einmal thematisiert, die sich zu Anwälten sozialer Gerechtigkeit machten; die andere Geschichtsschreibung in demokratisch-republikanischem Geist wird konkret praktiziert. Damit hält das Stück Äquidistanz zu denjenigen Kreisen im Westen, die nach 1989 den Kalten Krieg für sich gewonnen zu haben glauben, nur um politisch und ökonomisch weitermachen zu können wie bisher. Aber auch zu jenen Kreisen im Osten, die den Traum von einem demokratischen Sozialismus an die Ulbrichts, Mielkes und Honeckers verkauft hatten. Gleichzeitig liefert das Stück eine Alternative zu einer „postmodernen“ Beliebigkeitsästhetik, deren Hämlinge sich darüber zu mokieren pflegen, daß jemand die Bühne im Jahr 1992 noch einmal zur moralischen Anstalt macht, weil er bestimmte Tote nicht ruhen lassen will: darunter einen Juden aus Hechingen, dem Albert Einstein am 13. Februar 1930 diesen Nachruf geschrieben hatte:

> „Heute war ich unter den vielen, die tief erschüttert Paul Levi, den edlen Sohn Hechingens, zur letzten Ruhe geleiteten. Er war einer der gerechtesten, geistvollsten und mutigsten Menschen, die mir auf meinem Lebenswege begegnet sind. Seine ganze nie erlahmende Kraft hat er der Verteidigung der Schwachen und Unterdrückten gewidmet. Dies tat er oft mit Lebensgefahr, stets mit jener Selbstverständlichkeit, wie sie nur solchen Naturen eigen ist, die aus dem innern Zwange eines unersättlichen Bedürfnisses nach Gerechtigkeit handeln. Möge sein Andenken nie erlöschen, und sein leuchtendes Beispiel das Verantwortungsgefühl der Spätern wach erhalten zum Wohle der Allgemeinheit.“[266]

V. Weltfrieden im Zeitalter der Atomwaffen

„Europäische Wirklichkeit der achtziger Jahre: Statt des Gottessegens von einst ... besitzt jeder Belgier, Deutsche, Ungar, Franzose eine Mitgift von sechzig Tonnen Sprengstoff – sechzigtausend Kilogramm TNT als Gabe für alle: So wird in unseren Tagen Demokratie praktiziert! Gleichheit für alle: Hüben auf der NATO-Seite, siebentausend taktische Atomwaffen, drüben, wo der Warschauer Pakt aufmarschiert, deren viertausendfünfhundert.“[267]

Nur soviel aus der Lebensgeschichte, ein kleines Signal des Autors, das begreifen läßt, warum aufgrund von frühen Krankheitserfahrungen und traumatisierenden Erlebnissen (das Inferno der Zerstörung Freiburgs am 27. November 1944 als Kranker im Kellergewölbe eines Spitals überlebt) zu Soldatentum und Krieg nie ein „heroisches“ Verhältnis hatte aufkommen können.[268] Auch hier halten wir uns strikt an die literarischen Zeugnisse. An zwei frühen Texten aus den fünfziger Jahren können wir nicht vorbeigehen. Sie zeigen, wie das Thema „Wirkungen des Krieges“ aus der Perspektive der Opfer literarisch fruchtbar geworden ist. Ähnlich wie bei Heinrich Böll geht es, wenn von Nazizeit und Krieg die Rede ist, immer um die Perspektive „von unten“, die Perspektive der Betroffenen und Versehrten. Die beiden Geschichten, die wir hier in aller Knappheit rekonstruieren müssen, könnten unterschiedlicher nicht sein, inhaltlich nicht, formal nicht; beide aber verdanken sich derselben Erzählstrategie.

1. Die Geschichte vom weißen Taschentuch

1947 erscheint sein erster literarischer Text überhaupt. 24 Jahre ist der promovierte Philologe alt. Sein Pseudonym, das er (erstmals und letztmals) benutzt, *Walter Freiburger*, verweist auf die Stadt, in der er den Krieg erlebt und überlebt.

Das Böse bricht durch

Der kurze Text reflektiert in dichter Sprache und Symbolik das Trauma der Zeit – im Spiegel eines Studenten, der, ohne begriffen zu haben, was mit ihm geschehen ist, sich im Jahre 1939 im Gefängnis wiederfindet.[269] Zwei Tage Hafturlaub sind ihm gewährt (der Zeitraum, in dem die Erzählung spielt), und diese Tage nutzt der Student, um seine eigene „Grabrede“ zu verfassen, die er auf die Innendeckel einer Buchausgabe von Dostojewskjs „Schuld und Sühne“ schreibt.

Der Grund? Die Haft im Gefängnis ist identisch mit dem eigenen Tod. Genauer: Mit der Erfahrung, dem „Bösen“ restlos ausgeliefert zu sein. Ausgerechnet die Taschentücher im Gefängnis werden dafür das (in obsessiver Verdichtung bedrückende) Realsymbol. Warum sind all die Taschentücher im Gefängnis nicht weiß, sondern grau? Welch „teuflische Zweckmäßigkeit“ steckt dahinter? Der Häftling begreift: Ein weißes Taschentuch wäre ein Symbol des Friedens gewesen, ein Hoffnungszeichen für eine andere Wirklichkeit. So aber ist die vorher noch bestehende „Mauer“ zwischen ihm und dem Bösen vollständig durchbrochen. Jetzt ist er dessen Macht auf Gedeih und Verderb ausgeliefert. Das Taschentuch ist „das grausame Symbol für den letzten und vollständigen Sieg des Bösen“:

> „ER brauchte den Menschen nicht mehr in monatelanger Haft und mörderischen Schlachten sich untertan zu machen, um ihn in den Pausen zwischen Zellenhaft und Sterben wenigstens zeitweilig wieder aus den Augen zu verlieren. Vielmehr war es dahin mit dem Menschen gekommen, daß er IHM immer unterstand und sein entschlossenes, durch die Mauer versinnbildlichtes Gegenüber freiwillig und bei klarster Überlegung aufgegeben hatte. Ein Zurück aber gab es ohne ein weißes Taschentuch nicht mehr.“[270]

Eine Skurrilität, dieser Einfall? Mag sein. Aber durch die strikte Konzentration des Textes auf die innere Verfassung eines an seinem Leben und seiner Zukunft verzweifelten jungen Menschen ist er stringent und plausibel erzählt.

Bleierne Zeit

Mehr noch: Die Auslöschung des Weiß selbst auf den Taschentüchern, die totale Einfärbung der Welt in ein alles nivellierendes Grau ist die eindringliche symbolische Repräsentation einer unter den Bedingungen von Faschismus und Kriegsbedrohung perspektivlosen, fensterlosen Gegenwart. In der Bunkerexistenz des hier beschriebenen Menschen wird das Fehlen auch nur des kleinsten Hoffnungszeichens zum endgültigen Sturz in den Abgrund. Bleierne Zeit. Undurchschaubar sind Mächte und Gewalten, die in das Leben von Menschen eingreifen. Erfahrungen des „Bösen“ dominieren, was in der Erzählung nicht als Alibi für menschliche Schuldentlastung herhalten muß. Die Rede von „Bösen“ und „Teuflischen“ ist vielmehr Ausdruck einer totalen Zukunftslosigkeit der hier geschilderten Welterfahrung.

2. *Als Friedensstifter gescheitert: das „Testament des Odysseus“*

Zehn Jahre später, 1957, hat die Frage von Krieg und Frieden literarisch eine neue Qualität erreicht. Voraus gingen die zeitkritischen Romane „Nein – Die Welt der Angeklagten“ (1950), „Vergessene Gesichter“ (1952) und „Der Mann der nicht alt werden wollte“ (1955). Jetzt greift Jens erstmals auf einen Stoff der Antike zurück, die homerische Geschichte von Odysseus, und erstmals wendet er das literarische Verfahren an, das er dann über Jahrzehnte immer wieder virtuos einsetzen wird, das Verfahren nach der Devise: So ist es überliefert, aber es könnte auch ganz anders gewesen sein.[271]

Der Troja-Zerstörer war anders

Denkbar wäre zum Beispiel, daß Odysseus (der jetzt erstmals eine eigene literarische Figur bei Jens wird!), keinesweg der listenreiche und berühmte Stratege einer Totalauslöschung der Stadt Troja gewesen ist, der nach zehn Jahren Krieg und zahlreichen bestandenen Abenteuern nach Ithaka zu seiner Frau Penelope und seinem Sohn Telemachos zurückkehren kann, stolz auf die erfolgreiche List (das Hölzerne Pferd), mit der Troja endgültig in die Knie gezwungen werden konnte. Denkbar wäre, daß Odysseus eine ganz andere Rolle gespielt hat, die er aber erst im Alter, den Tod vor Augen, in einem testamentartigen Vermächtnis-Schreiben seinem Enkel Prasidas offenbart. Welche? Die Rolle desjenigen, der den Krieg hatte verhindern wollen! Und zwar im Wissen darum, welches Ausmaß an Zerstörung und welche Anzahl von Opfern dieser Krieg mit sich bringen wird. Erst als er – so Odysseus – mit diesem Ansinnen gescheitert sei und nolens volens zehn Jahre Krieg der griechischen Fürsten gegen Troja habe mitmachen müssen, sei er auf die List mit dem Hölzernen Pferd verfallen, um wenigstens in letzter Minute ein Gemetzel zu verhindern. Laokoon, dem Priester Trojas, habe er sich heimlich anvertraut und ihm die mit dem eingeschmuggelten Pferd verbundene Absicht offenbart – alles in der Hoffnung, so die Kriegsparteien endlich zur Einsicht in die Aussichtslosigkeit eines Siegs und die Notwendigkeit eines Friedensschlusses zu bringen. Doch Laokoon sei auf tragische Weise ums Leben gekommen und Troja ist auf die bekannte Weise untergegangen.

Odysseus also nicht der listenreiche, triumphale militärische Sieger, sondern der gescheiterte Vermittler des Friedens, der die Heimreise nach Ithaka erst angetreten hatte, als der alte Troja-König Priamos in der zerstörten Stadt gestorben war („Der Eroberer Trojas schied als ein Freund der Stadt"). Odysseus – ein Gescheiterter, der auf der Heimreise, in eine Höhle verschlagen, von dämonischen Visionen geplagt worden war. Menschen aus dem Schattenreich waren aufgestanden, Kriegsopfer. Manche hatten noch große Wunden und verkrustete Narben. Andere hatten sich beinlos auf Krücken bewegt, die Köpfe mit blutigen Laken umhüllt. Verstümmelte, Augenlose, Krüppel überall. Und dann die Irrgewordenen, grinsend, die Zunge herausstreckend, Gelächter ausstoßend. Drei Figuren hatten ihre Namen offenbart: Magnes, Typides und Phrontidas: Ich war ein Gärtner. Jetzt aber? Jetzt bin ich ein Krüppel. Ich war ein Schreiber, jetzt aber bin ich blind. Ich war ein Krämer, jetzt aber ist alles zerstört. Fluch dem Odysseus, der dies alles verschuldete:

> „‚Im Namen der Gerber und Gärtner, der Tischler und Schreiber, der Dichter und Maurer, der Handwerksmeister und Matrosen: der Krieg ist vorüber, die Stunde des Gerichts gekommen. Die Kläger stehen vor Dir, ich spreche das Urteil. Du hast getötet: nun stirb. Du hast geschwiegen: ich lösche dich aus.'"[272]

Und Odysseus ist seither ausgelöscht. Als er heimkommt, ist dies kein letzter Triumph mehr. Seine Frau hält ihn für tot, hatte sich neu vermählt. Ein neuer Herrscher regiert in Ithaka. Ausgebrannt, desillusioniert, gescheitert geht Odysseus seinem Ende entgegen und schreibt sein Testament an seinen Enkel.

Der Siegergeschichte die Siegertypen nehmen

Seit Homers Zeiten steht der Name des Odysseus in der europäischen Bewußtseinsgeschichte für erfolgreiche militärische Strategie und

Taktik, für im und durch Krieg siegreiches Heldentum. In diese Geschichte greift Jens gezielt ein und versucht, mit seinem „Testament" der europäisch-militärischen Siegergeschichte den Siegertypus zu nehmen. Er funktionalisiert – im Sinne von Thomas Mann – den Mythos ins Humane um. Seine Art des Schreibens hat Unterbrechungscharakter für eingefahrene Lesarten. Sie macht das Gesicherte zum Experiment, den Archetypus zum Modell, das zu Ende Gedeutete zu einem offenen Prozeß. Sein Odysseus ist ein am Frieden Gescheiterter, der durch die Opfer der Kriege zum Angeklagten wird. Genauso wird Jens, wiederum gut zehn Jahre später, 1969, in der Form eines Fernsehspiels unter dem Titel *„Die Verschwörung"* auch einen zweiten Siegertypus der europäisch-militärischen Erfolgsgeschichte entzaubern: *Gaius Julius Cäsar*.[273] Indem das Stück zeigt, daß die Ermordung an den „Iden des März" Ergebnis einer durch Cäsar gesteuerten Inszenierung gewesen ist, entlarvt es einen Mächtigen als Zyniker der Macht, der noch nicht einmal unser Mitleid als Opfer eines Mords verdient. Das effektvolle Ermordungs-Schauspiel hat dieser Mann gebraucht, um auch noch seinen Nachruhm zu manipulieren. Das Stück von Jens ist damit ebenfalls ein Anti-Kriegsstück, zeigt es doch den großen Cäsar als einen Krieger, der Kriege ausschließlich zur triumphalen Selbstüberhöhung nutzte und der, zum Menschenverächter geworden, der Kriege überdrüssig geworden ist:

> „Weil es mich anekelt, immer die gleichen Triumphe über immer die gleichen weißen, gelben und schwarzen Menschen zu feiern; weil ich es hasse, mich wiederholen zu müssen, ohne an Erfahrung oder meinetwegen auch an Ruhm zu gewinnen. Weil es für mich nur noch ein einziges Abenteuer gibt – und das möchte ich so schnell wie möglich erleben ... Ich will nicht, daß die Leute sagen, ich sei am Ende gewesen ... ein alter Epileptiker – wie schnell entstehen solche Gerüchte – der ohnehin nicht mehr lange gelebt hätte. Sagt selbst, ist das ein Tod, der zu mir paßt ... ein Cäsar-Tod?"[274]

3. *Was Troja geschah, steht der Welt bevor: „Der tödliche Schlag"*

Wieder Troja, wieder Odysseus. Schauplatz und Gestalt lassen Jens nicht los. Zu viel Vernichtung damals, zu viel Tod. 1974 – drei Jahre nach dem „Traktat vom Frieden, von der Gewalt und der Revolution", zwei Jahre nach der Matthäus-Übersetzung, ein Jahr vor „Der Fall Judas" und im Jahr von Hans Küngs „Christ sein" – veröffentlicht Jens den Text eines weiteren Fernsehspiels unter dem Titel *„Der tödliche Schlag"*.[275] Gemeint ist: eine Kriegshandlung, bei der es durch Anwendung einer besonderen Strategie zu einer Totalvernichtung des Gegners kommt.

Ein Oberbefehlshaber gibt auf

Die Wortwahl zeigt schon, was der Autor auf das Schlachtfeld von Troja projiziert. Nicht mehr wie im „Testament" von 1957 nur die Leiden der vielen durch den Krieg betroffenen Einzelnen, sondern die Möglichkeit von Massenvernichtung und Totalauslöschung überhaupt. Erstmals läßt Jens in einem seiner Texte eine Sensibilität für Kriegsszenarien der *Zukunft* erkennen. Die Entwicklung von atomaren Waffen hat zu geschichtlich analogielosen Destruktionspotentialen geführt. Deshalb sind Kriege künftig nicht mehr Mittel der Politik, sondern das Ende der Politik. Am Ende eines Kriegs mit Massenvernichtungswaffen gibt es keine Sieger und keine Verlierer mehr, sondern nur noch Verlierer; keine Toten und keine Lebendigen mehr, sondern nur noch Tote; keine Triumphierenden und keine Geschlagenen mehr, sondern nur noch Vernichtete. Ein Krieg mit Atomwaffen ist nicht mehr „gewinnbar". Er ist Massenmord. Auf diese veränderte globalstrategische Lage reagiert Jens mit seinem Stück. Er versteht es als – das Massenmedium Fernsehen nutzende – dramaturgisch-poetische Unterstützung der in Deutschland immer stärker sich artikulierenden Friedensbewegung.

Wie weit die neue intellektuelle Konstruktion einer Troja-Geschichte die Botschaft tragen und die Massen wirklich bewegen konnte, ist hier nicht zu verfolgen. Uns interessiert werkgeschichtlich, ob es einen Zuwachs an Problembewußtsein, einen Gewinn an Komplexität bei der literarischen Gestaltung des Themas Krieg und Frieden gegeben hat. Unter *dieser* Rücksicht ist zu konstatieren: Wurde in „Das weiße Taschentuch" der Krieg im Kontext des Faschismus metaphysisch gedeutet (die totalitäre Bedrohung durch das Böse), im „Testament" leidensgeschichtlich-moralisch (die Passion der Opfer), herrscht in „Der tödliche Schlag" die Atmosphäre eines rationalen Diskurses mit Argumenten und Gegenargumenten, eingetaucht in eine Geschichtsskepsis mit einem winzigen, der Ausweglosigkeit abgetrotzten Stück Vertrauen auf die Zukunft. Um dies zu verstehen, müssen wir die Spielhandlung wenigstens in Grundzügen rekonstruieren.

Philoktet, der Oberbefehlshaber der griechischen Truppen vor Troja, war nach nur einem Kriegsjahr von seinem Posten abgelöst und ins Exil auf die Insel Lemnos im Ägäischen Meer verbracht worden. Er hatte erkannt, daß der Krieg in der herkömmlichen Weise nicht zu gewinnen ist. Vergeblich hatte er die griechischen Fürsten beschworen, einen ehrenhaften Frieden abzuschließen, der Oberpriester Kalchas aber hatte zusammen mit Odysseus seine Eliminierung betrieben. Zehn Jahre sind seither vergangen. Immer noch stehen sich die beiden Kriegsparteien gegenüber, ineinander verkrallt, unfähig zu einem entscheidenden Durchbruch. Mit 60.000 Mann waren die Griechen einst angetreten, 12.000 sind noch übrig. Ihr Lager? Ein großes Lazarett. Meuterei kommt auf. Da wird Neoptolemos, der Sohn des von den Trojanern getöteten griechischen Helden Achill, zusammen mit Odysseus nach Lemnos geschickt, um Philoktet nach Troja zurückzuholen.

Zwei Enthüllungen

Damit setzt das Stück ein. In zwei großen Gesprächsgängen Philoktets mit Neoptolemos und Odysseus wird der Zuschauer nun in ein dramatisches Enthüllungsgeschehen verwickelt:

Enthüllung 1: Der naive junge Soldat Neoptolemos (der noch an ein ritterliches Kampfgeschehen glaubt) erfährt von Philoktet, daß der Krieg um Troja eine einzige Inszenierung der Griechen gewesen sei. Nach außen sollte es so aussehen, als müsse der Raub der Helena, der Ehefrau des Königs Menelaos, durch den Troja-Prinzen Paris gerächt werden. Ein schönes moralisches Motiv, das Männerherzen höher schlagen lassen sollte (Kampf für eine schöne Frau und die Heiligkeit der Ehe!). In Wirklichkeit war alles von Odysseus arrangiert worden. Menelaos war eingeweiht, ebenso wie Helena. Paris war eine Falle gestellt worden. Warum? Weil die Griechen einen Vorwand brauchten, um gegen Troja vorgehen zu können:

> „Wir brauchten Trojas Erz! Die Gruben am Meer! Rohstoffe, die uns neue Märkte erschlossen! ... Darum. ... Helena zeigte, was sie

besaß, Paris fiel darauf herein und – wir hatten einen Vorwand – und zwar den besten, den es gab!"[276]

Deshalb kann von einem gerechten Krieg der Griechen von Anfang an nicht die Rede sein. Obendrein fordert der Kampf Jahr um Jahr unsäglich viele Opfer. Auf diese Weise gelingt es Philoktet, Neoptolemos davon zu überzeugen, daß die Griechen endlich mit den Trojanern Frieden schließen müssen. Friedensvertrag und Abzug:

> „Sie müssen begreifen, daß die Zeit der heiligen Kriege vorbei ist. Der Krieg ist schmutzig, Neoptolemos! Von nun an gibt es nur noch: Untergang und Vernichtung. Mord und Rache sind abermals Mord und wiederum Rache ... so lange, bis niemand mehr lebt. ... Noch ist es Zeit, Neoptolemos, aber nicht mehr lange, wenn das Rad erst einmal rollt, gibt es kein Halten mehr. Darum müssen wir den Krieg ausrotten, bevor es zu spät ist und müssen seinen Namen aus dem Wörterbuch tilgen und dafür kämpfen, daß er nie mehr wiederkehrt."[277]

Enthüllung 2: Im Gespräch mit Odysseus gibt Philoktet diejenige Vision preis, die ihn vor zehn Jahren dazu brachte, den Frieden zu suchen. Es war die Schreckensvision von einer totalen Vernichtung. Philoktet hatte begriffen: Der Gegner ist nicht mehr durch konventionelle Kriegsführung zu besiegen. Wenn, dann ist der Feldzug nur mit einem einzigen „tödlichen Schlag", nur mit der „totalen Vernichtung" zu beenden. Philoktet erinnert sich an den Moment der Erleuchtung genau:

> „Es war grauenvoll: Alles Handeln, zusammengedrängt in einem einzigen Punkt des Raums, der Zeit. Und dann die Explosion! Angestaut und hinaus! Ein Fieberrausch, Odysseus – aber taghell! Als ob meine Gedanken sich verselbständigt hätten! Ich sah ihnen zu, ich dachte: So sehen Leuchtspuren aus, auf ihren Bahnen in den eisigen Zonen des Weltraums, Spiralen und Nebel. Ich beobachtete ihre Operationen. Sie waren schön, graziös und schwerelos. Die Begriffe schienen zu tanzen, und ich war ein Artist im Element des Kriegs. Ein Wahnsinniger!"[278]

Konsequenz aber: Eine solche Vernichtung würde eine neue Spirale des Todes in Gang setzen. Auch das läßt der Autor seinen Philoktet begreifen: Wer unter den neuen waffentechnologischen Bedingungen als erster siegt, stirbt als zweiter: „Troja war zu vernichten. Und nicht nur Troja! Athen! Sparta! Griechenland!“[279] Die Fähigkeit zu einem „tödlichen Schlag“ hat alles verändert. Niemand wird ihm künftig entkommen, denn alle Kriegsparteien werden künftig über diese Fähigkeit verfügen.

Moral und Vernunft identisch?

Deshalb der Entschluß Philoktets, alles nur noch auf die eine Option zu setzen: Abzug und Friedensvertrag. Deshalb sein Glaube, in Sachen Krieg und Frieden Moral und Vernunft endlich versöhnt zu haben. Frieden ist eben nicht mehr länger nur ein Gebot der Moral; im Zeitalter der Atomwaffen ist es auch ein Gebot der Vernunft, da es keine Sieger mehr geben wird, keiner sich also Vorteile über den anderen ausrechnen kann. Diese *Identität von Moral und Vernunft* macht Philoktet zunächst unbezwingbar. Hatte er Neoptolemos vor allem mit moralischen Argumenten überzeugt, so ist er nicht wenig stolz darauf, Odysseus – den rationalen Kalkulierer – mit dem Verstand gepackt zu haben:

> „Wer in Zukunft den Gegner vernichtet, vernichtet sich selbst. Das heißt: Der Untergang einer Stadt führt zum Untergang eines Landes, der Untergang eines Landes führt zum Untergang eines Erdteils, der Untergang eines Erdteils ... Das ist eine Frage der Logik. Der Rechenkunst, wenn du willst. Deshalb habe ich, bei Odysseus, an den Verstand appelliert – und nicht an sein Herz.“[280]

Aber diese scheinbar unerschütterliche, mit der Macht der Logik zusammengezwungene Synthese von Moral und Vernunft hat im Fall des Philoktet einen einzigen Riß. Und den läßt der Autor seinen Odysseus eiskalt ausnutzen. Philoktet ist ein großer Stratege, aber er weiß auch, daß er das ist. Er ist nicht frei von Eitelkeit, von einer Selbstverliebtheit, wie sie genialen Künstlern eigen ist. So kann er es sich nicht verkneifen, sowohl die Existenz als auch einzelne Details des großen Vernichtungsplans, den er im Kopf trägt, vor Odysseus preiszugeben. Statt dieses Wissen strikt für sich zu behalten und unter Hinweis auf die ausweglos gewordene Lage gegenseitiger militärischer Erschöpfung sofort den Friedensvertrag unter Einbeziehung der Trojaner durchzusetzen (so der ursprünglich mit Neoptolemos abgemachte Plan), läßt Philoktet sich von Odysseus in ein längeres Gespräch verwickeln, ohne daß er merkt, daß er diesem Zyniker in die Falle läuft. Am Ende kann Odysseus sich aufgrund von Andeutungen das Konzept selber ausmalen (die durch das Hölzerne Pferd eingeschmuggelte Elitetruppe leitet die Totalvernichtung der Stadt ein). Odysseus hat, was er braucht: den Plan, um den Feldzug doch noch zu gewinnen. Künftige Opfer hin oder her: am Ende triumphieren die Griechen, das ist das für ihn Entscheidende. Philoktet, der naive Friedensstifter, wird nicht mehr gebraucht; er wird beseitigt.

Sehen wir bei der *Auswertung* dieses Stückes von der Frage ab, ob eine Troja-Geschichte parabelhafte Deutungskraft haben kann für das Zeitalter der Atomwaffen. Die Vernichtung Trojas war nun einmal nicht – geschichtlich gesehen – der Anfang vom Ende der Welt. Die Schreckensvision des Philoktet ist allzu sehr um einer durchschaubaren Pointe willen auf die Explosion von Atombomben hin stilisiert (Weltraum, Spirale und Nebel). Man mag also darüber streiten, ob dieses Stück wirklich geeignet ist, die Probleme eines möglichen Atomkriegs glaubwürdig zu transportieren. Wichtiger jedoch scheint mir, daß es in doppelter Hinsicht zu einem Komplexitätsgewinn bei der literarischen Gestaltung der Themen Krieg und Frieden in diesem Werk gekommen ist.

(1) Das Stück trägt (im Gespräch Philoktet – Neoptolemos) die moralischen Argumente gegen *jeden* Krieg noch einmal eindrucksvoll vor („Das schlimmste sind: die Verwundeten ... all die Toten“[281]), und doch verfällt es nicht in reinen Moralismus. Denn die moralische Argumentation wird zugleich raffiniert unterlaufen. Odysseus und seine Helfershelfer denken nicht daran, aus der Zahl der Opfer Konsequenzen für ihre Politik zu ziehen. Sie möchten gewinnen. Sie möchten am Ende als Sieger dastehen. Ihr ausschließliches Interesse ist der Sieg im Bewußtsein, daß die Sieger über den Status der Opfer bestimmen. Die Sieger schreiben die Opfergeschichte. Die Sieger funktionalisieren die Opfer zu „Helden“. Denn die so „aufbereiteten“ Opfer stellen den Sieg nicht in Frage, sondern machen ihn umso kostbarer. So schwer war der Sieg! So viele Opfer hat er gekostet! Das Stück endet bewußt nicht mit einem moralischen Appell (schon gar nicht direkt an die Leser), sondern mit einer zynischen Totenehrung durch Odysseus:

> „Ehre den Toten! Ehre den Hinterbliebenen! Ehre den Verwundeten ... Ehre dem Neoptolemos! Er hat gewußt: Es gibt keine Lösung – außer unserem Sieg. Er hat gewußt: Wenn Troja triumphiert, ist Recht nicht mehr Recht in der Welt. Laßt uns beten, Soldaten.“[282]

(2) Das Stück trägt (im Gespräch Philoktet – Odysseus) noch einmal eindrucksvoll die Vernunftargumente gegen einen Krieg im Zeitalter der Massenvernichtungswaffen vor („Der Untergang einer Stadt führt zum Untergang eines Landes, der Untergang eines Landes führt zum Untergang eines Erdteils, der Untergang eines Erdteils ...") und unterläuft zugleich die erfolgreiche Anwendung dieser Form der Vernunft. Wodurch? Dadurch, daß Odysseus eine andere Vernunft vertreten kann. Der Totalitätsanspruch der einen Vernunft wird durch die Existenz einer anderen faktisch untergraben. Aus einem gesichert scheinenden Plausibilitätsanspruch der einen Vernunft wird eine Plausibilitätsillusion. Genau der unterliegt Philoktet. Er wähnt sich seiner mit zwingender Logik geschaffenen Synthese von Vernunft und Moral allzu sicher und merkt nicht, daß man sie dadurch unterlaufen kann, daß man ihr eine andere Vernunftlogik entgegenstellt. Es ist gerade seine Selbstsicherheit, die Philoktet verwundbar macht, insbesondere seine Eitelkeit. Das ist der Riß im Panzer von Vernunft und Moral. Das ist das Stück Irrationalismus im rationalen System, das ihn töten wird, da er nach Preisgabe seines Herrschaftswissens an den Falschen nicht mehr gebraucht wird.

Ein fragwürdiger Intellektueller

Philoktet wird damit zum Typus des zwiespältigen Intellektuellen, der sich den Mächtigen gerne entzieht, aber doch von ihnen beachtet sein will. Der auf seiner Freiheit besteht, den Schmeicheleien aber nicht widerstehen kann. Der zurückschreckt vor den Konsequenzen seines Wissenspotentials und doch ein wenig mit ihm kokettiert. Der sein Wissen schamhaft zurückhält, aber doch die Welt wissen läßt, daß er es besitzt. „Jetzt bist du gefeit. Jetzt liegt es an Dir, dafür zu sorgen, daß sie (die Hölle, Verf.) nie geöffnet wird"[283], schmeichelt er sich. Diese Rechnung aber hat Philoktet ohne sich selbst gemacht. Sein Rückzug aus der Kriegsmaschinerie hat diese so wenig gestoppt wie sein moralisch guter Plan am Ende. Philoktet steht nicht als moralisch vorbildlicher Gewissenstäter vor uns – der Autor erspart uns auch hier jedes gesinnungsethische Propagandastück –, sondern als eine zwiespältige, zwielichtige Figur auf der Grenze von Moral und Macht.

Was bleibt? Gibt es eine Perspektive nach vorn? Hier hilft ein Blick auf das populär gewordene Stück von *Friedrich Dürrenmatt* „Die Physiker" (entstanden 1961), dessen Kenntnis wir bei Jens selbstverständlich voraussetzen können. Bei Dürrenmatt hatte sich ein Physiker ebenfalls zurückgezogen, weil er um die Konsequenzen seiner Forschungsergebnisse („Weltformel") für die Weltbeherrschung durch eine einzige Macht fürchten mußte. Er war zur Tarnung freiwillig in ein Irrenhaus gegangen, in dem er aber von zwei Agenten rivalisierender Mächte (die ebenfalls zur Tarnung in Rollen von Irren schlüpften) ausspioniert wird. Als die Gefahr vorüber zu sein scheint, stellt sich heraus, daß sein Wissen nicht etwa endgültig geschützt ist, sondern längst entwendet und nach außen weitergegeben wurde: durch die Leiterin des Irrenhauses, die die einzig wirklich Wahnsinnige in diesem Stück ist. Schon Dürrenmatts Drama also hatte die Illusion zerstört, daß einmal Gedachtes auf Dauer verborgen bleiben könnte. Herrschaftswissen, vor allem das, das zur politischen oder ökonomischen Machtagglomeration führt, wird weiterverbreitet, wird sich durchsetzen.

Wichtig dabei: Dürrenmatt hatte darauf verzichtet, im Stück eine Gegenperspektive gegen den pragmatischen Zynismus anzudeuten. Nur in seinen „21 Punkten zu den ‚Physikern'" finden sich die Sätze:

> „Der Inhalt der Physik geht die Physiker an, die Auswirkung alle Menschen.
> Was alle angeht, können nur alle lösen.
> Jeder Versuch eines Einzelnen, für sich zu lösen, was alle angeht, muß scheitern."[284]

Im Klartext heißt das: Dürrenmatts freiwillig ins Irrenhaus abgetauchter genialer Physiker muß scheitern, weil er die Wirkungen seiner Forschungen nicht öffentlich demokratisierte. Statt öffentlich zu machen, was „alle" angeht, wählte er den privaten Rückzug und erlebt prompt, was er verhindern wollte: die Weitergabe seines Wissens an die falsche Macht. Das Stück von Jens ist ähnlich konstruiert. Auch hier wird das Herrschaftswissen am Ende dem Intellektuellen entzogen und der falschen Macht ausgeliefert. Zugleich aber bietet es eine Perspektive nach vorn. Eines Tages werde einer kommen, sagt Philoktet zu Odysseus, einer, vielleicht sogar viele, die es besser machen würden als er selber. Und: von nun an sei „Zweifel in der Welt, an den Göttern und an eurer Ordnung, die nicht die unsre ist". Denn:

> „Ein Gedanke, der einmal gedacht worden ist, kann nie mehr erlöschen. Er ist der Funke, der das Feuer bringen wird."[285]

Formal also die gleiche Argumentationsstruktur wie in den „Physikern“: Ein Gedanke, einmal in der Welt, entwickelt eine Eigendynamik, ist nicht mehr kontrollierbar, schon gar nicht durch den Einzelnen. Aber Jens biegt diesen Satz gesellschaftskritisch-utopisch um. Er bestätigt nicht einen zynischen Geschichtspragmatismus nach der Devise: Die Mächtigen behaupten sich doch, unbekümmert um alle moralischen Skrupel Einzelner, sondern setzt auf die demokratische Verbreitung von Gegenwissen. Da der Einsatz von Massenvernichtungswaffen das Ende der Geschichte bedeutet, muß die Logik traditioneller Sieger-Strategien gebrochen werden. Jens setzt also schon im Stück selber auf die subversive Kraft *öffentlicher Aufklärung*, ohne auch hier im literarischen Modell einem naiven Utopismus anheimzufallen. Denn am Ende des Stücks läßt der Autor seinen Odysseus gerade diese Hoffnung des Philoktet aufgreifen und für seine Zwecke instrumentalisieren:

> „Ihr tapferen Männer! Habt Dank. Ihr seid bei uns, in dieser Stunde, mit euren Gedanken, die Griechenland galten – unserer Heimat. Ihr seid nicht tot. Ihr lebt, Kameraden: Denn ein Gedanke, der einmal gedacht worden ist, kann nie mehr erlöschen. Euer Vermächtnis heißt: Vaterland.“[286]

4. Von der Verblendung der Sieger: „Der Untergang“

Noch einmal Troja, ein letztes Mal. Diesmal keine imaginäre Kombination nach der Devise: Es hätte alles auch ganz anders sein können. Diesmal ist es ein klassischer Text, der neu übersetzt und so bearbeitet wird, daß die eigenen politisch-aufklärerischen Interessen eingebracht werden können. Aus Euripides „Die Troerinnen“ wird „Der Untergang“. Dieses Verfahren bringt für den Autor zahlreiche Vorteile.[287]

Warum Euripides heute?

Vorteil 1: Jens kann mit diesem Stück dort fortfahren, wo „Der tödliche Schlag“ aufhören mußte: nach der Zerstörung Trojas. Denn was blieb nach dem Untergang? Die Männer nicht; sie wurden allesamt abgeschlachtet, die Tempel sind noch „naß“ von ihrem Blut. Wohl aber blieb eine Anzahl Frauen, unter ihnen die Königin Trojas, Hekabe, Witwe des Troja-Königs Priamos, zusammen mit ihren Töchtern Kassandra und Andromache, Witwe des Troja-Helden Hektor, von dem sie den kleinen Sohn Astyanax übrigbehielt. Vor der „Kulisse“ ihrer zerstörten und noch brennenden Stadt warten die Frauen auf ihre Verteilung unter die Sieger (die Männer-Truppe würfelt um sie) und ihren Abtransport nach Griechenland.

Vorteil 2: Jens hat mit der Bearbeitung dieses im Jahre 415 v.Chr. in Athen von Euripides geschriebenen Stücks ein literarisches Ur-Modell neu zu öffentlichem Bewußtsein gebracht, das auf seine Weise schon die Grundaussage veranschaulicht hatte, auf die es ihm politisch ankommt: Nach einem Krieg diesen Ausmaßes ist der vermeintliche Sieger am Ende ebenfalls Verlierer. Schon Euripides (ca. 480-406 v. Chr.) hatte ja das ganze Ausmaß an Selbstbetrug zu zeigen versucht, dem Sieger verfallen können. Er schreibt im Kontext des Peloponnesischen Kriegs zwischen Athen und Sparta, der 27 Jahre dauern sollte (431-403), und hatte im Jahre 416 – ein Jahr vor den „Troerinnen“ – eine brutale Machtdemonstration miterleben müssen, als Athen die wehrlose Insel Melos unter seine Herrschaft zwingt. Nach wochenlanger Belagerung war die Insel ausgehungert, alle Wehrfähigen waren getötet, Kinder und Frauen waren in die Sklaverei verkauft worden. Doch damit nicht genug. In ihrem Machtrausch rüsten die Athener auch noch für eine Unterwerfung von Syrakus auf Sizilien, um den ganzen griechischen Westen von sich abhängig zu machen und damit die Vormachtstellung ihrer Stadt endgültig zu sichern.[288] Größenwahn, Machtrausch, Weltherrschaft!

Dem kann Euripides mit seinen Mitteln nur eine Warnung entgegenhalten: sein Drama um die „Troerinnen“, geschrieben nach der Devise: Denkt an Troja, Athener! Wie sahen damals die Sieger aus? Nach so vielen Jahren Krieg? Verkrüppelt waren sie, müde, alt, gestützt auf Krücken, die Haare weiß geworden! „So sieht sie aus, die Heimkehr / nach dreitausend Tagen / So sehen Sieger aus“.[289] Und das Schlimmste? Kaum waren die „Sieger“ von Troja abgezogen, waren sie selber vernichtet worden. Der Meeresgott Poseidon hatte Rache genommen für den Untergang Trojas, der von ihm so geliebten und bisher beschützten Stadt. Poseidon tritt denn auch gleich zu Anfang beider Stücke auf und läßt keinen Zweifel an dem, was er mit den künftigen „Siegern“ machen wird. Im „Untergang“ heißt es:

„Das Meer mit Trümmern und mit Leichen übersät!
Auf Delos, Mykonos, auf Skyros, Lemnos,

auf Kephareus' Klippe
spei ich eure Leiber aus.
Aufgedunsen, halb verwest, entstellt:
So sehen, wenn Krieg ist, Sieger aus!"[290]

Durch diesen Rückgriff auf ein Stück der Antike, das seinerseits schon ein Urmuster menschlichen Verhaltens in Frage stellt („Macht triumphiert über Recht, vorläufig, um später furchtbar zu scheitern"[291]), gewinnt Jens noch eine zusätzliche didaktische Komponente. Selbstkritisches Erkennen soll sich beim heutigen Zuschauer noch dadurch verstärken, daß klar wird: Schon Euripides wußte, daß, wer als erster siegt, als zweiter sterben kann. Diese Einsicht ist uralt. Aber zweitausendfünfhundert Jahre nach Euripides haben wir „aufgeklärte Europäer" diese Lektion offensichtlich immer noch vor uns.

Vorteil 3: Durch Rückgriff auf ein Stück der Antike kann der Autor eine Gegenwartsproblematik auf die Bühne bringen, ohne sie eigens darstellen zu müssen. Er entgeht so der Gefahr eines aktualistischen Moral-Stücks. Die Tragödie des Euripides schafft genügend Distanz zur Gegenwart, ohne zur Flucht zu verführen. Sie setzt im Zuschauer analoge Imagination frei, ohne zu ästhetischen Alibis zu ermuntern. Schon *Franz Werfel* hatte es einmal so gehalten, als er 1915 – bezeichnenderweise ein Jahr nach Ausbruch des Ersten Weltkriegs – seine Bearbeitung der „Troerinnen" in Wien auf die Bühne gebracht, schon *Jean-Paul Sartre* war so vorgegangen, als er 1961 – angesichts des Kolonialkriegs Frankreichs in Algerien – Euripides in Paris neu vorgelegt hatte. Jens nutzt dasselbe Stück nun für seine Zwecke. Die Uraufführung findet am 6. Januar 1983 in den Kammerspielen Hamburgs statt, deren von Jens hochverehrte Prinzipalin Ida Ehre es sich trotz ihrer 82 Jahre nicht nehmen läßt, das zu tun, was sie 1947 bereits einmal im Fall einer Inszenierung von Werfels „Troerinnen" getan hatte: die Rolle der Troja-Königin Hekabe zu übernehmen.[292]

Die neue Gefahr

1983 hatte sich die politische Situation in Deutschland noch einmal drastisch verändert. War 1974, zur Zeit des Fernsehspiels „Der tödliche Schlag", die Gefahr atomarer Vernichtung für die Selbstwahrnehmung vieler Bürgerinnen und Bürger in Deutschland mehr oder weniger abstrakt-theoretisch (nicht zufällig reagiert Jens mit einem argumentativen Modell-Stück, um das Problem überhaupt lebendig zu halten), so ist *jetzt* – nach dem im Dezember 1979 erfolgten sogenannten NATO-Doppelbeschluß – auch die breitere Öffentlichkeit sensibilisiert – erstmals wieder in dieser Form seit den Berlin- und Kuba-Krisen von 1961/62. Denn dieser NATO-Doppelbeschluß zielt in einem ersten Teil darauf ab, wegen eines angeblichen strategischen Übergewichts der Sowjetunion von Ende 1983 an in Deutschland schon bestehende nukleare Waffensysteme zu modernisieren, und zwar durch 108 neue Pershing II-Mittelstreckenraketen und 464 bodengestützte Marschflugkörper. Gleichzeitig (zweiter Teil des Beschlusses) sollen der UdSSR Verhandlungen angeboten werden mit dem Ziel, die amerikanischen und sowjetischen landgestützten Mittelstreckenraketen durch einen Abrüstungsvertrag zu begrenzen.[293]

Die breite öffentliche Debatte darüber (Krefelder Appell, Bielefelder Appell, Aufruf für eine atomwaffenfreie Zone in Europa, Großdemonstration 1981 auf dem Hamburger Kirchentag und in Bonn) macht vielen in Deutschland ein Doppeltes überhaupt erst bewußt. *Erstens:* Nukleare Waffensysteme lagern bereits in erschreckend großer Zahl auf deutschem Boden. *Zweitens:* Solche Waffen zu modernisieren, erhöht bei einem nicht auszuschließenden Krieg die Vernichtungsgefahr für Deutschland selber. Denn Nuklearwaffen würden ja eine atomare Reaktion des Gegners förmlich auf sich ziehen oder, falls eingesetzt zur Abwehr eines Gegners auf deutschem Boden, deutsches Territorium treffen, also genau das Gegenteil von dem bewirken, wofür sie „eigentlich“ gedacht sind. So geht zum Beispiel vielen auch in der Universitätsstadt Tübingen erst jetzt auf, daß auf der Schwäbischen Alb bei Großengstingen – nur gut 40 km Luftlinie entfernt – in einem Depot Lance-Kurzstreckenraketen der Bundeswehr mit amerikanischen Atomsprengköpfen lagern, atomare Waffen also, die wegen ihrer geringen Reichweite kaum anderes treffen könnten als deutschen Boden. Konsequenz: Eine nukleare Katastrophe wird in Deutschland nicht nur theoretisch denkbar, sondern leibhaftig vorstellbar. Solche Waffen – davon ist man in der Friedensbewegung überzeugt – gehören nicht modernisiert, sie gehören abgeschafft, zumal die im November 1981 in Genf begonnenen Abrüstungsverhandlungen zwischen den USA und der Sowjetunion ein Scheitern erwarten lassen.

Der Widerstand der Friedensbewegung

Kein Zufall deshalb, daß der organisierte Widerstand von Angehörigen der Friedensbewegung 1981 mit der Ankettung von dreizehn jungen Leuten an das Tor der betreffenden Kaserne bei Großengstingen beginnt.[294] Die Angeketteten werden nach 24 Stunden von der Polizei losgeschnitten und wegen „Nötigung" angeklagt. Gegen elf von ihnen wird Anfang 1982 vor dem Jugendschöffengericht des Amtsgerichts Reutlingen verhandelt. Der Prozeß endet mit Freispruch. Doch das war nur die Initialzündung für weitere Initiativen. Ein zweiwöchiges Friedenscamp bei Großengstingen wird geplant, dessen Teilnehmer jetzt aus der ganzen Bundesrepublik kommen. Ein Tübinger „Arbeitskreis Großengstingen" ist bei Organisation und Aktion mit dabei. Geplant ist, sieben Tage lang rund um die Uhr mit je drei Bezugsgruppen die Zufahrt zum dortigen Atomwaffendepot zu „blockieren". Dies aber bedarf des Trainings. Gewaltfreier Widerstand erfordert sorgfältige Vorbereitung und Einübung.

Nachdem sich eine beträchtliche Zahl von Aktivisten einem solchen Training unterzogen hatte, wird das Friedenscamp im Sommer 1982 mit über 700 Teilnehmern ein Erfolg. Die „blockierte" Zufahrt wird zwei- bis dreimal täglich von der Polizei geräumt. Rund 360 Demonstranten werden vorübergehend festgenommen. Da aber im September 1982 der Freispruch gegen die Demonstranten von 1981 vom Tübinger Landgericht aufgehoben wird, finden ab März 1983 Gerichtsverhandlungen gegen die bei der Sommeraktion '82 Festgenommennen statt, allerdings nicht mehr in Reutlingen vor dem Schöffengericht, sondern in Münsingen vor dem Amtsrichter. Weitere Aktionen werden geplant, darunter eine „Prominentenblockade", die Anfang September 1983 vor dem Pershing-Depot in Mutlangen unter Teilnahme von bundesweit bekannten Schriftstellern und Theologen stattfindet.

Zu diesem Zeitpunkt ist auch Walter Jens (zusammen mit seiner Frau Inge und Tübinger Freunden) über die Tübinger Regionalgruppe der Gustav-Heinemann-Initiative auf die Aktionen der Friedensgruppen aufmerksam geworden. Teile dieser Tübinger Gruppe beteiligen sich am gewaltfreien Training, woraus sich dann eine eigene „Bezugsgruppe" im Blick auf künftigen gewaltfreien Widerstand herausbildet. Diese Gruppe gibt sich später den Namen „Gustav-Heinemann-Friedensgruppe Tübingen". Schon 1981 hatte Jens mir in unserem bereits einmal erwähnten literarisch-theologischen Gespräch (veröffentlicht in der Weihnachtsausgabe von PUBLIK-FORUM vom selben Jahr) angedeutet, wie sehr er emotional und politisch bereits in die Friedensbewegung involviert ist:

> „Ich glaube, daß es notwendig ist, sich unter Umständen – Alt und Jung, und ich wäre dabei – von den Atomrampen wegtragen zu lassen. Ja, es könnte notwendig sein für einen Christen, sehr bald, freundlich, friedlich, unbewaffnet ohnehin, vertrauensvoll, der Solidarität verpflichtet, gegen die Tötungsanlagen in einer Weise zu demonstrieren, daß es zu einem Konflikt mit der Staatsmacht kommen kann. Man kann nur darauf vertrauen, daß es am Ende einigen Politikern, auch kirchlichen Amtsträgern, im In- und Ausland doch die Augen öffnet, wenn sie junge und alte Leute, die alten Leute aller Parteien, weinen sehen. Mehr habe ich dazu nicht zu sagen.“[295]

So sehen, wenn Krieg ist, Sieger aus

6. Januar 1983 – Kammerspiele Hamburg: Die Zuschauer werden auf der Bühne mit Geschehnissen konfrontiert, deren Schrecken – obwohl nie direkt gezeigt – selbst noch durch die Berichte der Protagonisten spürbar wird. Durch Raffung, Streichung, Umstellung und Reduktion (vor allem der zahlreichen mythologischen Anspielungen) des Euripides-Textes hat Jens überdies eine Fassung vorgelegt, die den Zuschauer mitzureißen vermag, vor allem auch dadurch, daß er den starren Vers des antiken Originals durch eine „klare, rhythmische, musikalische, bildkräftige und poetische Sprache“ ersetzt.[296] Wer diese Bearbeitung hört oder liest, verspürt kaum noch Hör- oder Lesewiderstand.

Wenn das Stück beginnt, haben die Troerinnen keinesweg alles an Furchtbarem schon hinter sich. Die überlebenden Frauen müssen *erstens* erfahren, daß sie wie Vieh unter die Sieger „verlost“ werden: Kassandra zu Agamemnon, Hekabe zum verhaßten Odysseus, Andromache, die Witwe Hektors und Mutter des kleinen Astyanax, ausgerechnet ins Haus des Pyrrhos, des Sohnes von Achill, der ihren Mann ermordete. Obendrein hatte Andromache noch mitansehen müssen, daß Pyrrhos ihre gefangene Schwester Polyxena als „Versöhnungsopfer“ für seinen Vater abgeschlachtet hatte. Andromache also – künftig die Hure des Schwestermörders, der zugleich der Sohn ihres Gattenmörders ist?

Die Troja-Frauen müssen *zweitens* miterleben, daß Andromache auch noch ihr Söhnchen Astyanax hergeben muß. Soeben noch von ihrer Mutter Hekabe angefleht, um des Überlebens des Kindes willen nicht den ersehnten Tod zu suchen („Es könnte leben, / könnte heimkehrn / ... Ein neues Troja“[297]), wird ihr auf Betreiben des eiskalt kalkulierenden Odysseus dieses Kind entrissen. Es soll beseitigt werden, damit eben niemand in Zukunft wieder den Aufbau Trojas betreiben und eine „neue Gefahr“ für die griechischen Fürsten heraufführen kann.

Die Troja-Frauen müssen *drittens* mitansehen, wie läppisch und nichtig sich die Auslöser des ganzen Menschenschlachtens noch nach der Katastrophe präsentieren: Menelaos und Helena, deren Entführung durch den Trojaner-Prinzen Paris ja den ganzen Feldzug gegen Troja überhaupt erst in Gang gebracht hatte. Jetzt treten beide noch einmal auf. Er präsentiert sich als gekränkter Schwadroneur, der allen Ernstes unter Hinweis auf die zerstörte Stadt seine „Ehre“ wiederhergestellt sieht, als jämmerlicher Schwächling, der den starken Mann herauszukehren versucht, indem er sich in kindischer Manier für die gefangene Helena Todeszeitpunkte und Todesarten ausmalt, nur um dann am Ende prompt noch einmal von der Frau „umgedreht“ zu werden. Sie präsentiert sich als eine selbstverliebte Schönheit, die keine Skrupel hat, sich – was Ehebruch und Affäre mit Paris betrifft – als bloßes Werkzeug der Göttin Aphrodite auszugeben. Dadurch fühlt sie sich subjektiv entlastet und zugleich als „göttlicher“ Grund, den Athenern zu einem grandiosen Sieg verholfen zu haben: „Ohne mich / ... wärt ihr nie geworden, was ihr seid: / die Herren der Welt“.[298]

Diesen Herren-der-Welt-Wahn zerstört das Stück schon in seiner antiken Fassung gnadenlos. Jens braucht hier nur zuzuspitzen, denn er findet auch bei Euripides dieselbe Pointe: Nach einem Krieg diesen Ausmaßes gibt es keine „Sieger“ mehr. Poseidon, dem Gott der Meere, über das die Griechen nun einmal nach Hause fahren müssen, wird denn auch diese Pointe in den Mund gelegt. Schon bei *Euripides* hatte es geheißen:

„Töricht der Sterbliche, der Städte schleift,
Tempel und Gräber, heilige Ruhestätten der Toten,
Verheert und selber später zugrunde geht.“[299]

Bei Jens wird daraus:

„So sehn, wenn Krieg ist, Sieger aus!

Ihr Narren! Menschen, die ihr glaubt,
man könnte Städte niederbrennen
und aus Gräbern Wüsten machen,
ohne selbst zugrund zu gehn.

Leb wohl, Stadt: du bist tot,
und doch beneidenswert für jene,
die am Leben sind.“[300]

Gerade von einem solchen Ende her soll jedem Zuschauer noch einmal die ganze Absurdität von Kriegen bewußt werden. Die maßlose Zahl der Opfer – erbracht, weil ein jämmerlicher Schwächling und eine eitle Schönheitspuppe ihre Triebe nicht unter Kontrolle bekamen? Der ganze über zehn Jahre dauernde Krieg – ausgekämpft wegen einer Bett-Geschichte? So ist es, und Menelaos plaudert in der genannten Szene noch in Form eines Dementis diese entsetzliche Wahrheit aus:

„‚Nicht daß ich wegen einer Frau
den Krieg begonnen hätte:
albernes Geschwätz ist das,
was man in Troja redet –
auch in Griechenland,
wie ich wohl weiß.
‚Um eines Hahnreis willen
ist mein Mann gefallen.
Hätte Paris ihm nicht Hörner aufgesetzt,
ihr Kinder,
euer Vater lebte noch.‘“[301]

Dieser Fingerzeig stand auch schon bei Euripides.[302] Auch hier brauchte Jens nur noch zuzuspitzen, weil es auch ihm auf die Aussage ankommt: Kriege werden – bei Licht besehen – wegen Nichtigkeiten geführt. Die Zahl der Opfer steht in keinem Verhältnis zum trivialen Anlaß.

Wer trauert, hat nicht immer recht

Eine zweite Pointe der Bearbeitung muß genauso ernstgenommen werden, denn im „Untergang“ wird auch der eiserne Heroismus der Troerinnen (Andromache und Hekabe gehen – anders als bei Euripides – lieber in den Tod als in das Bett der Sieger) kritisch hinterfragt. Bei dieser für die dramatische Strategie entscheidenden Frage hat Jens am stärksten seine eigenen politischen Akzente gesetzt. Nach all dem vorher Gehörten drängt sich ja die Frage auch förmlich auf: Aus welchem wirklich wichtigen Anlaß wurde die (äußerlich bewundernswerte) Todesverachtung dieser Troerinnen nötig? *Wofür* – im Ernst – mußten diese Frauen sterben? Spätestens die Helena-Menelaos-Szene hatte ja jedem Zuschauer klargemacht, wie läppisch der Anlaß dieses Krieges gewesen ist. Dieselbe Szene läßt aber auch umgekehrt die Klagen, Schreie und Tränen der Troja-Frauen noch einmal in anderem Licht erscheinen.

Das ist auch nötig, sonst könnte man sich als Zuschauer/Leser einer emotionalen Identifikation mit den Troja-Frauen kaum entziehen. Man gäbe fast instinktmäßig ihren Tränen recht. Erst die Menelaos-Helena-Szene schafft Distanz, macht Hintergründe sichtbar und läßt die Troja-Frauen ihrerseits in ihrem Verhalten *vor* dem Untergang fragwürdig erscheinen. Wofür haben *sie* gekämpft? Haben sie das Machtspiel der Männer nicht allesamt mitgemacht? War Paris nicht Hekabes Sohn, in seinem Verhalten von ihr gedeckt? Kein Wort der Kritik an ihm. Alle Schuld bei Helena! Hätten die Troerinnen ihrerseits über die Griechen nicht in derselben Weise triumphiert, wenn ihre Stadt gesiegt hätte? Hätten sie ihre Opfer auch dann beweint, von denen der Griechen gar nicht zu reden? Haben also diese Troja-Frauen ihrerseits genug getan, um den Krieg (etwa durch vorbildhafte Erziehung) zu verhindern? Nein, wer klagt – so macht die Bearbeitung klar –, hat keineswegs automatisch recht, zumal wenn die Hintergründe der ganzen Geschichte fragwürdig werden.

Deshalb gehört es zu den konzeptionellen Stärken des bearbeiteten Stückes, daß wir Zuschauer/Leser emotional nicht nur auf die Perspektiven der Klage-Frauen fixiert werden. *Werk- und motivgeschichtlich* liegt hier der eigentliche Erkenntnisgewinn zum Thema Krieg und Frieden im Vergleich zum „Testament des Odysseus“ und zum „Tödlichen Schlag“. Stand im „Testament“ die Reue eines altgewordenen Kriegers über die Zahl der Opfer im Zentrum, ging es im Stück von 1974 um die prekäre Durchsetzung einer richtigen Erkenntnis im Machtspiel der Mächtigen, so kommt im „Untergang“ neu die Frage nach dem „richtigen“ Umgang mit den Opfern in den Blick, die kritische Auseinandersetzung mit den Trauernden. Sie verdienen keineswegs von vornherein Solidarität. Auch sie verdienen kritisches Hinterfragen, Aufdecken von Hintergründen, Vorgeschichten, Vorprägungen und Vorverhalten. Es ist Hekabe selber, der die entscheidende Kritik an den Göttern und am eigenen Verhalten in den Mund gelegt wird:

„Jetzt weiß ich es:
Die Götter – wenn's sie gibt –
die wollen uns vernichten
und hassen uns – wie keine zweite Stadt.
Und wir! Wir brachten ihnen Opfer dar
und waren fromm.
...
Danke, Götter! Dank für euren Haß!
Denn Trojas Ende – euer Werk! –
beweist:
So geht es einer Stadt,
die Frieden schaffen sollte
– selbst, aus eigner Kraft! –
und für den Sieg gebetet hat,
Als ob es Siege gäbe,
wenn die Menschen sterben. "[303]

Ein klassisches Drama der griechischen Antike als Referenztext einer aktuellen politischen Debatte um Krieg und Frieden im Deutschland der achtziger Jahre. Damit war ein weiterer – *vierter* und letzter – *Vorteil* für den Autor verbunden. Denn durch Rückgriff auf einen Stoff der *vorchristlichen* Antike kann Jens als Christ ein Sachanliegen in die Öffentlichkeit bringen, ohne direkt christlich argumentieren zu müssen. Der Basis-Text entstammt der Tradition des griechischen Humanismus. Für Christen wie Humanisten ist er konsensfähig. Er erleichtert die friedensethische Kooperation von Glaubenden und Nichtglaubenden. Er bildet einen gemeinsamen Referenzpunkt, auf den sich alle in der Friedensbewegung von ihrem jeweiligen „weltanschaulichen" Standpunkt aus beziehen können. Belegt wird dies durch die Tatsache, daß man sich in der Tübinger Friedensgruppe während der „Blockade" der Zufahrtsstraße zum Raketendepot in Mutlangen am 14. Juni 1984 (drei US-Militärlastwagen werden für wenige Minuten an der Durchfahrt gehindert) die teilweise in strömendem Regen zu verbringende Zeit unter anderem mit dem Vorlesen und Diskutieren von Heinrich Bölls „Brief an einen jungen Katholiken" und Walter Jens' „Parabel von Hattington" und „Der Untergang" vertreibt.[304]

5. Weltende – Weltfrieden: Christliche Basistexte

Andere Traditionen aber können genauso gut einbezogen werden. Nichtchristliches und Christliches können nebeneinander stehen, sich ergänzen, verstärken. Poetische Verifikations-Modelle, Widerstands- und Warntexte, die argumentativ für Bedrohungs- und Verblendungszusammenhänge sensibilisieren und politische Widerstandspraxis motivieren, sind aus allen Traditionen willkommen. Übersieht man die christlichen Referenztexte von Jens in dieser Zeit, so ragen zwei heraus (und auf die wollen wir uns konzentrieren): die Geburtsgeschichte Jesu aus dem Evangelium des Lukas und die Offenbarung des Johannes.

Bethlehem: die Verheißung vom Weltfrieden

1981 – auf dem Höhepunkt der Debatte um den NATO-Doppelbeschluß – gibt Jens einem Band heraus unter dem Titel *„Frieden. Die Weihnachtsgeschichte in unserer Zeit"*. Schon die Versammlung so heterogener Autorinnen und Autoren aus Literatur, Pädagogik, Philosophie, Theologie und Kirche ist bemerkenswert. Jens verfügt über Fähigkeit und Glaubwürdigkeit, solch überraschende Koalitionen zusammenzubringen. Da stehen Günter Kunert und Martin Gregor-Dellin Seite an Seite neben Heinrich Albertz und Dorothee Sölle. Da schreiben Hartmut von Hentig und Iring Fetscher neben Kurt Scharf und Reiner Bohley. Jens selber steuert zwei Texte bei. Zunächst eine Neuübersetzung von Lukas 2,1-14:

> „In jenen Tagen befahl Kaiser Augustus
> allen Einwohnern des Reichs,
> sich in Steuerlisten eintragen zu lassen.
> Es war die erste Volkszählung;
> sie wurde durchgeführt,
> als Quirinius Statthalter in Syrien war –
> und alle brachen auf,
> um sich eintragen zu lassen:
> jeder ging in seine Heimatstadt.
> Auch Joseph zog von Galiläa,
> aus der Stadt Davids, die Betlehem heißt;
> denn er stammte aus Davids Haus

und wollte sich eintragen lassen:
zusammen mit Maria,
die seine Braut war
und ein Kind erwartete.
Als sie in Betlehem waren,
kam für sie die Zeit der Niederkunft,
und sie gebar ihren ersten Sohn,
wickelte ihn in Windeln
und legte ihn in eine Krippe im Stall.
Denn im Haus war keine Bleibe für sie.
In ihrer Nähe aber waren in dieser Nacht
Hirten auf dem Feld
und hielten Wache bei ihren Herden:
Da stand auf einmal
ein Engel des Herrn neben ihnen,
und die Hirten ängstigten sich sehr.
Aber der Engel sagte zu ihnen:
‚Habt keine Furcht!
Seht, ich verkündige euch,
daß eine große Freude
bald das ganze Volk ergreifen wird;
denn heute wurde euch
in der Stadt Davids
der Retter geboren:
euer Herr, der Messias.
Und dies ist das Zeichen für euch:
Ihr werdet ein Kind finden,
das in Windeln gewickelt
in einer Krippe liegt.‘
Plötzlich standen neben dem Engel
die Scharen des himmlischen Heers;
sie priesen Gott und riefen:
‚In den Himmeln: Gottes Macht!
Licht! Und Herrlichkeit!
Auf der Erde: Gottes Frieden!
Frieden allen, die er liebt!‘“

Kann dieser christliche Referenz-Text mit den antiken konkurrieren? Ist die Behandlung des Themas Krieg und Frieden im Kontext des Christlichen nicht allzu schlicht? Nach dem einfachen Muster erzählt: Frieden ist besser als Krieg? Was hat die Besinnung auf den christlichen Grundtext beizutragen zur Erhellung des Komplexes Krieg und Frieden?

Eine genaue Auslegung des Lukas-Textes fördert eine bemerkenswerte literarische Strategie zutage, die allen Simplizitäts-Verdacht zu vertreiben vermag. Bewegung und Gegenbewegung ergeben dramatische Spannungen. Jens arbeitet sie präzise heraus, geleitet von der Einsicht, daß die Evangelisten durchaus „als Schriftsteller" tätig waren und ernstgenommen zu werden verdienen (vgl. unser Kapitel II). Einerseits die Bewegung „am Boden". Zunächst die Dimension des Irdischen, Politischen, Lokalen: Steuerlisten, Volkszählung, Niederkunft, Windeln, Krippe, Herde. Alles nüchtern, bescheiden erzählt. Dann die politischen Verhältnisse: Bethlehem und Rom. Ein neugeborenes Kind in einem abseitigen Nest und der große ferne Kaiser Augustus mitsamt seinem Statthalter. Das alles ist eher Aktenaufzeichnung und Chronik als fromme Legende. Nüchtern der Duktus, sachlich und konkret.

Doch andererseits dann – die Gegenbewegung: Himmel und Licht, Wunder, große Worte und entzückte Rede: Gott, Retter, Messias, Freude und Herrlichkeit. Alles mit der Absicht aufgeboten, eine neue Welt der anderen entgegenzustellen: das Reich Gottes gegen das Imperium Romanum; die neue göttliche Friedensordnung anstelle einer Weltruhe, die durch die Schwerter der römischen Legionen hergestellt wurde. Angewandt auf die heutige Situation bedeutet dies vor allem Selbstkritik an der politischen Gleichgültigkeit von Christen im Zeitalter des Rüstungswahns:

> „Frieden als Inbegriff eines gottgesegneten Daseins; Frieden als höchstes, der Herrlichkeit unter den Himmeln entsprechendes Erden-Gut; Frieden als Schlüsselwort eines Berichts, der deutlich macht, daß es nichts Wichtigeres gibt, als Frieden zu stiften. *Beati pacifici*, wohl denen, die Frieden stiften: Die Seligpreisung der Bergpredigt führt, mit dem Blick auf den Menschen, aus, was, von Gott aus betrachtet, in der lukanischen Erzählung vom neuen Zeitalter, das im Zeichen des Kindes beginnt, andeutend vorweggesagt wird ... (Wir aber sind dabei), den Friedens-Appell Gottes in den Wind zu schlagen – und die Frage (ist zu stellen), warum wir, dem Elend in der Dritten Welt befördernden Rüstungstaumel verfallen, uns immer noch Christen zu nennen wagen und nicht bemerken, daß sich mit jedem Kind, das in der Sahel-Zone, in Indien oder

Lateinamerika vor Hunger stirbt, ein Stück des Evangeliums, so wie es Lukas aufgezeichnet hat, zurückgenommen sieht."[305]

Die rhetorische Strategie dieses mit exegetischer Genauigkeit und analoger Imagination arbeitenden Textes läuft somit auf die politische Veränderungen stimulierende Pointe hinaus: Wer als Christ globalpolitische Zusammenhänge verdrängt (Abhängigkeit der Dritten Welt von der Ersten und Zweiten), dementiert die Friedensbotschaft von Bethlehem, trägt dazu bei, daß sie *zurückgenommen* wird.

Neuer Himmel, neue Erde: die Johannes-Apokalypse

Noch bevor Jens das Evangelium des Lukas als Ganzes übersetzt, läßt er noch in den 80er Jahren eine Übersetzung der neutestamentlichen Apokalypse folgen: „*Das A und das O. Die Offenbarung des Johannes*" (1987). Fünfzehn Jahre sind seit der Matthäus-Übersetzung vergangen. Daß er die Johannes-Offenbarung „vorzieht", ohne vorher die drei anderen Evangelien übersetzt zu haben, wird nach unserer werk- und motivgeschichtlichen Kontextualisierung leicht nachvollziehbar. Erst 1990 wird das Markus-, erst 1991 das Lukas-, schließlich 1993 das Johannes-Evangelium in Übersetzung erscheinen. Gewiß: Zwischen dem Drama des Euripides und der „Offenbarung" des Apostels Johannes von einer Wiederkunft Christi zum Gericht am Ende der Zeiten liegen Welten, inhaltlich, politisch und sprachlich. Aber der Grundcharakter der Apokalypse macht begreiflich, warum Jens zu dieser Zeit gerade diesen christlichen Basistext neu zur Verfügung haben wollte. Weltuntergang als Weltgericht war ein Thema der Friedens- und Widerstandsbewegung geworden. Das galt es literarisch neu zu gestalten – in letzter Stunde gewissermaßen. Wo aber anküpfen?

In der deutschen Literatur des 20. Jahrhunderts hatte es bislang nur eine „Apokalypse"-Phase gegeben, eine Zeit also, in der Schriftsteller unter Rückgriff auf apokalyptische Deutungsmuster den Verblendungen ihrer Zeit poetisch beizukommen suchten: den Frühexpressionismus vor dem Ersten Weltkrieg.[306] Noch bevor *Georg Heym* (1887-1912) zwei Jahre vor Ausbruch des Ersten Weltkrieges mit 25 Jahren in Berlin tödlich verunglückte, hatte er ein Apokalypse-Gedicht hinterlassen, das mit großem Pathos und visionärem Duktus den Untergang als ein kosmisches Ereignis beschrieben hatte:

„Die Menschen stehen vorwärts in den Straßen

Und sehen auf die großen Himmelszeichen,
Wo die Kometen mit den Feuernasen
Um die gezackten Türme drohend schleichen.“

So geht es zehn Strophen weiter. Unter der kosmischen Todesbedrohung beginnt die Welt sich in ihr Gegenteil zu verkehren – das ist die Pointe des Heymschen Poems. Wenn die großen Zeichen am Himmel erscheinen, dann wuchern Krankheiten und Mißwuchs, dann treten Selbstmörder auf, dann hören die Meere auf zu tanzen, und die Bäume weigern sich, dem natürlichen Rhythmus zu folgen. Unübersehbar sind in diesen Text Motive aus der Apokalypse des Johannes eingewandert, vor allem aus den Szenen mit den sieben Posaunenstößen der sieben Engel in den Kapiteln 8 und 9: das tote Meer (3. Posaune), die herabfallenden Sterne (4. Posaune), die gequälten Menschen (5. Posaune) sowie aus den Plagen-Szenen des 15. Kapitels, in dem von den sieben Schalen des Zornes Gottes die Rede ist.

Schon für die Dichter der Heym-Generation also war in dem rätselhaft-beunruhigenden Buch von der „Geheimen Offenbarung“ des Johannes ein Bildreservoir gespeichert, das ihren eigenen Unruheerfahrungen entsprach und das sie die Bedrohung, die sie unterschwellig registrierten, in großem Stil beschreiben ließ: Wie seit der Barockzeit nicht mehr das Weltschicksal überhaupt zum Grundthema von Literatur erhebend. Das ließ sich so nicht wiederholen. Das Pathos des Frühexpressionisten ließ sich nicht einfach imitieren. Die Situation der 80er Jahre erforderte eine andere literarische Verarbeitung. 1983 versucht sie Christa Wolf unter Rückgriff bezeichnenderweise wieder auf eine Figur der Antike, die schon in Euripides' „Troerinnen“ eine wichtige Rolle gespielt hatte: „Kassandra“. Günter Grass probiert 1986 mit „Die Rättin“ die Form eines apokalyptisch-utopischen Zukunftsromans. Jens hält sich auch hier wieder an einen klassischen Text, erreicht aber wie nie zuvor durch die sprachliche Übertragung eine erregende, aufrüttelnde Verdichtung:

„Ich aber sah:
Als das Lamm das sechste Siegel zerbrach,
da erbebte mit mächtigen Stößen die Erde,
die Sonne verdunkelte sich
und wurde finster wie ein schwarzer Sack,
und der Mond fing an, ringsum zu bluten,
und die Sterne fielen vom Himmel herab auf die Erde:
wie Feigen, wenn der Herbststurm kommt

und durch die Äste fegt.
Der Himmel rollte sich,
wie wenn er ein Buch wäre, zusammen
und wurde winzig,
und die Gebirge und Inseln machten sich los:
Nichts war mehr, wohin es gehörte.
Und die Herren der Welt,
die Könige, die Großen,
die Marschälle und Würdenträger,
die Reichen und Starken,
alle, die Freien und auch die Sklaven,
suchten Zuflucht in Höhlen
und verbargen sich unter dem Felsen der Berge
und sagten zu dem Stein und dem Gebirg:
Verschüttet uns! Deckt uns zu!
Verbergt uns vor dem Angesicht dessen,
der auf dem Thron sitzt,
der EINE,
der UNNENNBARE.
Bewahrt uns vor dem Zorn des Lamms!
Denn der Tag, der Fluch-Tag ist da,
die Stunde des großen Zorns.
Wer, wehe, hielte da stand?"

Schreiben im Zeitalter der machbaren Apokalypse

Zu viel des Pathos? Aus heutiger Sicht zweifellos. Aber man lese den Jens'schen Essay „Appell in letzter Stunde", veröffentlicht 1982 in dem Band „*In letzter Stunde. Aufruf zum Frieden*" (Mitautoren sind u.a. Heinrich Albertz, Gert Bastian, Erhard Eppler und Horst Eberhard Richter), und man wird spüren, daß damals so etwas wie eine apokalyptische Stimmung weit verbreitet war. Auch Jens fühlt, daß er in seinem Beitrag rhetorisch sehr hoch gegriffen hatte. Deshalb versucht er abzuwehren und die Kritik umzudrehen:

> „Apokalyptische Poeterei, nochmal? Zu viel Pathos? Der Einwand – mag er gleich hypothetisch sein – beweist, wie sehr wir bereits in Gefahr sind, den menschenverachtenden Jargon der Militärtechnokraten für realitätsnäher als die individualisierende, will heißen

ich-bezogene Benennung einer Katastrophe zu halten, die nur, wenn sie konkret bezeichnet worden ist, gebannt werden kann. In den fünfziger Jahren, zur Zeit der großen Atomdiskussion hierzulande, hat man das noch gewußt; der Ton war leiser, die Sprache wirklichkeitsgesättigter ... Wie sehr, das beweisen exemplarisch die Debatten über das NATO-Manöver *carte blanche*, das auf der Annahme basierte, die Bundesrepublik Deutschland werde binnen drei Tagen von mehr als zweihundertundfünfzig Atombomben getroffen – Millionen von Toten!"[307]

Und trotzdem: Die Neubearbeitung der Apokalypse als eines Basistextes aus christlicher Tradition erlaubt, von drohender Weltvernichtung zu reden ohne alle modische Effekthascherei. „Apokalypse" ist keine rhetorische Übertreibung mit billigen Effekten. Die Weltvernichtung ist jederzeit möglich, weil technisch machbar. Deshalb der Verweis auf Bedrohungs- und Gerichtstexte aus christlicher Tradition. Man er-innert, wieder-holt. So kann man literarisch verweisen, ohne selber gestalten zu müssen. Christen insbesondere kann man dadurch aufrütteln, daß man Teile ihrer eigenen verschütteten Traditionen wiederaufleben läßt. Zuviel an politischer Abstinenz in den christlichen Kirchen, als daß sie diese Erinnerung nicht nötig hätten.

Schriftsteller wie Jens erfüllen hier eine prophetisch-zeichenhafte Funktion, indem sie einer politisch sich neutralisierenden christlichen Verkündigung die Vision des wiederkehrenden Christus von einem neuen Himmel und einer neuen Erde entgegenhalten. Jens erfüllt in dieser Zeit wie nie vorher und nachher eine Rolle, die er bei Friedrich Nietzsche einst diagnostiziert hatte: Pastor ohne Kanzel.[308] Er verfügt ja auch als „public intellectual" über die nötige Freiheit, eine direkte praktisch-politische Umsetzung der Einheit von Gottesliebe und Menschenliebe zu fordern. Hier kann Jens in seiner Rolle als Schriftsteller buchstäblich rücksichtslos sein. Hier kann er freier arbeiten als jeder kirchliche Amtsträger. Diese innere und äußere Freiheit von institutionellen Zwängen und gesellschaftlich konditionierten Rollenerwartungen aber macht seinen Beitrag so wichtig. Er verfügt als *Schriftsteller* über andere Mittel als ein Vertreter der Kirchen und eine andere Glaubwürdigkeit, auch in der säkularen Öffentlichkeit immer wieder das zentral Christliche zur Sprache zu bringen. So in seiner programmatischen Rede, gehalten am 3. September 1983 vor dem Prediger in Schwäbisch Gmünd anläßlich der Blockade des amerikanischen Raketen-Stützpunkts bei Mutlangen:

„Blick auf die Gegenwart, Blick über die Grenzen hinaus – ein Bedenken, wieviel besser wir's haben, hier in der Friedensbewegung, wieviel leichter als unsere Freunde in Berlin oder Jena – unsere Freunde, die Bausoldaten in der Volksarmee, denen wir unseren Respekt viel zu selten und viel zu zaghaft bekunden; unsere Freunde, die Kinder von Weimar, deren Phantasie es zu verdanken ist, daß in der Herder-Kirche Zeichnungen hängen, auf denen amerikanische *und* sowjetische Panzer mit Blumen statt mit Raketen ausgestattet sind; und, schließlich, unsere Freunde, die sich als Christen und Sozialisten verstehen, als rebellische Nachfahrn dessen, der die Friedens-Täter selig pries, und die in der Leipziger Thomas-Kirche das Bild das Gekreuzigten aufhängten: Hingerichtet wegen Anstiftung zum Frieden."[309]

6. Sex-Streik für den Frieden: Eine komödiantische Utopie

Simultaneität – Komplementarität im Werk dieses Autors. Er spürte selber: Düsternis und Schwere von „Der Untergang" und der „Offenbarung" brauchten gleichzeitig und ergänzend den Widerpart, die Gegentexte. Todesernst und Angstobsession bedürfen – bei Strafe der Übermoralisierung und Übertribunalisierung – immer auch des Widerspiels durch Lebenslust und Glückserfahrung. Warum nicht auch anders dem Thema Krieg und Frieden literarisch beikommen? Vielleicht sogar wirkungsvoller, weil nicht nur die Gewissen, sondern auch die Herzen der Menschen angesprochen werden müssen, nicht nur ihr Angsttrieb, sondern auch ihr Spieltrieb, nicht nur ihre Verantwortung, sondern auch ihre Phantasie, nicht nur ihre Wut, sondern auch ihr Witz. 1986 legt Jens die Übertragung der „Lysistrate" des griechischen Dramatikers Aristophanes (ca. 445 – ca. 385 v. Chr.) unter dem Titel *„Die Friedensfrau"* vor.[310] Der Titel ist Johann Gottfried Herders „Briefen zur Beförderung der Humanität" entnommen, wo es im 119. Brief heißt: „Meine große Friedensfrau hat nur einen Namen, sie heißt allgemein Billigkeit, Menschlichkeit, tätige Vernunft."

Frauen wissen, was Krieg bedeutet

Jens ist gut beraten, noch einmal (und bisher zum letzten Mal) einem Stück der Antike zuzutrauen, daß es die Gegenwart mitbedeutet, ohne Übertragungen moralistisch zu erzwingen oder pädagogisch aufzudrängen. Besser beraten jedenfalls als *Rolf Hochhuth*, der 1973 eine aktualistische Transposition des Lysistrate-Stoffs ins Griechenland unmittelbar vor dem Militärputsch der Generäle 1967 versucht hatte: *„Lysistrate und die NATO"*. Ein Stück um eine griechische Studiendirektorin und Parlamentsabgeordnete, die die Einrichtung einer NATO-Militärbasis auf ihrer Insel mit allen Mitteln zu sabotieren versucht, einschließlich der Nutzung spezifisch weiblicher Instrumente („Ehestreik"), was der Lysistrate-Stoff nun einmal ermöglicht und verlangt. Doch Hochhuth überfrachtet sein Stück mit allen möglichen Themen (von der Gastarbeiterfrage bis zur Rüstungslobby) und Theorien (Matriarchat-Thesen à la Bachhofen!) und kommt über ein – im Kontext des Vietnamkrieges antiamerikanisch zugespitztes – profeministisches und antikapitalistisches Politpropagandastück nicht hinaus, gipfelnd in dem freiwillig-unfreiwillig peinlichen Satz, der als Überschrift dem 4. Akt beigegeben ist: „The pen(is) is Mightier than the Sword".[311]

Kein Wunder, daß das Haltbarkeitsdatum dieses Stückes rasch abgelaufen war. Sein Verfasser hätte einen Satz aus „Herr Meister" beherzigen sollen: „Brecht ... war vortrefflich beraten, als er die Namen Hahn, Oppenheimer und Fermi (ich nenne nur sie) durch die Chiffre Galilei ersetzte und die Vokabel Hitler mit dem Zeichen Ui vertauschte (ist es ein Zufall, daß gerade Brecht umso realistischer schrieb, je entschlossener er, Distanz erstrebend, geschichtliche Analogien entwarf: China und Rußland, Lukullus und Tilly, Finnland und Florenz?)."[312] Da vertraut Jens lieber noch einmal auf ein 2500 Jahre altes Stück und damit auf die Leichtigkeit, Hellsichtigkeit und Fröhlichkeit einer antiken Komödie, die freilich ihrerseits durchaus einen ernsten Entstehungshintergrund besitzt. Aristophanes schreibt wie Euripides angesichts des Peloponnesischen Kriegs, der – wie wir hörten – ganze 27 Jahre dauerte (431-404). Aber während Euripides im Jahre 415 v. Chr. mit seinen „Troerinnen" vor dem militärischen Größenwahn der Athener nur warnen kann, der dann im Jahre 413 mit der gescheiterten Expedition nach Syrakus/Sizilien tatsächlich in die Katastrophe führt, kann Aristophanes mit seiner im Jahre 411 in Athen uraufgeführten Komödie auf diese Niederlage schon reagieren und die noch stärker angeheizte Anti-Kriegs-Stimmung für sich nutzen. Das Jahr 411 ist immerhin das zwanzigste Jahr des gesamten Kriegs!

„Der Untergang" – „Die Friedensfrau". Schärfer könnten die

Gegensätze beider Stücke im Verhältnis der Geschlechter zueinander kaum sein (und darauf wollen wir uns bei der Analyse konzentrieren). Im „Untergang“ sind die Frauen allesamt Kriegs-Witwen, da ihre Männer im Zuge der Kampfhandlungen abgeschlachtet worden waren. Ihr Verhältnis zu den potentiellen neuen Männern, den „Siegern“, ist von Abscheu und Grauen bestimmt, wird doch die männliche Sexualität von den Troerinnen ausschließlich als Mittel von Gewalt, Demütigung und Erniedrigung imaginiert. Die als Sklavinnen vorgesehenen Frauen befürchten nicht zu unrecht, vor allem sexuell mißbraucht, d.h. von ihren neuen Herren als Huren benutzt zu werden: „Und nackt, nachts, für den Herrn: / ‚Ins Bett mir dir, / ich bin ein Grieche‘“.[313] Selbst bei der einzig unzerstörten Frau in diesem Stück, bei Helena, bildet sich noch einmal dieselbe sexuelle Dominanz-Struktur ab, beherrscht doch diese Frau ihren Ehemann nach Belieben. Er ist durch den Einsatz ihres Körpers ihr willfähriges Instrument. Wenn es also um das Verhältnis der Geschlechter im „Untergang“ geht, dann geht es um Dominanz durch und Ausbeutung von Sexualität.

Da ist die *„Friedensfrau“* von ganz anderem Zuschnitt, leicht geschürzt im wahrsten Sinne des Wortes. Sexualität im Verhältnis von Mann und Frau steht hier sogar noch stärker Zentrum, aber auf eine komisch gebrochene, lustvolle, witzige, bisweilen frivole, aber immer spielerisch-geistreiche Weise. Sexualität ist auch hier von Anfang bis Ende ein Mittel zum Zweck, ein Instrument in einem Plan. Aber nie auf eine brutale, angstmachende, frauenfeindliche Weise. Im Gegenteil: Die Athenerinnen und Spartanerinnen, die hier auf der Bühne stehen und von der Athenerin Lysistrate durch alle Skepsis und allen Widerstand hindurch dazu gebracht werden, sich um des überfälligen Friedensschlusses willen ihren Männern sexuell zu verweigern, sind weder männerverachtende noch durch Männer erniedrigte Frauen. Es sind Frauen mit Freude an der Sexualität, mit erotischen Sehnsüchten aufgrund guter Erfahrungen. Nur ungern wollen sie auf die „Liebe. Auf den Mann. Die Lust. Das Bett“[314] verzichten, was im Fall der Spartanerin Lampito sogar in aller frivolen Direktheit auch ausgesprochen wird.[315] Nein, „leicht ist das wirklich nicht“[316], der Sex-Verzicht für diese Frauen.

Aber sie setzen ihren Körper eben nicht aus dem Drang ein, ihre Männer zu beherrschen (wie Helena), nur um sie anschließend umso leichter als Unterlegene zu verachten, sondern um ihre Männer zu Verstand zu bringen – und zwar aus einer doppelt gepolten Motivation: aus dem Leiden am Krieg und aus der Sehnsucht nach Gemeinschaft mit ihren Männern, erotisch also und familiär. In beiden Fällen gibt das Stück den Frauen allein Sensibilität und Initiative. Darin liegt seine männerkritische Provokation bis heute. Denn allein die Frauen lassen hier eine Ahnung erkennen, was Krieg wirklich bedeutet. Immer wieder kommen dessen düstere Seiten zur Sprache, ohne wie im „Untergang" alles zu beherrschen. Aber bei Aristophanes sind sie nicht weniger präsent als bei Euripides, was dieser Komödie eine größere Tiefe verleiht, als die Fabel herzugeben scheint. Konkret bedeuten zwanzig Jahre Krieg: über siebentausend Tage Angst, Trauer um die Toten, um „alte Leute, den vermißten Mann, / Der in Gefangenschaft gestorben ist: / Verhungert, ausgepeitscht, in Steinbrüchen verreckt. / Um halbe Kinder, deren Namen schon vergessen sind."[317] Krieg bedeutet, zusehen zu müssen, wie die eigenen Söhne sterben, und gleichzeitig nicht wissen, wozu das alles nötig ist. Krieg bedeutet, „geduldig" sein „im Zeichen der Not". Seufzen? Nicht erlaubt. Weinen? Verboten im Krieg. Es stört den männlichen Heroismus. Krieg bedeutet: schweigen und zu Hause bleiben, im Bett liegen und wissen, der Tod schaut zu. In die Lust mischt sich die Angst: „‚Weh! Was wird morgen sein? / Gibt es ein nächstes Mal?'"[318]

Die Wirkungen des Krieges also bekommen in diesem Stück allein die Frauen zu spüren. Und gleichzeitig müssen die, die das alles zu ertragen haben, was Männer anrichten, erleben, daß sie bei der Entscheidung über Krieg und Frieden politisch entmündigt sind:

„Die wichtigsten Dinge
Krieg,
Leben und Tod,
Wie Hurengeschichten verhandelt.
Habt ihr gesehen,
Wie wir weinten?
Die Tränen bemerkt,
Wenn ihr heimkamt,
Lachend,
Ein bißchen betrunken,
‚Sagt', fragten wir,
‚Lieber, was habt ihr beschlossen
Am Morgen, gibt's Krieg?'
‚Was geht das *dich* an?' hieß es dann,
‚Krieg, Frau, ist Sache der Männer.'"[319]

Damit aber ist jetzt Schluß. Frauen haben – folgt man Lysistrate – aufgrund ihrer Sensibilität für Leiden und ihre Geschichte der Trauer geradezu das höhere Recht, die „Sache“ der Männer in die Hand zu nehmen und selber im Interesse des Friedens zu handeln, indem sie (die Spartanerin Lampito in Athen!) von sich aus die Lager zu durchbrechen beginnen:

„Jetzt handeln *wir*
Und warten nicht länger.
Ihr habt unseren Rat nicht gewollt,
Ausgelacht habt ihr uns:
Jetzt sind *wir* an der Reihe,
Und wir werden Griechenland retten
Und uns, und (*sehr leise*) euch auch.“[320]

Die Männer vom Spieß-Gesellentum befreien

Wodurch aber werden die Männer in diesem Stück „gerettet“? Dadurch, daß Frauen wie Lysistrate aufgrund ihrer Lebenserfahrung den maskulinen Aggressionstrieb durchschaut haben, und zwar so, daß sie ihn umzupolen versuchen. „Psychoanalytische“ Erhellung männlicher Triebstrukturen findet statt. Das Spiel mit dem Wort „Spieß“ ist dafür bezeichnend, bewußt changierend zwischen seiner militärisch-konkreten und seiner sexuell-symbolischen Bedeutung. Wenn Lysistrate das Ziel ihres Planes so beschreibt, daß „nie ein Mann den Spieß auf einen anderen mehr richtet, seinen Feind“, dann spielt sie mit diesem in der männlichen Anthropologie offensichtlich konstanten Aggressionsfaktor. Schon aufgrund ihrer sexuellen Ausstattung sind Männer Spieß-Gesellen. Ihr Sexualverhalten wirkt sich bis ins Politische und Militärische aus. Ein Offizier aus der von den Athenerinnen eroberten Burg bestätigt dies aufs klarste, wenn er die momentan entstandene defensive militärische Situation sexuell so zu kompensieren versucht:

„Ich weiß jetzt, was wir tun.
(Geste)
Hier vorn: Ein Scheinangriff.
Vorspiel. Mehr nicht.
Und dann mit Brechstangen
(Zeigt nach hinten)

Die Flügel ausgewuchtet – (*Andeutung obszöner Geste:*) so!
Es wäre nützlich, denke ich,
Wenn wir Verstärkung holten.“[321]

Lysistrate also weiß genau, was sie will, wenn sie offensiv diese Metaphorik aufgreift und ihre Frauen mit diesem Eid auf die sexuelle Verweigerung verpflichtet:

„Nie soll ein Hausfreund, nie ein Ehemann
Mir nahen mit gezücktem Spieß.
Ich schmücke mich und will mein Haar mit Blumen kränzen.
Alles tun will ich, damit mein Mann
In hellen Liebesflammen steht.“[322]

Worin also besteht die Rettung des Mannes durch die Frauen in diesem Stück? Darin, daß sie von ihrem Spieß-Gesellentum erlöst werden. Die männliche Aggressivität bleibt als Konstante. Ihre agonistischen, d. h. feindproduzierend-feindbekämpfenden destruktiven Potentiale aber können in friedfertige, zwischen Völkern und Geschlechtern Versöhnung stiftende Energien umgepolt werden. Genau darin soll ja der „Schock“ der Erkenntnis für die Spieß-fixierten Männer bestehen. Durch Entzug sollen sie ihr Aggressionspotential umleiten. Im Stück muß es nur so von lustvoller Erotik knistern (vor allem bei der Verführung von Kainesias durch Myrrhine im dritten Akt), damit der Entzug umso stärker die Männer-Krieger zur Vernunft bringt. Und: Der Plan der Frauen darf nicht scheitern. Er scheitert auch nicht. Denn nachdem Kainesias durch Sexentzug tatsächlich zu Verstand gekommen ist, vermag er durch eine zündende Rede in der Volksversammlung die politische Stimmung in Athen umzudrehen. Seine Frau berichtet denn auch entzückt:

„Wie er die Gefallenen,
Als ob sie lebten,
Für den Frieden sprechen ließ;
Wie er den Abgeordneten
Das Los der armen Leute,
Der Bauern und Fabrikarbeiter,
Schilderte,
Wie er – mit Tränen und doch klaren Sinns,
Der alte Schelm! –
Ausrief:
‚Ein dutzendmal schon hat sich Sparta für Athen,

Athen für Sparta aufgeopfert.‘
Und wie er schließlich – nicht zuletzt! –
Uns Frauen lobte,
Ohne die der Krieg so lange weiterginge,
Bis der letzte Mann gefallen sei.“[323]

Und als dann auch noch die Frauen unter Lampito erfolgreich sind, kann am Ende ein lustvolles Fest der Versöhnung von Sparta und Athen gefeiert werden.

Die sanfte Kraft der Frauen

Wir fragen auch hier: Was ist werk- und motivgeschichtlich mit der „Friedensfrau“ erreicht bei der literarischen Verarbeitung des Themas Krieg und Frieden? Gegenüber dem „Untergang“ durchaus ein weiterer Erkenntnisgewinn. Hatte das Euripides-Stück dem Zuschauer die Pointe vermittelt, daß die Troja-Frauen selber bei der Schaffung von Frieden versagt haben („So geht es einer Stadt, / die Frieden schaffen sollte / – selbst, aus eigener Kraft! – / und für den Sieg gebetet hat“[324], so füllt „Die Friedensfrau“ genau dieses Defizit auf Seiten der Frauen. Motivgeschichtlich schreibt „Die Friedensfrau“ den „Untergang“ an dieser Stelle fort, indem dasselbe Thema in einer kühnen Wende von einer Tragödie zu einer Komödie umgebogen wird. Die Durchdringung des Komplexes Krieg und Frieden wird um eine entscheidende Dimension erweitert: Voraussetzung des Friedens ist eine Analyse menschlicher Triebstrukturen und Aggressionspotentiale. Sexuelles, politisches und militärisches Verhalten korrespondieren. Wer Frieden will, braucht mehr als moralische Appelle, schöne Gesinnung, gute Worte. Der braucht die Freilegung der Gesetzmäßigkeiten menschlicher Antriebspotentiale, um sie kontrollieren und humanisieren zu können. Am Ende darf dann auch die Utopie eines durch die sanfte Macht der Frauen hergestellten Friedens im Zeichen von Entfeindung und neuer Gemeinschaftlichkeit stehen. Und die Aufforderung an das Publikum, das Theatermärchen nicht nur zu genießen, sondern praktische Konsequenzen daraus zu ziehen:

„Ihr aber, liebe Freunde,
Wollt besorgt sein,
Daß der Wunschtraum dieses kecken Stücks
Versöhnung, Frieden und Geselligkeit

– Und Freundschaft zwischen jedermann! –,
Nicht nur Theatermärchen bleibt.“[325]

7. Denkbar wäre: Eine Bibliothek des Friedens

Griechischer und christlicher Humanismus stehen Seite an Seite in diesem Werk, vor allem, wenn es um ein Ethos des Friedens geht. Der Wechsel der Perspektiven ist heilsam. Ergänzungen werden möglich, Variationen. So hält Jens im selben Jahr 1986, in dem „Lysistrate“ erscheint, eine programmatische Rede über die Friedensvision des Erasmus von Rotterdam.[326] Wir gewinnen hier werkgeschichtlich eine letzte Dimension bei der Erhellung des Problemkomplexes Krieg und Frieden. Denn nirgendwo klarer als hier hat Jens sein eigenes Verständnis als Schriftsteller in Sachen Krieg und Frieden beschrieben als in diesem Essay. Das Portrait dieses Humanisten ist weitgehend zu einem Selbstportrait geworden, und das unter drei Aspekten.

Die Bergpredigt ernstgenommen: Erasmus von Rotterdam

Jens präsentiert Erasmus von Rotterdam als einen Mann von hoher wissenschaftlicher Komplexität, der aber in der einen Frage nur die eine Konsequenz kennt: „Jeder, der Christus verkündet, verkündet Frieden. Jeder, der den Krieg verkündet, verkündet denjenigen, der Christi Widersacher ist.“ Immer wieder und wieder hat Erasmus, sonst eher zaghaft, furchtsam, unentschieden, zaudernd, diese eine Überzeugung vertreten: Indem Jesus die Friedensstifter in seiner Bergpredigt seligpreist, ist seine gesamte Lehre ein Appell gegen den Krieg:

> „Ein Mann, ein Einzelner, Erasmus, führt Krieg gegen den Krieg, kämpft mit dem Schwert des *Geistes* gegen das *Mord*schwert und zerrt ‚fette Satrapen, Eisenfresser und Säbelraßler‘ samt deren geistlichem Gefolge vor den Richtstuhl jenes *Christus pacificus*, in dessen Namen er seine mit ebenso viel Frömmigkeit wie Aggressivität ausgetragene Batallie gegen den Bellizismus der Päpste, Kardinäle, Mönche, Theologen, Fürsten und dummen Hänse (jeglicher Nationalität) vorträgt, den Friedenskampf im Zeichen des

geschundenen und gemarterten Herrn, dessen Lehre und Leben als Gegenbilder der auf Krieg, Kreuzzug und ideologische Pestilenz heruntergekommenen Macht-Kirche erscheinen."[327]

Ist das alles weltfremd? War Erasmus ein Mann, der aus dem sicheren Hort der Gelehrtenstube und Bibliothek heraus argumentiert und schreibt? Ein Friedens-Utopist, der von Realpolitik nichts verstand? Naiv und gutgläubig wie alle Friedens-Utopisten und Pazifisten? Jens gibt sich größte Mühe, dieses Klischee aufzulösen und die wohlfeilen Vorwürfe zu entkräften – und zwar mit einem doppelten Gegenargument:

Erstens: Erasmus spricht nicht als Schwärmer, sondern als jemand, der als Christ die Bergpredigt konsequent ernst nimmt, der Schriften wie „Klage des Friedens" (1517) deshalb engagiert verfaßt, weil er Nachfolge Christi wortwörtlich als Friedensdienst begreift. Er schreibt aus der Überzeugung: Jeder Krieg ist eine Kreuzigung Christi, jeder Anschlag auf die *pax Christi* ist ein Attentat auf deren Begründer. Friedensgesinnung und Friedenspraxis ist von daher für Christen nicht ein momentanes Kalkül (man könnte so oder anders), nicht ein moralischer Luxus (den man sich eigentlich nicht leisten kann), sondern *Gewissenspflicht.*

Zweitens: Erasmus kennt die politischen Verhältnisse seiner Zeit genau. Ein Moralist im Wolkenkuckucksheim? Mitnichten. Dieser Mann kennt das europäische Kräfteverhältnis, durchschaut die Schwierigkeiten burgundischer Friedenspolitik so gut wie die Kooperation zwischen Kurie und weltlichen Herrschern, weiß, daß der Kampf gegen die Türken ein binneneuropäischer Interessenkonflikt ist, weiß vor allem, wer die Nutznießer von Kriegspolitik sein würden: bestimmte Potentaten und bestimmte Vertreter der Kirche. Am Ende seiner großen Schrift „Klage des Friedens" steht deshalb nicht zufällig der Satz: „Der größte Teil der Völker verwünscht den Krieg und betet für Frieden. Nur ganz wenige, deren verruchtes Glück vom allgemeinen Unglück abhängig ist, wünschen den Krieg. Darum bedenkt, (ihr Fürsten), was Versöhnung und Güte vermögen."

Frieden als Leitidee einer Schriftsteller-Existenz

Nein, Erasmus ist so realistisch wie alle Realpolitiker – das macht Jens klar. Und gerade deshalb tritt dieser Gelehrte für eine Politik des Friedens ein. Unter Verweis auf das Gebot Christi setzt er sich dafür ein, die verhängnisvolle Trennung zwischen Christperson und Weltperson, innerem und äußerem Geschöpf, leidendem Frommen und handelndem Weltkind aufzuheben. Frieden ist nicht nur die Privatsache eines Gesinnungsethikers, während ein Verantwortungsethiker so oder so handeln dürfte. Frieden ist ein umfassendes Gebot jedes Christen. Von der Verantwortung dafür können ihn keine Gründe dispensieren. An dieser Stelle hat Jens am stärksten seine eigene Schriftsteller-Existenz in der Rolle des Erasmus beschrieben:

> „*Pax* als Leitidee einer Schriftsteller-Existenz; *pax* als religiös-politischer Zentralbegriff; *pax* als jesuanische Gegen-Vorstellung zu den auf strikte Trennung des politischen und ethischen Bereichs abzielenden Unternehmungen der Fürsten und Landsknechtstruppen; *pax* als äußerer, aber auch als Ich-Identität garantierender innerer Frieden – ein Seelen-Frieden, der die *tranquillitas animi* gewährleistet: Ist, gilt es zu fragen, *pax* in der europäischen Literatur jemals umfassender, in immer neuen Anläufen und Variationen, von einem einzelnen gedacht worden? Hat es, vor und nach Erasmus, eine Friedenskonzeption gegeben, in der sich, wie bei diesem Einen, ein klassisch-antiker und christlicher Pazifismus, jesuanische und humanistische Irenik, das Hinblicken auf die geeinigte Kosmopolis, den waffenlosen, alle Nationalitäten transzendierende Universalstaat *und* das Bedenken des inneren Friedens zu einer vergleichbaren Gesamt-Vorstellung verband?“[328]

Das klassisch antike und das christliche Erbe: im Werk des Erasmus von Rotterdam ist es genauso versöhnt wie im Werk von Walter Jens. Von daher ist es konsequent, daß Jens nun seit den achtziger Jahren – getreu seinem Programm einer anderen Geschichtsschreibung – immer wieder die Einrichtung einer Bibliothek des Friedens fordert und anmahnt, in der die Friedensvisionen und Friedenskonzepte der großen Denker Europas dokumentiert wären.

Was gehört in eine Friedensbibliothek?

Schon in den mit Hans Küng zusammen gehaltenen Vorlesungen „Dichtung und Religion“ (1985) war Jens auf die Einrichtung einer Friedensbibliothek zu sprechen gekommen. Wer gehört in diese Bibliothek?[329] Selbstverständlich zwei Männer des *18. Jahrhunderts:* Johann Gottfried Herder mit seiner Schrift „Sieben Gesinnungen der großen Friedensfrau", identisch mit dem 119. „Brief zur Beförderung der Humanität" (1793-1797)[330] und ein Mann wie Immanuel Kant mit seiner Programmschrift „Zum ewigen Frieden" (1795)[331], aber auch ein Friedrich Hölderlin mit seiner radikalen „Friedenstheologie", mit der Utopie von einer erlösten Menschheit, die, wie zukunftsträchtig sie auch immer formuliert ist, dennoch konkret und gegenwartsbezogen bleibt: *Jetzt* ist Frieden, *jetzt* kommt es „zur Verschwisterung von revolutionär wirkender Vernunft und christlichem Liebes-Kommunismus; *jetzt*, im Licht der Freiheit, wird die ‚unter der eiskalten Zone des Despotismus' erstickte Freiheit gedeihen; *jetzt* sich der Egoismus ‚unter die heilige Herrschaft der Liebe und Güte beugen'".[332]

In diese Bibliothek gehören auch zwei Dichter des *17. Jahrhunderts: Andreas Gryphius*, der in seinen Gedichten die Verheerungen Deutschlands im Dreißigjährigen Krieg beschreibt, sowie *Friedrich von Logau*, der ebenfalls in seinen Texten dokumentiert, was Krieg bedeutet: die Herrschaft des Bösen in aller Welt, Bedrohung der eigenen Existenz, Krankheit und früher Tod:

> „Keiner der großen deutschen Poeten im 17. Jahrhundert, Opitz, Logau, Gryphius, Grimmelshausen, ist älter als 55 Jahre geworden. Krieg hieß aber auch – und zuletzt! –, in Form einer transzendierenden Vision den großen Friedenstraum zu träumen, den Traum allgemeiner Versöhnung, wie sie damals ein Land präsentierte, das den Schriftstellern um 1650 zugleich unendlich fern, eher himmlisch als irdisch lokalisiert, und dank blitzartiger, höchst realistischer Gegen-Vision, nah und erreichbar war: die Schweiz. Erschütternd zu lesen, wie Grimmelshausens Simplicius und sein Gefährte Herzbruder ... sich vom Schwäbischen aus als Wallfahrer in die Schweiz begeben – in eine andere, scheinbar auf fernen Gestirnen gelegene und doch bodenseenah greifbare Welt."[333]

In eine solche Bibliothek des Friedens müßten auch Vertreter des *16. Jahrhunderts* erscheinen: „Humanisten und Rechtsgläubige, Vertreter des linken Flügels der Reformation und liberale Vertreter der alten Lehre, Spanier, Holländer, Engländer, Deutsche in gleicher Weise"[334], an ihrer Spitze, neben Erasmus, Thomas Morus mit seinem großen staatsphilosophischen Dialog unter dem Titel „Utopia" (1516), um hier nur einige Repräsentanten exemplarisch zu nennen, auf die Walter Jens hindeutet.

Und als Eingangstor zu dieser Bibliothek müßte die *Bergpredigt Jesu* stehen, die Matthäus in seinem Evangelium (Kapitel 5-7) aufgezeichnet hat mit dem Kernsatz: „Selig, die Frieden stiften; denn sie werden Söhne Gottes genannt werden“ (5,9). Insbesondere Christen gilt die Mahnung:

> „Ihr seid das Salz der Erde: Wenn es fade wird – wie könnte man salzen? Fades Salz taugt nichts, es wird weggeworfen und von den Menschen zertreten.
> Ihr seid das Licht der Welt: Die Stadt, hoch auf dem Berg, bleibt nicht verborgen. Man zündet keine Kerze an, um sie in einem Krug zu verstecken, – man stellt sie auf einen Leuchter. Dann strahlt sie allen im Haus. So soll auch euer Licht den Menschen leuchten, damit sie eure guten Taten sehen und euren Vater, der in den Himmeln ist, rühmen.“ (5,13-16)

1982 legt Jens in einem Sammelband mit dem Titel „Der verbotene Friede. Reflexionen zur Bergpredigt aus zwei deutschen Staaten“ eine Auslegung dieser Passage von den Christen als „Salz der Erde“ und als „Licht der Welt“ vor. Es ist die Zeit der Friedens- und Widerstandsbewegung gegen den NATO-Doppelbeschluß, wie wir uns erinnern. In den Schlußsätzen seiner Auslegung verweist Jens auf den gesellschaftlichen Status all derer, die sich für das Ideal der Nachfolge Jesu unter den Bedingungen der deutschen Gesellschaft einsetzen. Die Sätze bündeln noch einmal das, was der Literat, Gesellschaftskritiker, Christ und Humanist Walter Jens zum Thema Frieden zu sagen hat:

> „Die Botschaft Jesu Christi ist nicht zufällig die Botschaft eines nach geltender Wertordnung Gescheiterten. In welchem Ausmaß, das bezeugt, gesprochen im Augenblick der Hinrichtung, der eine Satz, der schon nicht mehr Klage, sondern Anklage, nicht mehr Zweifel, sondern Verzweiflung ist: ‚Mein Gott, mein Gott, warum hast du mich verlassen‘. Totale Opposition gegenüber allem, was die Welt unter Erfolg versteht und zur Voraussetzung von Glückseligkeit macht!
>
> *Ihr seid das Salz der Erde! Ihr seid das Licht der Welt!*
>
> Das ist die Inthronisation jener Nachfolger Jesu, deren Würde darin besteht, unablässig Werke zu tun, die wenig Erfolg verbürgen außer dem einen, dem alles entscheidenden: dazu beizutragen, daß die Welt bewohnbar bleibt und nicht fad wird – fad und lau in jener Profit- und Konkurrenz- und Prosperitäts- und Wachstums-Selig-

keit, die unerträglich wäre, gäbe es da nicht das Salz, das beizt und reinigt, und gäbe es nicht das Licht, das die Wahrheit zutage bringt.“[335]

Epilog: Nachdenken über Vergänglichkeit (Psalm 90)

Dem Literaten und Protestanten Walter Jens galt unsere Analyse in diesem Buch. Seinen Wandlungen, seinen Schlüsseltexten, seinem Ethos, gespiegelt in einem komplexen literarischen Werk. Deutlich sollte werden, wie er wurde, was er ist: ein Literat und Christ, der sich durch gesellschaftliche und kirchliche Fragen zu einem eingreifenden öffentlichen Reden und Schreiben herausgefordert sieht. Der Protest dieses „protestierenden Protestanten" gilt Mißständen in Kirche und Gesellschaft; gilt dem Verrat am jesuanischen Ethos der Nächstenliebe; gilt der Einklage des mit Jesus und durch Jesus angekündigten und aufgebrochenen messianischen Friedensreichs für unsere Zeit. Der Protest gilt aber immer wieder auch den vorschnellen theologischen Lösungen, den bequemen Denkschablonen, den eingefahrenen Sprechgewohnheiten, dem Ausverkauf des Rebellisch-Religiösen und dessen Ersetzung durch Privatisierung und narzißtische Gefühlspflege.

Wir wollen am Ende die Fäden noch einmal bündeln. Wir wollen uns die Originalität der Jens'schen Rezeption großer theologischer Themen noch einmal vor Augen führen, und zwar anhand seiner Auslegung des 90. Psalms.[336] Nirgendwo „virtuoser" als hier hat Jens gezeigt, wozu er als literarischer Exeget und poetischer Prediger fähig ist. Die Auslegung dieses Psalms wird zu einem erregenden *internen Dialog* mit dem Text und zu einem *externen Dialog* mit Zeugen „von draußen". Psalm 90 lautet in der ökumenischen Einheitsübersetzung:

> „[Ein Gebet des Mose, des Mannes Gottes.]
> Herr, du warst unsere Zuflucht / von Geschlecht zu Geschlecht.
> Ehe die Berge geboren wurden, / die Erde entstand und das Weltall, / bist du, o Gott, von Ewigkeit zu Ewigkeit.
> Du läßt die Menschen zurückkehren zum Staub / und sprichst: „Kommt wieder, ihr Menschen!"

Denn tausend Jahre sind für dich / wie der Tag, der gestern vergangen ist, / wie eine Wache in der Nacht.
Von Jahr zu Jahr säst du die Menschen aus; / sie gleichen dem sprossenden Gras.
Am Morgen grünt es und blüht, / am Abend wird es geschnitten und welkt.
Denn wir vergehen durch deinen Zorn, / werden vernichtet durch deinen Grimm.
Du hast unsere Sünden vor dich hingestellt, / unsere geheime Schuld in das Licht deines Angesichts.
Denn all unsere Tage gehen hin unter deinem Zorn, / wir beenden unsere Jahre wie einen Seufzer.
Unser Leben währt siebzig Jahre, / und wenn es hoch kommt, sind es achtzig.
Das Beste daran ist nur Mühsal und Beschwer, / rasch geht es vorbei, wir fliegen dahin.
Wer kennt die Gewalt deines Zornes / und fürchtet sich vor deinem Grimm?
Unsere Tage zu zählen lehre uns! / Dann gewinnen wir ein weises Herz.
Herr, wende dich uns doch endlich zu! / Hab Mitleid mit deinen Knechten!
Sättige uns am Morgen mit deiner Huld! / Dann wollen wir jubeln und uns freuen all unsre Tage.
Erfreue uns so viele Tage, wie du uns gebeugt hast, / so viele Jahre, wie wir Unglück erlitten.
Zeig deinen Knechten deine Taten / und ihren Kindern deine erhabene Macht!
Es komme über uns die Güte des Herrn, unsres Gottes. / Laß das Werk unserer Hände gedeihen, / ja, laß gedeihen das Werk unsrer Hände!"

Ein klarer Text, eine eindeutige Botschaft? Die Trostsuche eines bedrängten Menschen, von Angst gepeinigt, der Trost findet beim „ewigen, barmherzigen Gott", wie Luther diesen Psalm verstand? Kaum, wenn man sich mit Jens die Binnenstruktur des Textes genau vergegenwärtigt. Am Anfang steht in der Tat eine Vertrauensaussage des Menschen gegenüber Gott. Aber nichts begründet dieses Vertrauen wirklich. Im Gegenteil. Im *ersten Aussageblock* wird Vers für Vers das vom *Menschen* her investierte Vertrauen problematisiert.

Beschworen wird die Ewigkeit und Größe *Gottes!* Was aber ist der Mensch dagegen? Abhängig, zeitverloren, klein. Ewig ist eigentlich nur der Rhythmus seiner Vergänglichkeit: Grünen und Verwelken, Aufblühen und Vergehen, Geburt und Tod. Beschworen wird der „Zorn" Gottes, der die Menschen vernichtet. Ist das vertrauensstiftend? Beschworen wird der gläserne Mensch; selbst noch die „geheime Schuld" wird von diesem Gott erkannt! Ist das trostreich?

Im Gegenteil. Das alles: die radikale Vergänglichkeitserfahrung sowie die angstmachende Beobachtungs- und Straferfahrung ist eher vertrauenszerstörend. „Kommt wieder, ihr Menschen"? In Wahrheit heißt das: „Es wird, in permanenter Rigorosität, immer neues Leben geschaffen, ein Geschlecht ans andere gereiht, jedes gleich flüchtig, jedes bestimmt von vergeblichem Mühen, jedes winzig vor einem Gott, der, als der ganz andere, von Zeile zu Zeile mehr an Überlegenheit gewinnt. Je kleiner die Menschen, desto größer ER; je jämmerlicher die Vergänglichkeit, desto glorioser – für Gott selbstverständlich, aber für den Menschen voller Qual – die schauerliche, im Maß des zeitlichen Verstehens nicht zu begreifende: also wahrhaft unmenschliche Ewigkeit."[337]

Dieser erste Teil des Psalms – so macht Jens klar – korrespondiert mit Gotteserfahrungen, wie wir sie aus dem Buche Hiob und aus dem des Predigers Salomo kennen: Gott hat keine Augen und sieht nicht, wie ein Sterblicher sieht, Gottes Zeit ist nicht des Menschen Zeit (Hiob 10, 4f.); Gott ist der Widerpart des Sterblichen. Deshalb ist für diesen Exegeten Psalm 90 kein Trostgebet und kein Vertrauenslied, sondern eher ein „verzweifelter Klagegesang über das menschliche Elend und die Ferne eines Gottes, der nicht mehr im Hier und Heute präsent ist". Dem Beter ist Gott „ferngerückt". Sein Lebensgefühl ist von „Schwermut" bestimmt, von „Melancholie und der Erfahrung jener Gottesferne, die auch die große, universale, auf die Höhen der Abstraktion emporgetragene Klage des Predigers bestimmt – eine ungeschichtliche Beschwörung des Unabänderlichen. Die Menschen – im Exil; Gott – in der Ewigkeit".[338]

Diese Klagetöne sind zweifellos zu hören, und doch meldet sich im selben Aussageblock auch ein Wille zur Rebellion, zum „Aufstand gegen den zornigen Herrgott über den Sternen, der, in seiner Wut, die Menschen dahingehen läßt wie das Vieh und sie auslöscht, ohne daß sie Gelegenheit hätten, auch nur einmal ihr Licht leuchten zu lassen".[339] Verse wie „Denn wir vergehen durch deinen Zorn, / werden vernichtet durch deinen Grimm" oder „Denn all unsere Tage gehen hin unter deinem Zorn, / wir beenden unsere Jahre wie einen Seufzer" muß man vorwürfig lesen, anklägerisch. Was als Vertrauenslied begann und sich zum Klagelied wandelt, steigert sich nun zur zornigen Anklage gegen einen Gott, den das Schicksal des Einzelnen gleichgültig und der in seinem Zorn unberechenbar ist, steigert sich zu der bitter-sarkastischen Einsicht in das, was das Leben „bestenfalls" ist: „Mühsal und Beschwer". Nur um dann noch einmal zur verzweifelten Einsicht zu gelangen, daß *alles* menschliche Tun vergeblich ist, kurzlebig und eitel: „All unsere Tage gehen hin ... unser Leben währt siebzig Jahre, / wenn es hoch kommt, sind es achtzig". Ja, fast scheint es, als hätte im Verlauf dieser bitteren Meditation das Wissen um die empörende Vergänglichkeit alles Irdischen ein solches Ausmaß erreicht, daß die zornige Anklage des an aller Mühsal schuldigen Gottes sich in Resignation, universalen Pessimismus und Verzweiflung verwandelt: „Wer kennt die Gewalt deines Zornes / und fürchtet sich vor deinem Grimm"? Jetzt scheint die Losung zu lauten: Nicht Rebellion gegen den Zorn, sondern Sich-Fügen ins Unvermeidliche: „Demut und Ergebenheit sind an die Stelle des Trotzes getreten: Der Weise, so der Psalmist, bedenkt die unbesiegbare, durch keine Auflehnung zu mildernde Kraft des göttlichen Zorns und rechnet das Elend unter den Menschen, die Vergänglichkeit und das vergebliche Tun, nicht zufälligem Versagen oder dem Verfehlen selbstgesetzter Ziele, sondern der unaufhebbaren Bedrückung aller gefallenen Kreatur durch Gottes Grimm zu."[340]

Eine Polyphonie ist dieser Psalm schon bis zu diesem Abschnitt: Töne des Vertrauens, der Klage, der Anklage und des resignativen Pessimismus mischen sich schon jetzt zu einer Vielstimmigkeit menschlicher Gotteserfahrung. Aber eine Stimme fehlt noch und muß ebenfalls zu Gehör gebracht werden. Im *zweiten Aussageblock* von Psalm 90 – so macht der literarische Exeget klar – kommt es zu einer erneuten dramatischen Wendung. Plötzlich wird von einem Vers zum nächsten ein anderer Ton hörbar. Plötzlich wendet sich der Beter in äußerster Verlorenheit noch einmal an Gott, an dieselbe Instanz, der gegenüber das Vertrauen zerstört zu sein schien. Jetzt beschwört er noch einmal die Zuwendung und das Mitleid Gottes, was ja voraussetzt, daß der Beter Gott dies trotz allem zutraut. Jetzt beschwört er die Freundlichkeit und Güte Gottes, was impliziert, daß Gottes Vorrat daran offenbar noch nicht erschöpft ist. Die Kontrasterfahrung könnte nicht schärfer sein: Vorher Zornerfahrung, jetzt Hulderwartung; vorher Grimm, jetzt Güte; vorher Angst auf Seiten des Menschen, jetzt Erwartungen von Freude; vorher Verzweiflung, jetzt wieder Vertrauen auf Gott in der Zukunft. Mehr noch: Vorher resignatives Abfinden mit der Vergänglichkeit allen Lebens, jetzt die Erwartung der Beständigkeit des eigenen Tuns: „Unsere Tage zu zählen lehre uns! / Dann gewinnen wir ein weises Herz".

Eine seltsame, atemberaubende Kehre in diesem Psalm. Derselbe Beter, der soeben noch die Vergänglichkeit und Flüchtigkeit allen Lebens unter Gottes Zorn verzweifelt zu akzeptieren schien, wehrt sich nun gegen die Vergeblichkeit alles Tuns und setzt dieser Möglichkeit in einem letzten Akt des Aufbäumens – so scheint es – die Erwartung an Gott entgegen, er möge den Menschen lehren, seine Tage zu „zählen", d.h. er möge das tagtägliche Werk des Menschen „gelingen" lassen. Jetzt ist ins Zentrum gerückt, daß es für den Menschen durchaus einen *Sinn seiner Arbeit* hier und jetzt geben sollte. Einer Arbeit, die Bestand hat, einer Arbeit, die wichtig ist, die zählt – ungeachtet aller Vergänglichkeit, ungeachtet der Tatsache, daß das Leben einen Anfang und ein Ende hat. Alles käme darauf an, die von Gott gewährte Spanne des Lebens zu nutzen. Denn wie für die gesamte Hebräische Bibel gibt es auch für diesen Psalm kein Spekulieren auf Unsterblichkeit, auf ein Leben nach dem Tode, auf eine Entschädigung im Jenseits. Menschsein und Unsterblichkeit schließen sich aus. Das Leben hier und jetzt allein zählt. Und es wird nun in dieser Schlußsequenz des 90. Psalms nicht länger im Stil des Predigers Salomo als illusionär und nichtig erklärt, sondern – nach dem dramatischen Umschlag von Gottes Zorn in Gottes Freundlichkeit – im Lichte einer Hoffnung gesehen, einer Hoffnung „auf die Beständigkeit gottgesegneten Tuns". Nicht „Plackerei" soll das Leben sein, sondern „gelassenes, der Gemeinschaft nützliches und von der Herrlichkeit Gottes zeugendes Tun". Eine Existenzweise ist damit im Blick, „die sich, im Wissen um die Endlichkeit und Begrenztheit des Menschen, als sinnvoll, dauernd und verläßlich erweist."[341]

Soweit die Analyse des inneren Duktus' dieses Textes. Sein Exeget ist als Literat geschult. Er denkt nicht daran, die offenkundigen Widersprüche zu glätten; er will sie bewußt in aller Schärfe stehen lassen. Ihn fordert dieser Text sichtlich heraus, deshalb nennt er ihn „dunkel"; ihn verlocken diese dramatischen Wendungen, deshalb nennt er ihn „Rätsel-Text". Bis zum Schluß ist er nicht mit ihm fertig, stellt doch gerade das Ende von Psalm 90 nichts an Fragen still, sondern wirft neue Fragen auf – und zwar aus der Perspektive heutiger Wirklichkeitserfahrung. Nach dem inneren folgt der äußere Dialog, ausgehend von der Frage: Hat dieser Text *heute* noch etwas zu sagen – angesichts des hier gebotenen Bildes vom Menschen als zwergenhaft-klein, als flüchtig-vergänglich im Vergleich zur Größe und Ewigkeit Gottes? Zu sagen in einer Zeit, in der Menschen zum ersten Mal in ihrer Geschichte durch technologische Revolutionen selber Herren der Schöpfung zu sein scheinen, imstande, Gottes erste Schöpfung gar zu widerrufen? Der Mensch: klein und gedrückt unter Gottes Zorn? Das Gegenteil scheint heute der Fall, in einer Zeit, in der der Mensch als Schöpfer einer zweiten, jetzt seiner Schöpfung, zu gottähnlicher Größe aufgestiegen ist.

An dieser Stelle eröffent Jens ein *„Streitgespräch mit dem Psalmisten"* und zieht zur „kritischen Ergänzung" den Text eines griechischen Tragikers heran: Sophokles. In dessen „Antigone" findet er die Gegenthese zum Menschenbild dieses Psalms: nicht die Zwergenhaftigkeit des Menschen vor Gott, sondern die Doppelgesichtigkeit allen menschlichen Tuns: „Ungeheuer: viel. Aber ungeheurer als der Mensch: nichts ... Weit über Erwarten begabt mit Können und Geist schreitet er einmal zum Guten (der Sterbliche), einmal zu Schlechtem." Diese Erfahrung will Jens einbringen in den hier eröffneten Dialog. Einbringen in einer Zeit wie der unsrigen, in der die sophokleische Einsicht auf erschreckende Weise verwirklicht worden zu sein scheint. Der Mensch ist buchstäblich zu allem fähig geworden: zu Größe und Schrecken, zu Macht und Dämonie, zu Heil und Unheil. Er verfügt wie nie zuvor über das technische Potential, das auch die Möglichkeit der Weltvernichtung einschließt. Seine Moral? Sie hat mit seinem Wissen kaum Schritt gehalten. Sein Ethos? Es hinkt seiner Machbarkeitspotenz hilflos hinterher. Menschen heute können mehr herstellen, als sie sich vorstellen können. Die Beherrschungsideologie erzeugt einen Gotteskomplex, der geschichtlich analogielos ist und fatale Folgen zeitigt.

Und weil dies so ist, ist – entgegen der Erfahrung im ersten Teil des 90. Psalms – nicht die Kleinheit vor Gott heute das anthropologische Problem, sondern der Größenwahn. Weil dies so ist, ist das Eingedenken der grundsätzlichen Vergänglichkeit des Menschen für Jens nichts Niederdrückendes, sondern im Gegenteil etwas Befreiendes:

> „Wäre es denn wirklich ein Gewinn ..., ein Gewinn für den Menschen, wenn er unsterblich wäre, statt – wie bald! – zu *vergehen* und *plötzlich dahinzumüssen*? Wäre es ein Gewinn für ihn: nicht in der Zeit zu sein, sondern unvergänglich wie – vielleicht – ein Stein

oder ein ferner Stern? Liegt nicht gerade in der Vergänglichkeit, und, vor allem, im Wissen darum, seine ihn auszeichnende unvergleichliche Kraft? Einspruch, noch einmal, gegen Überlegungen des Psalmisten, die dem Menschen sein Janus-Gesicht nehmen, seine Größe *und* Fallhöhe, sein Sterben *und* sein Wissen um die Begrenztheit irdischen Tuns."[342]

Und weil ihm dieser Gedanke kostbar ist, ruft Jens – zur Unterstützung – einen weiteren Schriftsteller zum Zeugen auf, jetzt einen Vertreter des 20. Jahrhunderts: jenen Thomas Mann, der als Altgewordener in einem ergreifenden kleinen Essay einmal das „Lob der Vergänglichkeit" angestimmt hatte. Vergänglichkeit – etwas den Menschen Bedrückendes, Kleinmachendes? Nein, läßt sich mit Thomas Mann sagen:

> „sie ist die Seele des Seins, ist das, was allem Leben Wert, Würde und Interesse verleiht, denn sie schafft *Zeit* – und Zeit ist ... die höchst, nutzbarste Gabe, in ihrem Wesen verwandt, ja identisch mit allem Schöpferischen und Tätigen, aller Regsamkeit, allem Wollen und Streben, aller Vervollkommnung, allem Fortschritt zum Höheren und Besseren ... Wo nicht Vergänglichkeit ist, ist nicht Anfang und Ende, Geburt und Tod, da ist keine Zeit – und Zeitlosigkeit ist das stehende Nichts."

So konvergieren am Ende dieses Auslegungsprozesses Sophokles, Thomas Mann und der 90. Psalm (in seinem zweiten Teil): Im Bewußtsein der Heilsamkeit der Vergänglichkeitserfahrung für den Menschen. Im Wissen um diese Vergänglichkeit käme es darauf an, die Tage zu zählen, d. h. durch sinnvolle Arbeit zu nutzen: eine Arbeit für das Hier und Heute, ohne Spekulation auf Unsterblichkeit und Jenseitsentschädigung.

Ein Schriftsteller im Dialog mit der Bibel? Walter Jens hat am Beispiel des 90. Psalms noch einmal auf exemplarische Weise vorgeführt, wie dieser Dialog aussehen könnte. Mit dem Blick des Literaten können die Spannungen, ja Widersprüche und Brüche eines Textes scharf herausgearbeitet und ein innerer Dialog eröffnet werden. Mit dem Kenntnisreichtum des Literaturhistorikers können Dialogpartner aus Antike und Gegenwart einbezogen werden. Mit der Sachlichkeit eines kritischen Zeitgenossen, für den der Bibeltext nicht von vornherein Priorität hat vor anderen Texten, können Streitgespräche eröffnet, kritische Dialoge geführt, Einsprüche erhoben werden.

Alles mit dem Ziel, Menschen im Gespräch mit dem Text zur kritischen Selbstbesinnung zu führen über Grundbedingungen der conditio humana: über Schuld und Versagen, Trauer und Angst, Frieden und Versöhnung. Theologie und Literatur könnten dann – in Respektierung ihrer jeweiligen Autonomie – konvergieren im Gedanken *verantworteter Lebens-Kunst.* Wieviel wäre erreicht, wenn im Dialog der Schriftsteller und Schriftexegeten sich dieser Satz bewahrheiten könnte:

„Unsere Tage zu zählen lehre uns!
Dann gewinnen wir ein weises Herz."

Dokumentation

Walter Jens: Über die Freude. Schiller und Beethoven

(November 2004; unveröffentlicht)[343]

Wir schreiben das Jahr 1784: Herbstzeit. Der junge Theaterdichter Friedrich Schiller, ein Flüchtling, zieht, in der Ankündigung zum Journal „Neue Rheinische Thalia“, die Summe seiner Existenz. Ein 25jähriger legt Rechenschaft ab und beginnt, wie's seine Art ist, mit einem Paukenschlag: „Ich schreibe als Weltbürger, der keinem Fürsten dient. Früh verlor ich mein Vaterland, um es gegen die große Welt auszutauschen, die ich nur eben durch die Fernröhre kannte. Ein seltsamer Mißverstand der Natur hat mich in meinem Geburtsort zum Dichter verurteilt. [...] Acht Jahre rang mein Enthusiasmus mit der militärischen Regel des Instituts das mich erzog; aber Leidenschaft für die Dichtkunst ist feurig und stark, wie die erste Liebe. Was sie ersticken sollte, fachte sie an. Um Verhältnissen zu entfliehen, die mir zur Folter waren, schweifte mein Herz in eine Idealwelt aus – aber unbekannt mit der wirklichen, von welcher mich eiserne Stäbe schieden [...] – unbekannt mit den Neigungen freier, sich selbst überlassener Wesen [...] – unbekannt mit dem schönen Geschlecht – die Tore der Zuchtanstalt öffnen sich Frauenzimmern nur, ehe sie anfangen interessant zu werden, und wenn sie aufgehört haben es zu sein – unbekannt mit Menschen und Menschenschicksalen mußte meine Feder notwendig die mittlere Linie zwischen Engel und Teufel verfehlen. Statt dessen brachte ich ein Ungeheuer hervor: Ich schrieb ‚Die Räuber‘. Sie kosteten mir Familie und Vaterland. Alle meine Verbindungen sind aufgelöst. Das Publikum ist mir jetzt alles. Ihm allein gehöre ich an. Vor diesem und keinem anderen Tribunal werde ich mich stellen. Dieses nur fürchte und verehre ich. Etwas Großes wandelt mich bei der Vorstellung an, keine andere Fessel zu haben als den Anspruch der Welt und an keinen anderen Thron mehr zu appellieren als an die menschliche Seele.“

Hat in der Geschichte der Literatur ein Mensch jemals souveräner und selbstbewußter geschrieben als der kaum dem Jünglingsalter entwachsene Schiller – und kühner dazu? Denn wo war das Publikum, das dem Dichter der „Räuber“ im Duodeztheater zujubeln mochte? Wo waren die Freunde, ohne deren Zuspruch Kreativität nicht möglich war? Mußte ein Wunder geschehen, um den landesflüchtigen Bettler aus seiner Misere zu befreien? (Wären jedenfalls die Schulden nicht gewesen – drückend für einen Mann, der nicht über den Leichtsinn eines Pump-Genies vom Schlag Richard Wagners verfügte.) Nun, das Wunder geschah. In Leipzig hatte sich schon im Mai des *annus mirabilis*, 1784, ein Freundeskreis zusammengefunden, zwei Damen, zwei Herren – mit Christian Gottfried Körner an der Spitze, der – wie bald schon! – Schillers engster Freund werden sollte und sein Gewährsmann in Fragen der Kunst und Philosophie dazu. Welch eine strahlende Wandlung: Leipzig als Elysium! Fremde Personen schicken dem Autor, den sie nicht kennen, Pakete und Briefe „voll Wärme und Leidenschaft“ – so der hochbeglückte junge Poet an seine Gönnerin Franziska Freiin von Wolzogen: „Sehen Sie, meine Beste, so kommen ganz unverhoffte Freuden für mich, die desto schützbarer sind, weil freier Wille und eine reine Empfindung und Sympathie der Seelen die Erfinderin ist eines Geschenks von ganz unbekannten Händen; ein solch Geschenk ist mir größere Belohnung, als der laute Zusammenruf der Welt, die einzige süße Entschädigung für tausend trübe Minuten. Und wenn ich mir nun denke, daß in der Welt vielleicht mehr solcher Zirkel sind, die mich Unbekannten lieben […], daß vielleicht in hundert und mehr Jahren – wenn auch mein Staub schon lange verweht ist – man mein Andenken segnet und mir noch im Grabe Tränen und Bewunderung zollt, dann freue ich mich meines Dichterberufs und versöhne mich mit Gott und meinem oft harten Verhängnis.“

Freund und *Freude* sind Schlüsselworte Friedrich Schillers; sie bestimmen den „Carlos“ und die „Ode an die Freude“ und stehen – man denke an das *Fidelio*-Finale – auch im Zentrum Beethovenscher Versöhnungs- und Zuneigungsgedanken. So betrachtet, ist es kein Wunder, daß der Komponist die „Ode an die Freude“ – mit der er sich über Jahre hinweg beschäftigt hatte, sie am Ende in einen Dithyrambus verwandelnd, dessen Tonfall Schillers Memoranda aus dem Jahr 1784 entsprach – zu *seinem* Hymnus erkor. Und dabei: Was zählte für die beiden, die man sich zu einem lukianischen Totengespräch im Olymp der Künste vereinigt denken mag, der Applaus eines noch so illustren Publikums, wenn wahre Freunde (*utriusque generis:* der Leipziger Bund bestand aus zwei Schwestern, Minna und Dora Stock, von denen die eine mit Körner verheiratet, die andere mit Huber verlobt war) ... was zählten die Connaisseurs, wenn wahre Freunde die Humanitäts-Vision des „Carlos“ und des „Fidelio“ vorlebten, in der Verbundenheit der Männer nicht anders als in der zeitüberwindenden Liebe zwischen Mann und Frau?

Heitere Festivität hüben und drüben, wo die namenlose Freude herrscht – bei Beethoven unter politischen Zeichen; die Schurken sind besiegt, Versöhnung bestimmt die Szenerie, Friede kehrt ein; bei Schiller in bescheidenerem, eher bürgerlichem als höfisch-militärischem Rahmen. Die Festivität des lukullischen Mahls dominiert – genauso wie in der anderen Hymne unserer Nation: Hoffmann von Fallerslebens „Lied der Deutschen“.

Die Becher kreisen, Freude bestimmt das Geschehen, die Männer springen auf, während die Frauen, so wie sie’s bis ins 19. Jahrhundert hinein taten, züchtig im Hintergrund bleiben. Aber die Herren! Die große Ekstase! Die Verwandlung von Melancholie in Frohsinn, von Wasser in Champagner: Die Freude sprudelt in Pokalen, in der Traube goldnem Blut vollziehen sich verwegene Metamorphosen im sächsischen Ambiente, wo die Brüder von ihren Sitzen fliegen, der Schaum zum Himmel sprützt, und mit Bechern dem guten Geist ein Prosit zugerufen wird – dem protestantischen Gott, dem die Festgesellschaft ihr Trankopfer darbringt.

Aber damit nicht genug: Das erste, später ausgemerzte Finale endet mit einem euphorischen Schwur: „Schließt den heiligen Zirkel dichter, / Schwört bei diesem goldnen Wein: / dem Gelübde treu zu sein, / Schwört es bei dem Sternenrichter!“ Die Apotheose, vorgetragen von einem tollkühnen, Himmel und Erde, Gott und Menschen vereinenden Miteinander, wird, an der Grenze von Leben und Tod, bis zum Äußersten übersteigert:

„Hoffnung auf den Sterbebetten, / Gnade auf dem Hochgericht! / Auch die Toten sollen leben! / Brüder trinkt und stimmet ein, / Allen Sünden soll vergeben, / Und die Hölle nicht mehr sein. // Eine heitre Abschiedsstunde! / Süßen Schlaf im Leichentuch! / Brüder – einen sanften Spruch / Aus des Totenrichters Munde!“

Kein Zweifel, hier werden im Sinne des Gedichts „Die Götter

Griechenlands“ und in offenkundiger Verpflichtung gegenüber Lessings Traktat „Wie die Alten den Tod gebildet“, Hades und Hypnos zu Freunden erklärt, zu Brüdern, die miteinander verbunden sind: „Damals trat kein schreckliches Gerippe vor das Bett des Sterbenden, sein Kuß nahm das letzte Leben von der Lippe, seine Fackel senkt ein Genius.“ Die Gegensätze heben sich auf, hier, im Finale, in sanfter Besinnung; davor – in furioser Bewegung: Wurm und Cherub werden auf ein und derselben Ebene situiert. Der Dithyrambus bewirkt die *unio mystica*, wo die Natur die Menschen nährt, die Sonnenfliegen und die Bürgerwelt mythische Züge annehmen.

Nur wenige Monate nach der „Ode an die Freude“ wird der wackere Körner – dem Antiken näher als dem Christlichen – zu einem Hellenen, der am Hochzeitstag, an der Seite seiner Frau, den Hymnaios in Fidelio-Weise neu belebt: „Glücklich macht die Gattin nur, / Die für dich nur lebet / Und mit herzlicher Natur / Liebend an dir klebet; / Die, um deiner wert zu sein, / Für die Welt erblindet / Und in deinem Arm allein / Ihren Himmel findet.“ Kein glückliches Gedicht, gewiß, je älter Schiller wurde, je vollkommener seine Handwerkskunst sich im Drama, aber auch in seinen Pittaval-Etüden entfaltete, desto skeptischer wurde er gegenüber den lyrischen Hervorbringungen seiner vorklassischen Zeit. Nicht verwunderlich, daß der große Kritiker, denn das ist er, nicht nur Goethe, sondern auch sich selbst gegenüber, mit einem Gedicht wie der „Ode an die Freude“ geradezu unbarmherzig ist: Dieses sei, ließ er anno 1800 Freund Körner wissen, rundherum „schlecht“, fehlerhaft, dem Zeitgeschmack angenähert – halb bombastisch also, halb leger, aber weder vernünftig noch unterhaltsam. Und keine Rettung? Keine Verteidigung eines Mannes, der die Mischung der Stile – hier ‚Cherub‘, dort ‚kleben‘ – nun einmal liebte? Doch: Eine Verteidigung gab es: Wenn auch alle über den ernsten, zwischen Alltag und Ewigkeit herumwandelnden Satyr die Nase rümpften: Beethoven ergriff Schillers Partei. Sein gewaltiger Dithyrambus hat den Dichter nicht nur durch die Musik, sondern auch durch die konsequente, nur einem Stil vertrauende Bearbeitung, Verkürzung und Weglassung des allzu Gemüthaften – fort mit Sangesbrüdern und Zechern – erhöht. Nichts mehr von gesprengten Särgen, nichts mehr von Männerstolz und Leichentuch! Statt 108 nur noch 36 Verse – ein Drittel der Ode –, eine geniale Lektorenarbeit, in der Tat, die zugleich die Wahrheit des

Diktums *„prima la musica e poi le parole"* demonstriert und dank der Raffung den Text gleichwohl in seine Wesenheit rückt – als Freiheits- und Revolutionshymnus, als Lied der Einheit (die Aufführung der „Neunten" nach der Wende unter Masur in Leipzig!), als Arbeitergesang (der 1. Januar als Kontrapunkt zum 1. Mai), ja, sogar als Verständigungsmittel der Geschundenen in den Konzentrationslagern, *piano*, nicht *fortissimo*, Rocco könnte lauschen, und die Verurteilten denunzieren... wie immer: das Finale der 9. Symphonie steht in seiner jubilierenden Aufsässigkeit für die Erkenntnis, daß ein Leben ohne Freude armselig und traurig ist, von Schwermut gezeichnet und, statt dem Miteinander von Sympathie, Mit-Leiden also, und Demut verpflichtet zu sein, auf Gewalt, Hybris und autistische Barbarei pocht. Wie anders da die Prophetie des *song of joy!*

Vergessen wir nie die Botschaft der deutschen Klassik – Herder voran!: Humanität und Freude sind Geschwister! Mag sich die Vision der umschlungenen Millionen und der Identität von Brüderlichkeit und Schwesterlichkeit als Illusion erwiesen, mag sich der vierunddreißigste Paragraph der Revolutionsverfassung von 1793 – in der Mitte zwischen Schiller und Beethoven angesiedelt – als wirklichkeitsfremd gezeigt haben: „Um Unterdrückung der gesamten Gesellschaft handelt es sich, wenn auch nur ein einziges ihrer Glieder unterdrückt wird, und um Unterdrückung jedes Einzelnen handelt es sich, wenn die Gesamtgesellschaft unterdrückt wird" – das Bekenntnis und die Verpflichtung zur dialektischen Doppelsentenz bleiben in einer humanen Zivilgesellschaft unantastbar – einer Gesellschaft, die Schiller im Bildnis jener Harmonie beschwor, die sich in entzückter und doch besonnener Freude darstellt. Freude am Rand der Finsternis und des Versagens; Freude zwischen Seelenrührung und ekstatischem Jubel, humane, niemanden ausschließende Geselligkeit und eisensprengende Lust: ersehnte Synthesen gewinnen Kontur, wenn wir uns den olympischen Disput zwischen Schiller und Beethoven ausmalen: Was hätte der Dichter beim Sternengespräch – eines Katholiken und eines Protestanten – geantwortet, wenn ihn der Komponist der 9. Symphonie gefragt hätte, was es mit dem Hilfsverb muß – „muß ein lieber Vater wohnen" – auf sich habe: Vermutung oder entschiedenes Axiom? Das elysische Gespräch, bei dem Beethoven seine durch Variationen bewährte Textkenntnis unter Beweis gestellt hätte und Schiller, auf Körners Spuren, kundiger Partner gewesen wäre, bleibt offen – und der Zwischenruf bleibt's auch. Er verweist lediglich auf ein Nachwort, das dem Begriff der Freude als der Freude am Leben, aber auch der Freude als einer Freude im Zeichen des Todes Plenipotenz zu geben versucht, indem es Jesus von Nazareth, das geheime Zentrum des elysischen Gesprächs, zu Wort kommen läßt: „Solches rede ich zu euch, auf daß meine Freude vollkommen werde" bedeutet der zum Sterben bereite Herr seinen Jüngern. Freude beim Abschied und Freude bei der Wiederkehr: „Nun aber komme ich zu dir", bekennt Jesus, die Augen zum Himmel erhebend, im hohen, priesterlichen Gebet, „und [ich] rede solches, auf daß die Menschen in aller Welt meine Freude haben."

Freude: Der gute Geist, im Äon der Humanität und der freien Menschlichkeit – von den Künstlern beschworen, will bewahrt sein. Nicht anders als unser Traum, Beethoven habe beim imaginären Gespräch im Elysium die Worte des Mannes, den er den Unsterblichen nannte, in dessen Herzen er wohne, leibhaftig gehört.

ANMERKUNGEN

[1] Vgl. dazu: *R.A. Posner*, Public Intellectuals: A Study of Decline, Cambridge/Mass. 2001. In historischer Perspektive: *S. Hanuschek – Th. Hörnigk – Ch. Malende (Hrsg.)*, Schriftsteller als Intellektuelle. Politik und Literatur im Kalten Krieg, Tübingen 2000. Sowie: *U.J. Wenzel (Hrsg.)*, Der kritische Blick. Über intellektuelle Tätigkeiten und Tugenden, Frankfurt/M. 2002.

[2] Siehe die Aufstellung meiner theologisch-literarischen Arbeiten am Ende dieses Buches in Abschnitt IV der Bibliographie.

[3] *J.L. Borges*, Das Handwerk des Dichters. Deutsch. v. G. Haefs, München – Wien 2002, S. 8f.

[4] *W. Jens* im Gespräch mit H.J. Herbort, in: DIE ZEIT vom 4.3.1988.

[5] *H. Heine*, Geständnisse (1854), in: Sämtliche Schriften, hrsg. v. K. Briegleb, München – Wien 1976, Bd. 11, S. 491.

[6] *W. Jens*, Martin Luther. Prediger, Poet und Publizist, in: ders., Kanzel und Katheder. Reden, München 1984, S. 163-189, Zitate S. 173 u. 171.

[7] *G.E. Lessing*, Werke und Briefe Bd. IX, Frankfurt/M. 1993, S. 57 (Bibliothek Deutscher Klassiker).

[8] *W. Jens*, Vorwort, in: ders., Republikanische Reden, München 1976, S. 9.

[9] *W. Jens*, Wie es ist und wie es sein könnte. Über Weihnachten als Utopie, in: K.-J. Kuschel, Weil wir uns auf dieser Erde nicht ganz zu Hause fühlen. 12 Schriftsteller über Religion und Literatur, München – Zürich 1985, S. 22.

[10] *W. Jens*, Die Stichomythie in der frühen griechischen Tragödie, München 1955.

[11] *M. Lauffs*, Walter Jens, München 1980, S. 59.

[12] *W. Jens*, Die Götter sind sterblich, Pfullingen 1959, S. 57.

[13] A.a.O., S. 27.

[14] A.a.O., S. 33.

[15] A.a.O., S. 82.

[16] Ebd.

[17] *W. Jens*, Statt einer Literaturgeschichte. Dichtung im 20. Jahrhundert, Düsseldorf – Zürich 1998, S. 171.

[18] *W. Jens*, Die Götter sind sterblich, S. 150 (s. Anm. 12).

[19] A.a.O., S. 149.

[20] *W. Jens*, Antiquierte Antike? Perspektiven eines neuen Humanismus, in: ders., Republikanische Reden, S. 41-58, Zitat S. 45 (s. Anm. 8).

[21] A.a.O., S. 55.

[22] Ebd.

[23] A.a.O., S. 57 (aufgenommen ist ein Wort von Th.W. Adorno).

[24] *W. Jens*, Die Götter sind sterblich, S. 27 (s. Anm. 12).

[25] *W. Jens*, Deutsche Literatur der Gegenwart. Themen, Stile, Tendenzen, München 1961, TB-Ausgabe München 1964, S. 12.

26 A.a.O., S. 11f.
27 A.a.O., S. 10.
28 Ebd.
29 A.a.O., S. 16.
30 Ebd.
31 Ebd.
32 A.a.O., S. 90f. Bei *P. Huchel* ist das Gedicht nachzulesen in seinem Band „Chausseen. Chausseen", Frankfurt/M. 1963, S. 64.
33 *W. Jens*, Deutsche Literatur der Gegenwart, S. 90 (s. Anm. 25).
34 *W. Jens*, Hoffnungszeichen und Richtspruch, in: Frieden. Die Weihnachtsgeschichte in unserer Zeit, hrsg. v. W. Jens, Stuttgart 1981, S. 67-81, Zitat S. 79f.80f.
35 *W. Jens*, Herr Meister. Dialog über einen Roman, München 1963, TB-Ausgabe München 1974, S. 23.
36 A.a.O., S. 24.
37 Ebd.
38 *W. Jens*, Der Ausbruch. Libretto, Tübingen 1975, S. 46.
39 A.a.O., S. 35.
40 A.a.O., S. 40.
41 *W. Jens*, Fernsehen – Themen und Tabus, Momos, München 1973, vgl. bes. S. 29-31; 53f.; 88f.; 100-103; 137f.
42 *W. Jens*, Traktat vom Frieden, von der Gewalt und der Revolution, in: Von Ghandi bis Câmara. Beispiele gewaltfreier Politik, hrsg. v. H.J. Schultz, Stuttgart 1971, S. 6-22, Zitat S. 19.
43 A.a.O., S. 20f.
44 Die Bezugnahme auf das 25. Kapitel des Matthäus-Evangeliums erfolgt u.a. auch im Vorwort zu „Warum ich Christ bin", hrsg. von W. Jens, München 1979, S. 7-16.
45 *H. Küng*, Was ist die christliche Botschaft?, in: ders., Freiheit des Christen, Zürich 1971, S. 11-23, Zitat S. 20.
46 Alle relevanten Dokumente in: *N. Greinacher – I. Jens (Hrsg.)*, Freiheitsrechte für Christen? Warum die Kirche ein Grundgesetz braucht, München – Zürich 1980.
47 *W. Jens*, Ein Einzelner und die katholische Kirche, in: ders., Ort der Handlung ist Deutschland. Reden in erinnerungsfeindlicher Zeit, München 1981, S. 72-85, Zitat S. 77f. Zum Verhältnis Jens – Küng vgl. auch: *W. Jens – K.-J. Kuschel*, Dialog mit Hans Küng. Mit der Abschiedsvorlesung von Hans Küng, München 1996. *W. Jens,* Mein Freund Hans Küng, in: Hans Küng. Neue Horizonte des Glaubens und Denkens, hrsg. v. H. Häring – K.-J. Kuschel, München 1993, S. 820-824. Ebenso die gemeinsamen, aus Vorlesungen entstandenen Bücher zu: „Dichtung und Religion" (1985), „Anwälte der Humanität" (1989) sowie „Menschenwürdig sterben" (1995).
48 *W. Jens*, Eine freie Republik?, in: ders., Ort der Handlung ist Deutschland, S. 13-19, Zitat S. 17 (s. Anm. 47).
49 A.a.O., S. 18.
50 *K. Barth*, Christengemeinde und Bürgergemeinde, Zürich 1946, S. 9.
51 A.a.O., S. 14.
52 A.a.O., S. 20f.
53 A.a.O., S. 24.
54 Ebd.
55 A.a.O., S. 35f.
56 Wie sehr gerade auch ein katholischer Theologe wie *H. Küng* um eine glaubwürdige Antwort auf die Frage Christ – Revolution – Gewalt rang, zeigt das entsprechende Kapitel in „Christ sein", München 1974, S. 175-182; 557-562. Diese hier vertretene Position (revolutionäre Gewalt ist von der Botschaft Jesu her prinzipiell nicht zu rechtfertigen, kann aber im Extremfall für den Einzelnen eine Ver-

nunft- und Gewissensentscheidung sein) ist hier schon in Auseinandersetzung mit der lateinamerikanischen Befreiungstheologie gewonnen.

57 *H. Gollwitzer*, Die Revolution des Reiches Gottes und die Gesellschaft. Thesen zur Diskussion in einer Vorlesung an der Freien Universität Berlin im Sommersemester 1968, in: Die Funktion der Theologie in Kirche und Gesellschaft. Beiträge zu einer notwendigen Diskussion in Verbindung mit N. Greinacher u. P. Lengsfeld, hrsg. v. P. Neuenzeit, München 1969, S. 129-155. Wieder abgedruckt in: H. Gollwitzer, Umkehr und Revolution. Aufsätze zu christlichem Glauben und Marxismus, Bd. I, hrsg. v. Ch. Keller, München 1988, S. 102-140. Nach dieser zuletzt genannten Ausgabe wird im folgenden zitiert. Zitat S. 106.

58 Ebd.

59 A.a.O., S. 124.

60 A.a.O., S. 125.

61 *W. Jens*, Im Kampf gegen die Unmündigkeit. Gespräch mit S. v. Kortzfleisch, in: Lutherische Monatshefte 1981, S. 571-574, Zitat S. 573.

62 *E. Bloch*, Das Prinzip Hoffnung, Frankfurt/M. 1969, Bd. III, S. 1486f.

63 *W. Jens*, Was bedeutet Bloch bei uns? in: Die Mauer oder Der 13. August, hrsg. v. H.W. Richter, Hamburg 1961, S. 141-143, Zitat S. 142.

64 *K. Marx*, Zur Kritik der Hegelschen Rechtsphilosophie. Einleitung, in: ders., Frühschriften, hrsg. v. S. Landshut, Stuttgart 1968, S. 207.

65 A.a.O., S. 208.

66 *W. Jens*, Statt einer Literaturgeschichte, S. 333 (s. Anm. 17).

67 *E. Bloch*, Das Prinzip Hoffnung, S. 1487 (s. Anm. 62).

68 A.a.O., S. 1489.1490.

69 A.a.O., S. 1488f.

70 A.a.O., S. 1482.

71 *W. Jens*, Ich sehe Jesus von Nazareth ... in: Diakonia. Internationale Zeitschrift für die Praxis der Kirche 33 (1992), H. 1, S. 7.

72 So kann Jens zum Beispiel der Versuchung nicht widerstehen, Homers „Ilias" und „Odyssee" 1958 für eine Kinder- und Jugendbuchausgabe nachzuerzählen, wobei das schön illustrierte, aber schlecht honorierte Buch sein einziger Bestseller werden wird. Dann folgen Übersetzungen für Bühneninszenierungen von Sophokles' „Antigone" (Uraufführung Karlsruhe 1958), „König Ödipus" (Uraufführung Celle 1963) und „Ajas" (Uraufführung Hamburg 1965), dazwischen die „Orestie" von Aischylos (Uraufführung Hannover 1962). Texte z. T. greifbar in: *W. Jens*, Zur Antike, München 1978, S. 435-480 sowie: *W. Jens*, Die Orestie, München 1979.

73 *W. Jens*, Die christliche Predigt. Manipulation oder Verkündigung?, in: ders., Republikanische Reden, S. 11-29 (s. Anm. 8).

74 *F. Nietzsche*, Jenseits von Gut und Böse (Nr. 247), in: Sämtliche Werke. Kritische Studienausgabe, hrsg. v. G. Colli – M. Montinari, Bd. V, München 1980, S. 191.

75 Schwäbisches Tagblatt vom 10.4.1993.

76 *W. Jens*, Vergangenheit gegenwärtig. Biographische Skizzen, Stuttgart 1994, S. 78f.

77 *W. Jens*, Fernsehen – Themen und Tabus, S. 31 (s. Anm. 41).

78 Vgl dazu: *W. Jens*, Wo die Dunkelheit endet (1963), in: Über Peter Huchel, hrsg. v. H. Mayer, Frankfurt/M. 1973, S. 22-27.

79 Einen exzellenten Einblick in das Werk und die vielfältigen Aktivitäten des Christen und Poeten vermittelt der Band: *Johannes Bobrowski* oder Landschaft mit Leuten. Eine Ausstellung des Deutschen Literaturarchivs im Schiller-Nationalmuseum Marbach, Marbach/N. 1993 (Marbacher Kataloge Nr. 46).

80 DIE ZEIT vom 19. Juni 1981.

81 *W. Jens*, Das Evangelium als moralischer Traktat. Ein Gespräch, in: Evangelische Kommentare 5 (1972), S. 95-98, Zitat S. 95.

[82] Zu Geschichte und Prinzipien von *Bibelübersetzungen* vgl.: *S. Meurer* (Hrsg.), „Was Christum treibet". Martin Luther und seine Bibelübersetzung, Stuttgart 1996. *H. Jahr* (Hrsg.), Die neue Gute Nachricht Bibel, Stuttgart 1998. *W. Gross* (Hrsg.), Bibelübersetzung heute. Geschichtliche Entwicklungen und aktuelle Herausforderungen. Stuttgarter Symposion 2000, Stuttgart 2001.

[83] Um nur ein Beispiel für kontroverse Beurteilung der Jens'schen NT-Übersetzung zu geben. Man vergleiche die Einschätzung von *Jörg Zink:* „Diese Versuche von Walter Jens scheinen mir für die heutige Diskussion um das Evangelium und die heutige Sprache des Ausrufens ein erstaunlicher Glücksfall ... Es muß allmählich Einvernehmen darüber erzielt werden können, daß eine Übersetzung nicht in einem Ersatz griechischer Wörter durch deutsche besteht, sondern in einer Weckung von Vorstellungen in einem deutschen Kopf und Herzen, die den Vorstellungen entsprechen, die im Kopf eines Zeitgenossen bei der Verkündigung Jesu entstanden, oder die vergleichbare Impulse auslösen damals wie heute. (Alter O-Ton in neuem Klang. Die Bibel-Übersetzungen von Walter Jens, in: Evangelische Kommentare 25 (1992), S. 295-297. Dagegen das Urteil von *Hellmut Haug* (auf der Basis der Römerbrief-Übersetzung): „Der Wille zum hohen, rhetorisch durchgeformten und dynamisch aufgeladenen Stil hat schon die bisherigen Übersetzungsversuche von Jens geprägt. Charakteristisch die Zerlegung, manchmal auch Zerschlagung der Satzperioden in kurze, im Druck zeilenweise abgesetzte Sinneinheiten, was die Überschaubarkeit fördert, aber der Gedankenführung oftmals etwas unangemessen Drängendes, hektisch Erregtes verleiht. Verstärkt wird dieser Eindruck durch die Strategie, den Text weit über den originalen Duktus hinaus zu dramatisieren – durch Umstellungen, eingeschobene Interjektionen, übertreibende Verdopplungen. ... Mit den (in der Regel undeklarierten) Zusätzen ist es ohnehin so ein Ding. Man kann beim Lesen nie wissen, ob man überhaupt Textgrund unter den Füßen hat. Und auch wo es der Fall ist, muß man auf Eigenwilligkeiten und Fehldeutungen gefaßt sein." (in: Bibelreport Januar 2001, S. 10).

[84] Zur Problematik von Bibel-Übersetzungen, insbesondere zum Konflikt über die *Revision der Luther-Bibel* vgl.: *W. Jens*, Neue Worte für einen alten Text. Moderne Bibelübersetzungen – aber wie? in: DIE ZEIT vom 11. Juni 1965; *ders.*, Mord an Luther. Das Neue Testament in revidierter Fassung, in: DIE ZEIT vom 17. Dezember 1976; ders., Mündlich Predigt und lebendig Wort. Verteidigung von Martin Luthers gesprochener Sprache gegen das Einheitskauderwelsch modischer Bibelbearbeiter, in: DIE ZEIT vom 19. Juni 1981.

[85] *M. Buber*, Über die Wortwahl in einer Verdeutschung der Schrift. Dem Gedächtnis Franz Rosenzweigs, in: ders., Werke Bd. II (Schriften zur Bibel), München –Heidelberg 1964, S. 1111-1130, Zitat S. 1112f. Zum Bibel-Projekt von Buber – Rosenzweig ebenso wichtig: *F. Rosenzweig*, Die Schrift und Luther (1926), in: ders., Die Schrift. Aufsätze, Übertragungen und Briefe, hrsg. v. K. Thieme, Königstein/Ts. 1976, S. 51-77.

[86] *M. Buber*, Zum Abschluß, in: ders., Werke Bd. II (Schriften zur Bibel), München – Heidelberg 1964, S. 1175-1182, Zitat S. 1176f.

[87] *E. Bloch*, Das Prinzip Hoffnung, Bd. I, S. 494 (s. Anm. 62).

[88] A.a.O., S. 496f.

[89] Einzelheiten dazu: *K.-J. Kuschel*, Geboren vor aller Zeit? Der Streit um Christi Ursprung, München 1990, S. 345-354.

[90] In: Schwäbisches Tagblatt vom 10. April 1993.

[91] *W. Jens*, Der Römerbrief, Stuttgart 2000. Zur paulinischen Christologie vgl. auch den Essay: *W. Jens*, ... und habe Euch doch geliebt. Gedanken über den paulinischen Christus, in: ders., Kanzel und Katheder. Reden, München 1984, S. 143-152. Zur Sachproblematik von Rö 13: *M. Theobald*, Römerbrief Kap. 12-16, Stuttgart 1993, S. 80-97; ders., Der Römerbrief, Darmstadt 2000, S. 306-310 (Lit.!). Zur

Wirkungsgeschichte von Rö 13: *U. Wilckens*, Der Brief an die Römer (Kap. 12-16), Zürich – Neukirchen/Vluyn 1982, S. 43-66.

[92] *W. Jens*, Herr Meister, S. 37 (s. Anm. 35).

[93] A.a.O., S. 40.

[94] A.a.O., S. 47.

[95] A.a.O., S. 58.

[96] Einzelheiten dazu bei: *K.-J. Kuschel*, Jesus in der deutschsprachigen Gegenwartsliteratur, Zürich – Gütersloh 1978; *ders.*, Jesus im Spiegel der Weltliteratur. Eine Jahrhundertbilanz in Texten und Einführungen, Düsseldorf 1999.

[97] *W. Jens*, Einleitung, in: Der barmherzige Samariter, hrsg. v. W. Jens, Stuttgart 1973, S. 16.

[98] A.a.O., S. 9. Die Auslegung dieses Gleichnisses wurde noch einmal weitergeführt in dem 1982 entstandenen Beitrag: „Das Gleichnis vom barmherzigen Samariter. Von der Liebe des Nächsten", in: *W. Jens*, Kanzel und Katheder, S. 153-162 (s. Anm. 6).

[99] In: *W. Jens*, Republikanische Reden, S. 30-40 (s. Anm. 8).

[100] In: *W. Jens*, Ort der Handlung ist Deutschland. S. 57-64 (s. Anm. 47).

[101] In: *W. Jens*, Kanzel und Katheder, Reden, S. 135-142 (s. Anm. 6).

[102] S. Anm. 91.

[103] Zu ergänzen wären noch die Beiträge in der von *W. Jens* herausgegebenen Reihe „Assoziationen. Gedanken zu biblischen Texten" (1978-1983) sowie der Text „Zum Geleit" in: *K.-J. Kuschel*, Jesus in der deutschsprachigen Gegenwartsliteratur, Zürich – Gütersloh 1978, S. XIII-XVIII.

[104] *W. Jens*, Christliche Religion und Religion Christi, in: ders., Ort der Handlung, S. 60 (s. Anm. 47).

[105] A.a.O., S. 61.

[106] *W. Jens*, Die Evangelisten als Schriftsteller, in: ders., Republikanische Reden, S. 33f. (s. Anm. 8).

[107] So programmatisch in: *W. Jens*, Theologie und Literatur. Möglichkeiten und Grenzen eines Dialogs, in: ders., Kanzel und Katheder. S. 107-133 (s. Anm. 6).

[108] In: *K.-J. Kuschel*, Weil wir uns auf dieser Erde nicht ganz zu Hause fühlen, S. 22 (s. Anm. 9).

[109] *W. Jens*, Der arme Jesus, in: Kanzel und Katheder. S. 135 (s. Anm. 6).

[110] *W. Jens*, Herr Meister, S. 65 (s. Anm. 35).

[111] *W. Jens*, Der arme Jesus, S. 139 (s. Anm. 109).

[112] Die musikalische Präsentation wurde ausgeführt durch das Mainzer Kammerorchester unter der Leitung von Günter Kehr. Der Text ist nachzulesen in: *W. Jens*, Jesu sieben letzte Worte am Kreuz, in: Die Botschaft hör' ich wohl. Schriftsteller zur Religion, hrsg. v. M. Gregor-Dellin, Stuttgart 1986, S. 150-157. Wieder abgedruckt in: *W. Jens*, Zeichen des Kreuzes. Vier Monologe, Stuttgart 1994, S. 9-20. Nach dieser zuletzt genannten Ausgabe wird der Text im folgenden zitiert. Eine CD-Einspielung mit dem Auryn-Quartett liegt seit 1999 durch die Firma TACET vor.

[113] A.a.O., S. 11.

[114] A.a.O., S. 13.

[115] Vgl. *W. Jens – H. Küng*, Dichtung und Religion, München 1985, S. 30-42, bes. S. 39f.

[116] *B. Pascal*, Über die Religion und über einige andere Gegenstände, übertragen und hrsg. v. E. Wasmuth, Heidelberg, 7. Aufl. 1972, S. 243 (Nr. 553). Bei *Jens* zitiert in: Dichtung und Religion, S. 40.

[117] *W. Jens – H.Küng*, Dichtung und Religion, S. 143-161, bes. S. 147-150; 155-159.

[118] Zit. b. *W. Jens*, Dichtung und Religion, S. 149.

[119] *W. Jens – H. Küng*, Dichtung und Religion, S. 224-241. Ebenso: *W. Jens*, Theolo-

gie und Literatur. Möglichkeiten und Grenzen eines Dialogs, in: ders., Kanzel und Katheder, S. 107-133, bes. S. 107-113 (s. Anm. 6).

[120] *S. Kierkegaard*, Einübung im Christentum, Dtsch. v. E. Hirsch, Gütersloh 1980, S. 42.

[121] A.a.O., S. 256.

[122] *W. Jens*, Dichtung und Religion, S. 267-284 (s. Anm. 115).

[123] *W. Jens*, Heinrich Böll, in: ders. – H. Küng, Anwälte der Humanität, München 1998, S. 61-78.

[124] Einzelheiten dazu bei *K.-J. Kuschel*, Jesus in der deutschsprachigen Gegenwartsliteratur, S. 261-266 (s. Anm. 103).

[125] *H. Böll*, Ansichten eines Clowns, Köln 1963, TB-Ausgabe München 1967, S. 202f.

[126] *W. Jens*, Einleitung, in: Es begibt sich aber zu der Zeit. Texte zur Weihnachtsgeschichte, hrsg. v. W. Jens, Stuttgart 1988, S. 12-16.

[127] Zu christologischen Bezügen in Celans Gedicht „Matière de Bretagne“: *W. Jens*, Nüchternheit und Präzision im Hymnos (1959), in: Über Paul Celan, hrsg. v. D. Meinecke, Frankfurt/M. 1970, S. 47-51. Zu Celans „Tenebrae“: *W. Jens*, Theologie und Literatur, S. 121-123 (s. Anm. 119).

[128] *P. Celan*, Tenebrae, in: ders., Gesammelte Werke Bd. I (Gedichte I), Frankfurt/M. 1983, S. 163 (aus: „Sprachgitter“).

[129] *W. Jens*, Theologie und Literatur, S. 122f (s. Anm. 119).

[130] A.a.O., S. 119f.

[131] *W. Jens*, Zum Geleit, S. XVIII (s. Anm. 103).

[132] Zuerst in: Sinn und Form 44 (1992), S. 509-517. Wieder abgedruckt in: *W. Jens*, Simon Fels unter den Päpsten, in: ders., Zeichen des Kreuzes. Vier Monologe, Stuttgart 1994, S. 63-80. Noch einmal abgedruckt unter dem Titel: „Wir gehören zusammen, mein Herr und ich“. Simon Fels unter den Päpsten, in: W. Jens, Der Teufel lebt nicht mehr, mein Herr! Erdachte Monologe – Imaginäre Gespräche, Stuttgart 2001, S. 28-39. Nach dieser zuletzt genannten Ausgabe wird im folgenden der Text zitiert.

[133] Schon *H. Küng* hatte in „Christ sein“ (München 1974) eine eindrückliche Auslegung der Petrus-Stellen des Neuen Testamentes vorgenommen im Blick auf ein heutiges Verständnis des Petrus-Dienstes. Die Analogien von Jens zu dem entsprechenden Kapitel bei Küng (S. 482-493) sind mit Händen zu greifen.

[134] *W. Jens,* Der Teufel lebt nicht mehr, S. 38 (s. Anm. 132).

[135] A.a.O., S. 39.

[136] Ebd.

[137] *W. Jens*, Ich sehe Jesus von Nazareth, S. 7 (s. Anm. 71).

[138] Vgl. dazu: *E. Moltmann-Wendel*, Ein eigener Mensch werden. Frauen um Jesus, Gütersloh 1980. Die Forschung zusammenfassend: *L. Schottroff u.a. (Hrsg.)*, Kompendium feministische Bibelauslegung, Gütersloh – München 1999.

[139] Der folgende Maria-Magdalena-Essay muß gelesen werden im Kontext der umfassenderen Abhandlung: *W. Jens*, Jesus und die Frauen, in: ders., Ort der Handlung ist Deutschland, S. 65-71 (s. Anm. 47). Zur theologie- und literaturgeschichtlichen Wirkung der Maria-Magdalena-Gestalt: *M. Motté*, „Esthers Tränen, Judiths Tapferkeit“. Biblische Frauen in der Literatur des 20. Jahrhunderts, Darmstadt 2003, Kap. VIII.

[140] Vgl. dazu *K.-J. Kuschel*, Luise Rinser – Religiöse Häutungen einer Schriftstellerin, in: Orientierung 47 (1983), S. 230-233.

[141] *W. Jens*, Maria von Magdala, in: Gotteslehrerinnen, hrsg. v. L. Schottroff – J. Thiele, Stuttgart 1989, S. 47-58, Zitat S. 57.

[142] Vgl. dazu das Pilatus-Kapitel (IV) in meinem Buch: *K.-J. Kuschel*, Jesus im Spiegel der Weltliteratur. Eine Jahrhundertbilanz in Texten und Einführungen, Düsseldorf 1999. Zur Geschichte und Wirkungsgeschichte des Pilatus vgl.:

A. Demandt, Hände in Unschuld. Pontius Pilatus in der Geschichte, Köln 1999. TB-Ausgabe Freiburg/Br. 2001.

[143] *W. Jens*, Herr Meister, S. 72 (s. Anm. 35).

[144] Vgl. dazu: *K.-J. Kuschel*, Jesus im Spiegel der Weltliteratur, S. 26-48, Zitat S. 30.

[145] *W. Jens*, „Ich nehme das Urteil an". Pilatus, in: ders., Zeichen des Kreuzes. Vier Monologe, Stuttgart 1994, S. 41-61. Wieder abgedruckt in: *W. Jens*, Der Teufel lebt nicht mehr, mein Herr! Erdachte Monologe – imaginäre Gespräche, Stuttgart 2001, S. 40-54. Nach dieser zuletzt genannten Ausgabe wird im folgenden der Text zitiert.

[146] A.a.O., S. 44.

[147] A.a.O., S. 47.

[148] A.a.O., S. 54f.

[149] Zitiert wird nach folgender deutscher Ausgabe: *N. Kazantzakis*, Die letzte Versuchung. Roman. Dtsch. v. W. Kerps, Hamburg 1984 (Rowohlt TB-Ausgabe). Zur Einführung in das Werk von N. Kazantzakis vgl.: *K.-J. Kuschel*, Jesus im Spiegel der Weltliteratur, S. 441-453 (s. Anm. 142).

[150] *N. Kazantzakis*, Die letzte Versuchung, S. 17.

[151] A.a.O., S. 186.

[152] Ebd.

[153] A.a.O., S. 363.

[154] A.a.O., S. 365.

[155] A.a.O., S. 397.

[156] Einzelheiten dazu: *K.-J. Kuschel*, Jesus in der deutschsprachigen Gegenwartsliteratur, Zürich – Gütersloh 1978.

[157] *J. L. Borges*, Drei Fassungen von Judas (1944), in: ders., Gesammelte Werke, hrsg. v. G. Haefs – F. Arnold, Der Erzählungen erster Teil (Universalgeschichte der Niedertracht. Fiktionen. Das Aleph), München – Wien 2000, S. 223-229. Zur Einführung in das Werk von J.L. Borges vgl.: *K.-J. Kuschel*, Jesus im Spiegel der Weltliteratur, S. 496-513 (s. Anm. 142).

[158] A.a.O., S. 224f.

[159] A.a.O., S. 228.

[160] A.a.O., S. 228f.

[161] Eine Interpretation des „Falles Judas" von *W. Jens* habe ich bereits vorgelegt in: *K.-J. Kuschel*, Jesus im Spiegel der Weltliteratur, S. 262-271 (s. Anm. 142). Zitiert wird im folgenden nach dieser Ausgabe: *W. Jens*, Der Fall Judas, Stuttgart 1975.

[162] *W. Jens*, Der Herr Meister, S. 84f (s. Anm. 35).

[163] A.a.O., S. 86.

[164] A.a.O., S. 21.

[165] A.a.O., S. 37.

[166] A.a.O., S. 84.

[167] *W. Jens*, Die Götter sind sterblich, S. 141 (s. Anm. 12).

[168] *W. Jens*, Der Fall Judas, S. 8.

[169] A.a.O., S. 9.

[170] A.a.O., S. 90.

[171] A.a.O., S. 14.

[172] A.a.O., S. 91.

[173] A.a.O., S. 90f.

[174] A.a.O., S. 87f.

[175] A.a.O., S. 83.

[176] A.a.O., S. 93.

[177] A.a.O., S. 95.

[178] *H. Böll*, Judasbild und Judenbild: Die Verteuflung der anderen. Über W. Jens „Der Fall Judas", in: ders., Man muß immer weitergehen. Schriften und Reden

1973-75, TB-Ausgabe München 1985, S. 226-228.

179 *W. Jens*, „Ich, ein Jud". Verteidigungsrede des Judas Ischariot, in: ders., Zeichen des Kreuzes, Vier Monologe, Stuttgart 1994, S. 21-39.Die Judas-Problematik wird von Jens auch noch einmal gespiegelt an der Problematik der Künstler-Existenz im Zusammenhang seiner Interpretation von Max Frisch: *W. Jens*, Der Schriftsteller ist ein Verräter. Max Frisch zum 70. Geburtstag, in: Frankfurter Allgemeine Zeitung vom 9. Mai 1991; auch in: Einspruch. Reden gegen Vorurteile, München 1992, S. 141-151, bes. S. 145. Zur theologischen und literarischen Vertiefung des Judas-Themas vgl.: *H. Wagner (Hrsg.)*, Judas Ischariot. Menschliches oder heilsgeschichtliches Drama?, Frankfurt 1985. *B. Dieckmann*, Judas als Sündenbock. Eine verhängnisvolle Geschichte von Angst und Vergeltung, München 1991. *M. Krieg – G. Zangger-Derron (Hrsg.)*, Judas. Ein literarisch-theologisches Lesebuch, Zürich 1996.

180 *S. Zweig*, Die Welt von gestern, Frankfurt/M. 1968, S. 159.

181 *W. Jens*, „Hab' Erbarmen mit mir, Servet". Das Testament des Philipp Melanchthon, in: ders., Der Teufel lebt nicht mehr, mein Herr! Erdachte Monologe – imaginäre Gespräche, Stuttgart 2001, S. 55-68.

182 Vgl. *W. Jens*, Herr Meister, S. 30 u. 33 (s. Anm. 35).

183 *W. Jens*, Der Teufel lebt nicht mehr, mein Herr!, S. 58f.

184 Vgl. zum Fall Servet aus theologie- und literaturgeschichtlicher Sicht: *K.-J. Kuschel*, Vom Streit zum Wettstreit der Religionen. Lessing und die Herausforderung des Islam, Düsseldorf 1998, S. 143-150.

185 *W. Jens*, Der Teufel lebt nicht mehr, mein Herr!, S. 59 (s. Anm. 181).

186 A.a.O., S. 60.

187 A.a.O., S. 61.

188 A.a.O., S. 68.

189 *W. Jens*, Dichtung und Religion, S. 153 (s. Anm. 115).

190 *W. Jens*, Herr Meister, S. 47 (s. Anm. 35).

191 *W. Jens*, Mein Lehrer Ernst Fritz, in: Frankfurter Allgemeine Zeitung vom 15. August 1981. Auch in: Meine Schulzeit im Dritten Reich. Erinnerungen deutscher Schriftsteller, hrsg. v. M. Reich-Ranicki, TB-Ausgabe München 1984, [7]1998, S. 99-108. Zitiert wird im folgenden nach dieser zuletzt genannten Ausgabe.

192 A.a.O., S. 102.

193 A.a.O., S. 104.

194 A.a.O., S. 106.

195 A.a.O., S. 108.

196 *W. Jens*, Der Blinde, München 1964, S. 52.

197 A.a.O., S. 98-99.

198 A.a.O., S. 100.

199 *W. Jens*, Ahasver. Hörspiel, Hamburg 1956.

200 A.a.O., S. 29.

201 A.a.O., S. 34.

202 A.a.O., S. 36.

203 In der deutschsprachigen Gegenwartsliteratur wird *S. Heym* den Stoff weiterschreiben: Ahasver. Roman, München 1981. Zur *Motivgeschichte* vgl.: *H.P. Ecker*, Poetisierung als Kritik. Stefan Heyms Neugestaltung der Erzählung vom Ewigen Juden, Tübingen 1987. Ebenso: *G. Langenhorst*, Auf den Spuren Ahasvers. Literarische Annäherungen an den „Ewigen Juden", in: Orientierung 57 (1993), S. 207-210.

204 Zu Person und Werk von *Wolfgang Hildesheimer: W. Jens*, Auf einen Schriftsteller. Wolfgang Hildesheimer zum 80. Geburtstag, in: ders., Macht der Erinnerung. Betrachtungen eines deutschen Europäers, Düsseldorf – Zürich 1997, S. 227-240. Meine eigene Begegnung mit Person und Werk von Wolfgang Hildeheimer habe

ich geschildert in: *K.-J. Kuschel*, Im Spiegel der Dichter. Mensch, Gott und Jesus in der Literatur des 20. Jahrhunderts, Düsseldorf 1997, S. 59-71.

205 *W. Jens*, Herr Meister, S. 9 (s. Anm. 35).

206 A.a.O., S. 10.

207 Exemplarisch dafür: *W. Emrich*, Franz Kafka, 2. Auflage Königsstein/Ts. 1981.

208 *W. Jens*, Statt einer Literaturgeschichte, S. 293 (s. Anm. 17).

209 A.a.O., S. 296.

210 A.a.O., S. 305.

211 A.a.O., S. 307f.

212 A.a.O., S. 308-319.

213 A.a.O., S. 314f.

214 *H.W. Richter*, Wie entstand und was war die Gruppe 47?, in: Hans Werner Richter und die Gruppe 47, hrsg. v. H.A. Neunzig. Mit Beiträgen von W. Jens u.a., München 1979, S. 41-176, Zitat S. 111f.

215 *W. Jens*, Nüchternheit und Präzision, S. 47 (s. Anm. 127).

216 Vgl. *H. Lenz*, Erinnerungen an Paul Celan, in: Paul Celan – Hanne und Hermann Lenz Briefwechsel, hrsg. v. B. Wiedemann, Frankfurt/M. 2001, S. 8.

217 Die im folgenden zitierten Briefe von Paul Celan an Walter Jens wurden mir vom Walter-Jens-Archiv der Berliner Akademie der Künste zur Verfügung gestellt. Siehe „Ein Wort des Dankes“ in diesem Buch.

218 Brief von Paul Celan an Walter Jens vom 21. März 1959.

219 *W. Jens*, Nüchternheit und Präzision, S. 47 (s. Anm. 127).

220 Die gesamte Affäre hat nun umfassend aufgearbeitet: *B. Wiedemann (Hrsg.)*, Paul Celan – Die Goll-Affäre. Dokumente zu einer ‚Infamie‘, Frankfurt/M. 2000.

221 Zit. n. *A. Gellhaus*, Erinnerung an schwimmende Hölderlintürme. Paul Celan „Tübingen, Jänner“, Spuren 24. Dezember 1993 (Deutsche Schillergesellschaft Marbach/Neckar), S. 5, hrsg. v. U. Ott, F. Pfäfflin, Th. Scheuffelen.

222 Wieder abgedruckt in: *B. Wiedemann (Hrsg.)*, Paul Celan – Die Goll-Affäre, S. 365-370 (s. Anm. 220).

223 Neben dem genannten Beitrag von A. Gellhaus (s. Anm. 221) vgl. auch: *B. Böschenstein*, Tübingen, Jänner, in: Kommentar zu Paul Celans „Die Niemandsrose“, hrsg. v. J. Lehmann, Heidelberg 1997, S. 119-124. Ebenso: *J. Felstiner*, Paul Celan: eine Biographie, München 1997. S. 224-228.

224 *P. Celan*, Gesammelte Werke Bd. I (Gedichte I), Frankfurt/M. 1983, S. 226.

225 *N. Sachs*, Fahrt ins Staublose. Die Gedichte der Nelly Sachs, Frankfurt/M. 1961, S. 8.

226 *W. Jens*, Laudatio auf Nelly Sachs, in: Das Buch der Nelly Sachs, hrsg. v. B. Holmqvist, Frankfurt/M. 1968, TB-Ausgabe Frankfurt/M. 1977, S. 381-389, Zitat S. 382.

227 *N. Sachs*, Jakob, in: Fahrt ins Staublose, S. 90 (s. Anm. 225).

228 *W. Jens*, Laudatio auf Nelly Sachs, S. 386 (s. Anm. 226).

229 A.a.O., S. 387f.

230 Dies habe ich zu zeigen versucht in: *K.-J. Kuschel*, Hiob und Jesus. Die Gedichte der Nelly Sachs als theologische Herausforderung, in: Nelly Sachs. Neue Interpretationen, hrsg. v. M. Kessler – J. Wertheimer, Tübingen 1994, S. 203-224.

231 *W. Jens*, Laudatio auf Nelly Sachs, S. 389 (s. Anm. 226).

232 *I. Jens – W. Jens*, Vergangenheit – gegenwärtig. Biographische Skizzen, Stuttgart 1994, S. 84.

233 Reichhaltiges Material dazu in: *J.K. Roth – M. Berenbaum (Hrsg.)*, Holocaust. Religious and Philosophical Implications, New York 1989. Ebenso: *M. Stöhr (Hrsg.)*, Erinnern, nicht vergessen. Zugänge zum Holocaust, München 1979.

234 Eindrucksvoll dokumentiert ist diese neue Phase des christlich-jüdischen Dialogs in: Die Kirchen und das Judentum. Dokumente von 1945-1985, hrsg. v. R. Rend-

torff – H.H. Henrix, Paderborn – München 1988.

235 *W. Jens*, „Ich, ein Jud". Verteidigungsrede des Judas Ischarioth, in: ders., Juden und Christen in Deutschland. Drei Reden, Stuttgart 1989, S. 9-25, Zitat S. 24f.

236 Einzelheiten dazu bei: *K.-J. Kuschel*, Vom Streit zum Wettstreit der Religionen. Lessing und die Herausforderung des Islam, Düsseldorf 1998, Kap. III und IV.

237 *W. Jens*, „Nathans Gesinnung ist von jeher die meinige gewesen", in: W. Jens – H. Küng, Dichtung und Religion, S. 102-119, Zitat S. 119 (s. Anm. 115).

238 *W. Jens*, Der Teufel lebt nicht mehr, mein Herr! Ein Totengespräch zwichen Lessing und Heine, in: ders., In Sachen Lessing. Vorträge und Essays, Stuttgart 1983, S. 62-90.

239 A.a.O., S. 86f.

240 A.a.O., S. 87.

241 *W. Jens*, Ein ernster Christenmensch, Predigt über Fontane, in: ders., Wer am besten redet, ist der reinste Mensch. Über Fontane, Weimar 2000, S. 73-86.

242 Einzelheiten zum Komplex Fontane und die Juden bei: *M. Fleischer*, „Kommen Sie, Cohn." Fontane und die „Judenfrage", Berlin 1998.

243 *W. Jens*, Ein ernster Christenmensch, S. 80 (s. Anm. 241).

244 Belege dazu in: Kirche und Synagoge. Handbuch zur Geschichte von Christen und Juden. Darstellung mit Quellen, hrsg. v. K.H. Rengstorf – S. v. Kortzfleisch, Bd. II, Stuttgart 1970, TB-Ausgabe München 1988, S. 297-306, Zitat S. 299 u. 304.

245 Alle Texte in: *W. Jens*, Juden und Christen in Deutschland. Drei Reden, Stuttgart 1989.

246 A.a.O., S. 81.

247 A.a.O., S. 100.

248 A.a.O., S. 109.

249 A.a.O., S. 50f.

250 *W. Jens*, Freiburg im Krieg – Memento. Zur Erinnerung an den 27. November 1944, in: ders., Macht der Erinnerung. Betrachtungen eines deutschen Europäers, Düsseldorf – Zürich 1997, S. 100-128, Zitat S. 112.

251 *W. Jens*, Juden und Christen in Deutschland, 1989, S. 48 (s. Anm. 235).

252 A.a.O., S. 49.

253 A.a.O., S. 65.

254 Die Dokumente dieses Streites sind gesammelt in: „Historikerstreit". Die Dokumentation der Kontroverse um die Einzigartigkeit der nationalsozialistischen Judenvernichtung, München 1987.

255 *W. Jens*, Juden und Christen in Deutschland, S. 35.37 (s. Anm. 235).

256 A.a.O., S. 55f.

257 A.a.O., S. 57.

258 *W. Jens*, Ein Jud aus Hechingen. Requiem für Paul Levi, Stuttgart 1992.

259 Vgl. dazu die Passage: A.a.O., S. 29.

260 A.a.O., S. 35.

261 A.a.O., S. 48.

262 A.a.O., S. 49.

263 A.a.O., S. 57f.

264 Das Rosa-Luxemburg-Stück unter dem Titel „Die rote Rosa" wurde zwar am 1.9.1966 als Fernsehspiel vom Bayrischen Rundfunk ausgestrahlt, der Text jedoch wurde nie veröffentlicht.

265 Vgl. dazu: *W. Jens*, Porträt eines Moralisten: Albert Einstein [Rede zur Einweihung des Albert-Einstein-Hauses der Volkshochschule Ulm 1968], in: ders., Von deutscher Rede, München 1969, TB-Ausgabe München 1972, S. 119-131.

266 Zitiert nach dem Beiheft zur Uraufführung von „Ein Jud aus Hechingen" am 25. Januar 1992 im Landestheater Württemberg-Hohenzollern in Tübingen, S. 9.

267 *W. Jens*, Appell in letzter Stunde, in: In letzter Stunde. Aufruf zum Frieden, hrsg.

v. W. Jens, München 1982, S. 7-26, Zitat S. 8.

[268] Vgl. dazu: *W. Jens*, Freiburg im Krieg. Memento. Zur Erinnerung an den 27. November 1944, in: ders., Macht der Erinnerung. Betrachtungen eines deutschen Europäers, Düsseldorf – Zürich 1997, S. 100-128; *ders.*, Vergangenheit gegenwärtig. Biographische Skizzen, Stuttgart 1994, S. 65f.: „Was sollte denn schon aus einem Asthmatiker werden, der ein volles Viertel seiner Schulzeit in Sanatorien zubringen mußte (und es mit Freuden tat: Kindersanatorium Schwester-Frieda-Klimsch-Stiftung, Königsfeld im badischen Schwarzwald – ein Refugium, wo ich geborgen war)? Wie hätte einer bestehen können, der verloren war für die heroische Zeit, weil er Bronchovydrin und Alludrin in hohen Dosen brauchte, um überhaupt existieren zu können – und der zugleich doch seiner Krankheit dankbar war, weil sie ihn vorm Marschieren bewahrte und er zeitlebens nie eine Waffe in die Hand nehmen mußte?"

[269] Der 1947 erstmals publizierte Text wurde in den achtziger Jahren noch einmal neu gedruckt: *W. Jens*, Das weiße Taschentuch, Stuttgart 1988.

[270] A.a.O., S. 11.

[271] *W. Jens*, Das Testament des Odysseus, Pfullingen 1957.

[272] A.a.O., S. 49.

[273] *W. Jens*, Die Verschwörung, München 1969.

[274] A.a.O., S. 29.

[275] *W. Jens*, Der tödliche Schlag, in: ders., Die Verschwörung/Der tödliche Schlag. zwei Fernsehspiele, München 1974, S. 57-141.

[276] A.a.O., S. 73.

[277] A.a.O., S. 81.

[278] A.a.O., S. 91f.

[279] A.a.O., S. 93.

[280] A.a.O., S. 112.

[281] A.a.O., S. 63.

[282] A.a.O., S. 139.

[283] A.a.O., S. 94.

[284] *F. Dürrenmatt*, 21 Punkte zu den „Physikern", in: ders., Die Physiker. Eine Komödie in zwei Akten, Zürich 1998, S. 92f. (Werkausgabe Bd. 7).

[285] *W. Jens*, Der tödliche Schlag, S. 133 (s. Anm. 275).

[286] A.a.O., S. 139.

[287] *Euripides*, Die Troerinnen. Griechisch/Deutsch, übers. u. hrsg. v. K. Steinmann, Stuttgart 1987. Hier Anmerkungen, Literaturhinweise und ein Nachwort auf heutigem Forschungsstand. *W. Jens*, Der Untergang. Nach den Troerinnen des Euripides, München 1982. Zum Hintergrund des dramatischen Werkes von Euripides vgl.: *S. Melchinger*, Die Welt als Tragödie, Bd. II (Euripides), München 1980. Zu den „Troerinnen" hier S. 214-226. *A. Dihle*, Griechische Literaturgeschichte, München 1991, 3. Aufl. 1998, bes. S. 140-156. *B. Zimmermann*, Die griechische Tragödie. Eine Einführung, München – Zürich 1992, bes. S. 120-123.

[288] Vgl. dazu *K. Steinmann*, Nachwort, S. 165-168 (s. Anm. 287).

[289] *W. Jens*, Der Untergang, S. 10 (s. Anm. 287).

[290] A.a.O., S. 83.

[291] *K. Steinmann*, Nachwort, S. 165 (s. Anm. 287).

[292] *Ida Ehre* ist das Stück „Der Untergang" in „Dankbarkeit und Verpflichtung" gewidmet. Die Prinzipalin selbst hat Walter Jens Dankbarkeit bekundet mit ihrem Beitrag: *I. Ehre*, Das versteckt Autobiographische im „Untergang" oder – Liebeserklärung an Walter Jens, in: Literatur in der Demokratie. Für Walter Jens zum 60. Geburtstag, hrsg. v. W. Barner u.a., München 1983, S. 33-38.

[293] Vgl. zum militärpolitischen Hintergrund: *G. Bastian*, Die Nachrüstungs-Lüge, in: In letzter Stunde. Aufruf zum Frieden, hrsg. v. W. Jens, München 1982, S. 27-62.

[294] Ich halte mich hier und im folgenden an den Bericht von: *U. Finckh*, Einführung, in: Verwerflich? Friedensfreunde vor Gericht. Eine Dokumentation der Gruppe „Gustav Heinemann“ Tübingen, hrsg. v. U. Finckh – I. Jens, München 1985, S. 9-22. Hier auch die Plädoyers von Inge und Walter Jens am 21. Januar 1985 anläßlich ihrer Gerichtsverhandlung in Schwäbisch Gmünd (S. 56-66). Ebenso wichtig: *W. Jens*, Mutlanger Herbst, in: Allmende 9 (1984), S. 143-146.
[295] *W. Jens*, Wie es ist und wie es sein könnte, S. 18 (s. Anm. 9).
[296] *K. Steinmann*, Nachwort, S. 206 (s. Anm. 287).
[297] *W. Jens*, Der Untergang, S. 46 (s. Anm. 287).
[298] A.a.O., S. 64.
[299] *Euripides*, Die Troerinnen, S. 15: VV 95-97 (s. Anm. 287).
[300] *W. Jens*, Der Untergang, S. 83 (s. Anm. 287).
[301] A.a.O., S. 57f.
[302] *Eurpides*, Die Troerinnen, S. 71: VV 863-872 (s. Anm. 287).
[303] *W. Jens*, Der Untergang, S. 80 (s. Anm. 287).
[304] So *U. Finckh*, Einführung, S. 18 (s. Anm. 294).
[305] *W. Jens*, Einleitung, in: Frieden. Die Weihnachtsgeschichte in unserer Zeit, hrsg. v. W. Jens, Stuttgart 1981, S. 9-13, Zitat S. 11f.
[306] Einzelheiten dazu bei: *K.-J. Kuschel*, Im Spiegel der Dichter, S. 72-104 (s. Anm. 204).
[307] *W. Jens*, Appell in letzter Stunde, S. 20f (s. Anm. 293).
[308] *W. Jens*, Der Rhetor Friedrich Nietzsche, in: ders., Republikanische Reden, S. 101-112, Zitat S. 103 (s. Anm. 8).
[309] *W. Jens*, Mutlanger Herbst, S. 144f. (s. Anm. 294).
[310] *Aristophanes*, Lysistrate. Komödie, übers. v. L. Seeger, Anm. und Nachwort von O. Seel, Stuttgart 1969. *W. Jens*, Die Friedensfrau. Nach der Lysistrate des Aristophanes, München 1986. Zum Hintergrund des Werks von Aristophanes vgl.: *B. Zimmermann*, Die griechische Komödie, Düsseldorf – Zürich 1998, S. 67-188, bes. S. 92-98.
[311] *R. Hochhuth*, Lysistrate und die NATO. Komödie. Mit einer Studie: Frauen und Mütter, Bachhofen und Germaine Greer, Hamburg 1973, S. 133.
[312] *W. Jens*, Herr Meister, S. 14 (s. Anm. 35).
[313] *W. Jens*, Der Untergang, S. 17 (s. Anm. 287).
[314] *W. Jens*, Die Friedensfrau, S. 20 (s. Anm. 310).
[315] A.a.O., S. 22.
[316] Ebd.
[317] A.a.O., S. 11.
[318] A.a.O., S. 21.
[319] A.a.O., S. 40f.
[320] A.a.O., S. 41.
[321] A.a.O., S. 38.
[322] A.a.O., S. 28.
[323] A.a.O., S. 72.
[324] *W. Jens*, Der Untergang, S. 80 (s. Anm. 287).
[325] *W. Jens*, Die Friedensfrau, S. 78 (s. Anm. 310).
[326] *W. Jens*, Erasmus von Rotterdam. Eine Vision vom Frieden, in: ders., Einspruch. Reden gegen Vorurteile, München 1992, S. 13-34.
[327] A.a.O., S. 15.
[328] A.a.O., S. 23f.
[329] Anschaulich wird die Idee einer Friedensbibliothek durch das von Jens benutzte: Hermes Handlexikon: Die Friedensbewegung. Organisierter Pazifismus in Deutschland, Österreich und in der Schweiz, hrsg. v. H. Donat – K. Holl, Düsseldorf 1983. Wichtig auch zum theoretischen Hintergrund dieser Idee für Jens: *G.F.*

Nicolai, Die Biologie des Krieges. Betrachtungen eines Naturforschers den Deutschen zur Besinnung, Zürich 1919, 3. Aufl. Darmstadt 1983. Ebenso: *J. Blank*, Im Dienst der Versöhnung. Friedenspraxis aus christlicher Sicht, München 1984.

[330] *J. G. Herder*, Briefe zur Beförderung der Humanität, hrsg. v. H.D. Irmscher, Frankfurt/M. 1991, S. 719-726 (Bibliothek deutscher Klassiker).

[331] *I. Kant*, Zum ewigen Frieden. Ein philosophischer Entwurf (1795), in: Werke, hrsg. v. W. Weischedel, Bd. IX (Schriften zur Anthropologie, Geschichtsphilosophie, Politik und Pädagogik Teil I), Darmstadt 1975, S. 191-251.

[332] *W. Jens*, Dichtung und Religion, S. 152 (s. Anm. 115).

[333] *W. Jens*, Dichtung und Religion, S. 65.

[334] *W. Jens*, Einspruch, S. 25 (s. Anm. 326).

[335] *W. Jens*, Auslegung von Matthäus 5, 13-16, in: Der verbotene Friede. Reflexionen zur Bergpredigt aus 2 deutschen Staaten, hrsg. v. W. Erk, Stuttgart 1982, S. 69-76, Zitat S. 75f.

[336] *W. Jens*, Über die Vergänglichkeit. Der 90. Psalm, in: ders., Einspruch, S. 215-229 (s. Anm. 326).

[337] A.a.O., S. 217.

[338] A.a.O., S. 219.

[339] A.a.O., S. 220.

[340] A.a.O., S. 222f.

[341] A.a.O., S. 225.

[342] A.a.O., S. 228.

[343] Einer der letzten großen Texte von Walter Jens, vorgetragen am 1.1.2005 in Aachen im Rahmen einer Aufführung von Beethovens 9. Symphonie.

BIBLIOGRAPHIE

I. Literarisch-theologische Schriften von Walter Jens

Aufgeführt wird hier – thematisch geordnet – diejenige Literatur, die für den Zusammenhang dieses Buches relevant ist und für die Darstellung herangezogen wurde. Weitere Literatur ist bei den einzelnen Kapiteln angeführt.

1. Romane und Erzählungen

Das weiße Taschentuch, Hamburg 1947; wieder abgedruckt: Stuttgart 1988.
Nein – Die Welt der Angeklagten. Roman, Hamburg – Stuttgart – Baden-Baden 1950; München 1968; München 1977.
Der Blinde, Hamburg 1951; München 1964. Wieder abgedruckt in: Vergessene Gesichter. Der Blinde. Zwei Romane, München 1976, S. 247-321.
Vergessene Gesichter. Roman, Hamburg 1952. Wieder abgedruckt in: Vergessene Gesichter. Der Blinde. Zwei Romane, München 1976, S. 7-246.
Der Mann, der nicht alt werden wollte. Roman, Hamburg 1955; TB-Ausgabe Hamburg 1963.
Das Testament des Odysseus. Pfullingen 1957. Wieder abgedruckt in: Zur Antike, München 1978, S. 225-282.
Die Götter sind sterblich, Pfullingen 1959. Wieder abgedruckt in: Zur Antike, München 1978, S. 137-223.
Herr Meister. Dialog über einen Roman, München 1963. TB-Ausgabe Frankfurt/M. – Berlin – Wien 1974 (Ullstein-TB 3028).
Der Fall Judas, Stuttgart 1975.

2. Hörspiele, Fernsehspiele, Theaterstücke

Ahasver. Hörspiel, Hamburg 1956. Auch in: 16 deutsche Hörspiele. Auswahl und Nachwort von H. Schmitthenner, München 1962, S. 7-40.
Die rote Rosa. Fernsehspiel, 1966 (Manuskript), Erstsendung: 1.9.1966, Bayrischer Rundfunk.
Die Verschwörung. Fernsehspiel, Erstsendung: 1969, in: Die Verschwörung. Der tödliche Schlag. Zwei Fernsehspiele, München 1974, S. 7-55. Wieder abgedruckt in: Zur Antike, München 1978, S. 283-330.
Der tödliche Schlag. Fernsehspiel, Erstsendung: 1975, in: Die Verschwörung. Der tödliche Schlag. Zwei Fernsehspiele, München 1974, S. 57-

141. Wieder abgedruckt in: Zur Antike, München 1978, S. 331-412.
Der Ausbruch. Libretto, Tübingen-Bebenhausen 1975.
Der Untergang. Nach den Troerinnen des Euripides, München 1982.
Die Friedensfrau. Nach der Lysistrate des Aristophanes, München 1986.
Ein Jud aus Hechingen. Requiem für Paul Levi, Stuttgart 1992.

3. Übersetzungen des Neuen Testamentes
Am Anfang der Stall – am Ende der Galgen. Jesus von Nazareth, seine Geschichte nach Matthäus, Stuttgart 1972.
Das A und das O. Die Offenbarung des Johannes, Stuttgart 1987.
Die Zeit ist erfüllt. Die Stunde ist da. Das Markus-Evangelium, Stuttgart 1990.
Und ein Gebot ging aus. Das Lukas-Evangelium, Stuttgart 1991.
Am Anfang: das Wort. Das Johannes-Evangelium, Stuttgart 1993.
Die vier Evangelien. Matthäus – Markus – Lukas – Johannes, Stuttgart 1998.
Der Römerbrief, Stuttgart 2000.

4. Essays – Vorlesungen – Vorträge
Statt einer Literaturgeschichte. Dichtung im zwanzigsten Jahrhundert, Pfullingen 1957. Erw. Neuausgabe Düsseldorf – Zürich 2001.
Deutsche Literatur der Gegenwart. Themen, Stile, Tendenzen, München 1961. TB-Ausgabe München 1964.
Zueignungen. 11 literarische Portraits (u.a. zu Döblin, Brecht, Hemingway, Parvese, Camus, Barlach, Freud, Tucholsky, Koeppen), München 1962.
Fernsehen – Themen und Tabus. Momos 1963-1973, München 1973.
Republikanische Reden, München 1976.
Ort der Handlung ist Deutschland. Reden in erinnerungsfeindlicher Zeit, München 1981.
Kanzel und Katheder. Reden, München – Zürich 1984.
(zus. mit Hans Küng): *Dichtung und Religion*. Pascal – Gryphius – Lessing – Hölderlin – Novalis – Kierkegaard – Dostojewski – Kafka, München 1985. TB-Ausgabe München 1988.
(zus. mit Hans Küng): *Anwälte der Humanität*. Thomas Mann – Hermann Hesse – Heinrich Böll, München 1989.
Einspruch. Reden gegen Vorurteile, München 1992.
(zus. mit Hans Küng): *Menschenwürdig sterben*. Ein Plädoyer für Selbstverantwortung, München – Zürich 1995.
Aus gegebenem Anlaß. Texte einer Dienstzeit. Geleitwort von G. Konrád, Berlin 1998.
Mythen der Dichter. Modelle und Variationen. Vier Diskurse, München 1993.
Macht der Erinnerung. Betrachtungen eines deutschen Europäers, Düsseldorf – Zürich 1997.

5. Zur Figur Jesu von Nazareths

Einleitung, in: W. Jens (Hrsg.), Der barmherzige Samariter, Stuttgart 1973, S. 9-18.

Die Evangelisten als Schriftsteller, in: W. Jens, Republikanische Reden, München 1976, S. 30-40.

Rede zum Buß- und Bettag (Mt. 27,39ff.), in: Deutsches Allgemeines Sonntagsblatt vom 27.11.1977. Wieder abgedruckt unter dem Titel: *Christliche Religion und Religion Christi*, in: W. Jens, Ort der Handlung ist Deutschland. Reden in erinnerungsfeindlicher Zeit, München 1981, S. 57-64.

Zum Geleit, in: K.-J. Kuschel, Jesus in der deutschsprachigen Gegenwartsliteratur, Zürich – Köln – Gütersloh 1978, S. XIII-XVI.

Vorwort, in: W. Jens (Hrsg.), Warum ich Christ bin, München 1979, S. 7-16.

Jesus und die Frauen, in: W. Jens, Ort der Handlung ist Deutschland. Reden in erinnerungsfeindlicher Zeit, München 1981, S. 65-71.

Reflexionen zur Bergpredigt (Mt 5,13-16), in: Der verbotene Friede. Reflexionen zur Bergpredigt aus zwei deutschen Staaten, hrsg. v. W. Erk, Stuttgart 1982, S. 69-76.

Der arme Jesus. Über die Notwendigkeit einer befremdenden Betrachtung biblischer Texte, in: W. Jens, Kanzel und Katheder. Reden, München – Zürich 1984, S. 135-142.

„... und habe Euch doch geliebt". Gedanken über den paulinischen Christus, in: W. Jens, Kanzel und Katheder, S. 143-152.

Das Gleichnis vom barmherzigen Samariter. Von der Liebe des Nächsten, in: W. Jens, Kanzel und Katheder, S. 153-162.

Jesu sieben letzte Worte am Kreuz, in: Die Botschaft hör' ich wohl. Schriftsteller zur Religion, hrsg. v. M. Gregor-Dellin, Stuttgart 1986, S. 150-157. Auch abgedruckt in: W. Jens, Zeichen des Kreuzes. Vier Monologe, Stuttgart 1994, S. 9-20.

6. Zu Bibel und biblischen Figuren

Mord an Luther. Das Neue Testament in revidierter Fassung, in: DIE ZEIT vom 17.12.1976.

Martin Luthers deutsche Bibel – 1545 und heute, in: Zeichen der Zeit, Heft 7/8, 1981, S. 241-250.

Assoziationen. Gedanken zu biblischen Texten, hrsg. v. W. Jens, Stuttgart 1978-1983 (8 Bände).

Martin Luther: Die Deutsche Bibel einst und jetzt, in: W. Jens, Ort der Handlung ist Deutschland. Reden in erinnerungsfeindlicher Zeit, München 1981, S. 147-164.

Mündlich Predigt und lebendig Wort. Verteidigung von Martin Luthers gesprochener Sprache gegen das Einheitskauderwelsch modischer Bibelbearbeiter, in: DIE ZEIT vom 19. Juni 1981.

Die Zehn Gebote (Exodus 20,1-17), in: Die Zehn Gebote. Eine Reihe mit Gedanken und Texten, hrsg. v. H. Albertz, Bd. I, Stuttgart 1985, S. 9-15.

Es begibt sich aber zu der Zeit. Texte zur Weihnachtsgeschichte, hrsg. v. W.

Jens, Stuttgart 1988.
Die Phantasie und die Bibel. Vorwort, in: Religion und Phantasie. Von der Imaginationskraft des Glaubens, hrsg. v. W.H. Ritter, Göttingen 2000, S. 7-14.

David: König und Musikant, in: *W. Jens*, Macht der Erinnerung. Betrachtungen eines deutschen Europäers, Düsseldorf – Zürich 1997, S. 131-143.
Simon Fels unter den Päpsten, in: W. Jens, Zeichen des Kreuzes, Vier Monologe, Stuttgart 1994, S. 63-80. Wieder abgedruckt in: W. Jens, Der Teufel lebt nicht mehr, mein Herr! Erdachte Monologe – imaginäre Gespräche, Stuttgart 2001, S. 28-39.
„Ich, ein Jud". Verteidigungsrede des **Judas Ischarioth**, in: W. Jens, Juden und Christen in Deutschland. Drei Reden, Stuttgart 1989, S. 9-25. Wieder abgedruckt in: W. Jens, Zeichen des Kreuzes. Vier Monologe, Stuttgart 1994, S. 21-39. Auch in: W. Jens, Der Teufel lebt nicht mehr, mein Herr! Erdachte Monologe – imaginäre Gespräche, Stuttgart 2001, S. 15-27.
Maria von Magdala, in: Gotteslehrerinnen, hrsg. v. L. Schottroff – J. Thiele, Stuttgart 1989, S. 47-58.
„Ich nehme das Urteil an". **Pilatus**, in: W. Jens, Zeichen des Kreuzes. Vier Monologe, Stuttgart 1994, S. 41-61. Wieder abgedruckt in: W. Jens, Der Teufel lebt nicht mehr, mein Herr! Erdachte Monologe – imaginäre Gespräche, Stuttgart 2001, S. 40-54.

7. Zum Thema Juden und Christen

Mein Lehrer Ernst Fritz, in: Frankfurter Allgemeine Zeitung vom 15. August 1981. Wieder abgedruckt in: Meine Schulzeit im Dritten Reich. Erinnerungen deutscher Schriftsteller, hrsg. v. M. Reich-Ranicki, Köln 1982. TB-Ausgabe 3. Auflage 1992, S. 99-108.
Nathan der Weise aus der Sicht von Auschwitz, in: W. Jens, Kanzel und Katheder. Reden, München – Zürich 1984, S. 31-49. Wieder abgedruckt in: Juden und Christen in Deutschland. Drei Reden, Stuttgart 1989, S. 91-115.
Das Land der Sieger weitab von der Paulskirche, weitab von Weimar, in: W. Jens, Juden und Christen in Deutschland, S. 27-57.
Der Traum von der Versöhnung und das Ende der Illusion, in: Juden und Christen in Deutschland, S. 59-90.

8. Zum Thema Frieden

Traktat vom Frieden, von der Gewalt und der Revolution, in: Von Ghandi bis Câmara. Beispiele gewaltfreier Politik, hrsg. v. H.J. Schultz, Stuttgart 1971, S. 6-22. Wieder abgedruckt in: Politik ohne Gewalt? Beispiele von Ghandi bis Câmara. Mit einem Geleitwort von G.W. Heinemann, hrsg. v. H.J. Schultz, Frankfurt/M. 1976, S. 148-164.
Frieden. Die Weihnachtsgeschichte in unserer Zeit, Stuttgart 1981 (Übersetzung von Lukas 2,1-14, Einleitung sowie der Essay: Hoffnungszeichen und Richtspruch).

Appell in letzter Stunde. In: In letzter Stunde. Aufruf zum Frieden, hrsg. v. W. Jens, München 1982, S. 7-26.
Wohl denen, die Frieden machen, in: Friedenszeichen. Lebenszeichen. Pazifismus zwischen Verächtlichmachung und Rehabilitierung. Ein Lesebuch zur Friedenserziehung, hrsg. v. H. Donat – J.P. Frommen, Bremerhaven 1982, S. 23ff.
Was heißt für mich Frieden? in: Was heißt für mich Frieden, hrsg. v. W. Filmer – H. Schwan, Oldenburg – Hamburg – München 1982, S. 145-146.
Mutlanger Herbst. Rede, in: Allmende. Eine allemannische Zeitschrift, hrsg. v. M. Bosch – L. Haffner – A. Muschg, Nr. 9, 1984, S. 143-146.
Die besondere Friedenspflicht des Christen. Über Erasmus von Rotterdam, in: Radius – Almanach 1986/87, Stuttgart 1986, S. 5-15.
Die große Vision vom Frieden: Erasmus von Rotterdam, in: Gegenentwürfe. 24 Lebensläufe für eine andere Theologie. Hans Küng zum 60. Geburtstag, hrsg. v. H. Häring – K.-J. Kuschel, München – Zürich 1988, S. 109-128. Wieder abgedruckt in: W. Jens, Einspruch. Reden gegen Vorurteile, München 1992, S. 13-34.
Gegen das Schwarz-Weiß-Denken. Über den Golfkrieg, in: W. Jens, Einspruch. Reden gegen Vorurteile, München 1992, S. 249-255.

9. Zu Theologie, Kirche, Predigten
Die christliche Predigt: Manipulation oder Verkündigung?, in: W. Jens, Republikanische Reden, München 1976, S. 11-29. Wieder abgedruckt in: W. Jens, Pathos und Präzision. Acht Texte zur Theologie, Stuttgart 2002, S. 71-90.
Predigt zur Weihnachtsgeschichte des Evangelisten Lukas, in: Deutsches Allgemeines Sonntagsblatt vom 5.7.1981. Wieder abgedruckt unter dem Titel: Hoffnungszeichen und Richtspruch, in: Frieden. Die Weihnachtsgeschichte in unserer Zeit, hrsg. v. W. Jens, Stuttgart 1981, S. 67-81.
Predigt über Jesaja 1,27, in: Radius-Almanach 1983/84, Stuttgart 1983, S. 7-13.
Theologie und Literatur. Möglichkeiten und Grenzen eines Dialogs, in: W. Jens, Kanzel und Katheder. Reden, München – Zürich 1984. S. 107-133. Wieder abgedruckt in: W. Jens, Pathos und Präzision. Acht Texte zur Theologie, Stuttgart 2002, S. 33-57.
Die Buddenbrooks und ihre Pastoren. Zu Gast im Weihnachtshause Thomas Manns, München 1990.
Über die Vergänglichkeit. Der 90. Psalm. Predigt, in: W. Jens, Einspruch. Reden gegen Vorurteile, München 1992, S. 215-229. Wieder abgedruckt in: W. Jens, Pathos und Präzision. Acht Texte zur Theologie, Stuttgart 2002, S. 173-187.
Ein ernster Christenmensch. Predigt über Fontane, in: W. Jens, Wer am besten redet, ist der reinste Mensch. Über Fontane, Weimar 2000, S. 73-86.
Gerechtigkeit im Zeichen der Liebe. Der Prophet Jesaja, in: W. Jens, Pathos und Präzision. Acht Texte zur Theologie, Stuttgart 2002, S. 165-171.

10. Zu Figuren der Kirchen-, Theologie- und Literaturgeschichte (in alphabetischer Reihenfolge)

Ein Prediger in der Wüste. Über **Heinrich Albertz'** „Blumen für Stukenbrock", in: DER SPIEGEL vom 25.1.1982.

Festgabe zum 70. Geburtstag von Heinrich Albertz, hrsg. v. W. Jens, Stuttgart 1985.

Nüchternheit und Präzision im Hymnos. Zu **Paul Celans** „Sprachgitter": Über Paul Celan (1959), hrsg. v. D. Meinecke, Frankfurt/M. 1970, S. 47-51.

Erasmus von Rotterdam, Die Vision vom Frieden, in: W. Jens, Einspruch. Reden gegen Vorurteile, München 1992, S. 13-34. Wieder abgedruckt in: W. Jens, Pathos und Präzision. Acht Texte zur Theologie, Stuttgart 2002, S. 141-162.

Der Schriftsteller ist ein Verräter. **Max Frisch** zum 70. Geburtstag, in: Frankfurter Allgemeine Zeitung vom 9.5.1981. Wieder abgedruckt in: W. Jens, Einspruch. Reden gegen Vorurteile, München 1992, S. 141-151.

Salut für **Helmut Gollwitzer**, in: Junge Kirche. Eine Zeitschrift europäischer Christen. Helmut Gollwitzer zum 80. Geburtstag. Jahrgang 49 (1988), Nr. 12, S. 668-669.

Ein deutscher Jude. **Heinrich Heine**, in: W. Jens, Von deutscher Rede, erw. Neuausgabe München 1983, S. 133-146.

Der Teufel lebt nicht mehr, mein Herr! Ein Totengespräch zwischen Lessing und Heine (1979), in: In Sachen Lessing. Vorträge und Essays, Stuttgart 1983, S. 62-90. Wieder abgedruckt in: W. Jens, Der Teufel lebt nicht mehr, mein Herr! Erdachte Monologe – Imaginäre Gespräche, Stuttgart 2001, S. 78-102.

Um nichts als die Wahrheit. Deutsche Bischofskonferenz contra **Hans Küng**, hrsg. v. W. Jens, München 1978, S. 7-21. Wieder abgedruckt unter dem Titel: Ein Einzelner und die katholische Kirche, in: W. Jens, Ort der Handlung ist Deutschland. Reden in erinnerungsfeindlicher Zeit, München 1981, S. 72-85.

Mein Freund Hans Küng, in: H. Küng. Neue Horizonte des Glaubens und Denkens. Ein Arbeitsbuch, hrsg. v. H. Häring – K.-J. Kuschel, München – Zürich 1993, S. 820-824.

Hans Küng zum Abschied, in: W. Jens – K.-J. Kuschel, Dialog mit Hans Küng, München – Zürich 1996, S. 65-99.

Gotthold Ephraim Lessing, Theologie und Theater, in: W. Jens, Ort der Handlung ist Deutschland. Reden in erinnerungsfeindlicher Zeit, München 1981, S. 165-184. Wieder abgedruckt in: W. Jens, Pathos und Präzision. Acht Texte zur Theologie, Stuttgart 2002, S. 119-140.

In Sachen Lessing. Vorträge und Essays, Stuttgart 1983 („Feldzüge eines Redners", „Lessing und die Antike", „Der Journalist", „Theologie und Theater", „Lessings ‚Nathan' aus der Perspektive von Auschwitz", „Ein Mann von Witz. Zwei Interpretationen").

Martin Luther. Prediger, Poet und Publizist, in: W. Jens, Kanzel und Katheder. Reden, München 1984, S. 163-189. Wieder abgedruckt in: W. Jens, Pathos und Präzision. Acht Texte zur Theologie, Stuttgart 2002,

S. 93-117.
Prediger und Poet: Über **Kurt Marti**: Aus Anlaß des Erscheinens seiner „Ausgewählten Gedichte 1959-1980“, in: Frankfurter Allgemeine Zeitung vom 18.9.1982.
Kurt Marti zu Ehren, in: Kurt Marti. Texte, Daten, Bilder, hrsg. v. Ch. Mauch, Frankfurt/M. 1991, S. 7-12.
„Hab' Erbarmen mit mir, Servet“. Das Testament des **Philipp Melanchton**, in: W. Jens, Der Teufel lebt nicht mehr, mein Herr! Erdachte Monologe – Imaginäre Gespräche, Stuttgart 2001, S. 55-68.
Ein Prophet des Friedens. **Martin Niemöller** zum 100. Geburtstag, in: Blätter für deutsche und internationale Politik 36 (1992), S. 160-170.
Laudatio auf **Nelly Sachs** (1966), in: Das Buch der Nelly Sachs, hrsg. v. B. Holmqvist, Frankfurt/M. TB 1977, S. 381-389. Wieder abgedruckt in: W. Jens, Statt einer Literaturgeschichte. Dichtung im 20. Jahrhundert, Düsseldorf – Zürich 1998, S. 321-330.
Entschieden demütig. Über **Kurt Scharf**s Buch „Widerstehen und Versöhnen: Rückblicke und Ausblicke“, in: DIE ZEIT vom 11.12.1987.
„Die Ermittlung“ von **Peter Weiss** in Westberlin, in: Über Peter Weiß, hrsg. v. V. Canares, Frankfurt/M. 1971, S. 92-96.
Fremdlinge sind wir im eigenen Haus ... Laudatio auf Peter Weiss, in: Deutsche Akademie für Sprache und Dichtung. Jahrbuch 1982, II. Lieferung, Heidelberg 1982, S. 79-89. Wieder abgedruckt in: W. Jens, Von deutscher Rede, erweiterte Neuausgabe München – Zürich 1983, S. 286-303.
Die Universalität der Kunst – über Peter Weiss, in: W. Jens, Aus gegebenem Anlaß. Texte einer Dienstzeit, Berlin 1998, S. 129-136.

II. Gesamtbibliographie der Schriften von 1992-2007

Eine bibliographische Erfassung aller Schriften von Walter Jens im Zeitraum von 1947-1991 wurde vorgelegt von Uwe Karbowiak *und ist zu finden in:* W. Hinck, Walter Jens. Un homme de lettres. Zum 70. Geburtstag, München 1993, S. 135-191. *Aus Gründen der Vollständigkeit wird diese chronologische Bibliographie hier ergänzt um den Zeitraum von 1992-2007. Dieser Teil der Bibliographie wurde zusammengestellt von* Daniel Tobias Seger.

1. Bücher

Die sieben letzten Worte am Kreuz. München 1992.
Ein Jud aus Hechingen. Requiem für Paul Levi. Stuttgart 1992.
Einspruch. Reden gegen Vorurteile. München 1992.
Die Buddenbrooks und ihre Pastoren. Lübeck 1993.
Mythen der Dichter. Modelle und Variationen. München 1993.
Zeichen des Kreuzes. Vier Monologe. Stuttgart 1994.
Das künstlerische Alterswerk. Wolnzach 1997. [Katholische Universität Eichstätt].

Macht der Erinnerung. Betrachtungen eines deutschen Europäers. München/Zürich 1997.
Aus gegebenem Anlaß. Texte einer Dienstzeit. Mit einem Geleitwort von György Konrád. Berlin 1998.
Farinelli. Ein Singspiel. o.O. 1998 [Privatdruck].
Wer am besten redet, ist der reinste Mensch. Über Fontane. Weimar 2000.
Der Teufel lebt nicht mehr, mein Herr! Erdachte Monologe – imaginäre Gespräche. Stuttgart 2001.
Pathos und Präszision. Texte zur Theologie. Mit einer Einführung von Friedrich Schorlemmer. Stuttgart 2002.
[Textsammlung] Die Friedensfrau. Ein Lesebuch. Hg. Klaus Pankow. Leipzig 1992.
[zusammen mit Inge Jens] Vergangenheit – gegenwärtig. Biographische Skizzen. Stuttgart 1994
[zusammen mit Hans Küng] Menschenwürdig sterben. Ein Plädoyer für Selbstverantwortung. München/Zürich 1995.
[zusammen mit Inge Jens] Frau Thomas Mann. Das Leben der Katharina Pringsheim. Reinbek bei Hamburg 2003.
[zusammen mit Inge Jens] Katias Mutter. Das außerordentliche Leben der Hedwig Pringsheim. Reinbek bei Hamburg 2005.
[zusammen mit Inge Jens] Auf der Suche nach dem verlorenen Sohn. Die Südamerika-Reise der Hedwig Pringsheim 1907/1908. Reinbek bei Hamburg 2006

2. Übersetzungen/Übertragungen

Am Anfang: Das Wort. Das Johannes-Evangelium. Stuttgart 1993.
Die Evangelien. Matthäus, Markus, Lukas, Johannes. Stuttgart. 1998.
Der Römerbrief. Stuttgart 2000.
Psalm 104. Kassel 2007.

3. Artikel

Lobrede auf mein Hamburg. In: Radius-Almanach 1992/93. 5-11.
Über Boreslaw Barlog. Eine Rede auf Sylt, Herbst 1993. In: Radius-Almanach 1993/94. 5-11.
Deutschsein in Europa. In: Das Plateau Nr. 25 (1994). 4-17.
Ein doppelgesichtiges Städtchen. Nachdenken über Bayreuth. In: Ingo Toussaint (Hg.): Reisen nach Bayreuth. Berichte aus acht Jahrhunderten. Mit einem Brief von Agostino Sunti und der Festrede von Walter Jens. Hildesheim/Zürich/New York 1994. 380-401.
„Zu Hause im Emmental und unter den Sternen". Gedenkrede im Berner Münster am 11. Januar 1991. In: Ulrich Weber/Anna von Planta: Friedrich Dürrenmatt. Schriftsteller und Maler. Bern 1994. 262-267.
Christian Thomasius: „Disputire um Dathuung der Irrthümer willen". In: Vera Hauschild (Hg.): Die großen Leipziger. 26 Annäherungen. Frankfurt am Main 1996. 66-76.
„Wissen Sie, Jens, Rhetorik ist alles". Erinnerungen an einen Anfang.

In: Joachim Knape (Hg.): 500 Jahre Tübinger Rhetorik, 30 Jahre Rhetorisches Seminar. Tübingen 1997. 66-76.
Kunstfertig – Moralisch – Beharrlich. Karl-Georg Hirsch zum 60. Geburtstag. Radius-Almanach 1998/99. 5-12.
„Das Griechische klang, wie ein Stern in der Nacht erscheint". Goethes Vision der Antike. In: Radius-Almanach 1999/00. 5-17
„Ich brauche einen Dichter!" – „Erst die Musik, und dann die Worte". Richard Strauss und Stefan Zweig. In: Das Plateau Nr. 61 (2000). 6-21.
Über die Akademie. In: 50 Jahre spannungsvolle Harmonie – 50 Jahre Freie Akademie der Künste [Schriften der Freien Akademie der Künste in Hamburg; Dokumentation der Festveranstaltung am 6. Juni 2000]. Hamburg 2000. 16-21.
Multum non multa. Über Wieland Förster. Eine Rede zum 70. Geburtstag. In: Radius-Almanach 2000/01. 5-11.
Chirurgie im Spiegel der Literatur. In: Deutsche Gesellschaft für Chirurgie – Mitteilungen. 5/2001. 357-360.
Die Geburt der Tragödie aus dem Geiste der Musik, zeitgemäße Betrachtungen in Sachen ‚Nietzsche und das attische Drama'. In: Romanische Zeitschrift für Literaturgeschichte 26 (2001). 1-12.
„In einem Garten ging die Welt verloren, in einem Garten wurde sie erlöst." Das Motiv des Gartens in der Literatur. In: Das Plateau Nr. 66 (2001). 40-47.
Nachdenken über einen Europäer. Augsburger Rede auf Stefan Zweig. In: Literatur in Bayern 63/2001. 2-9.
Richard Brinkmann zum 80. Geburtstag. In: Jürgen Brummack (Hg.): Richard Brinkmann zum 80. Geburtstag. Tübingen 2001. 23-32.
Glückselig Suevien. Dem Lindenhof zu Ehren. In: Radius-Almanach 2001/02. 74-82.
Nachdenken über Antigone. In: Gisela Greve (Hg.): Sophokles. Antigone. Tübingen 2002. 9-24.
Über Hans Mayer. In: Sinn und Form 54/2002. 123-125.
An eine Regierungspartei. Rede auf dem Neujahrsempfang 2002 der PDS. In: Radius-Almanach 2002/03. 9-16.
Der Untergang. Nach den *Troerinnen* des Euripides. In: WalterJens/Bernd Seidensticker (Hg.): Ferne und Nähe der Antike. Beiträge zu den Künsten und Wissenschaften der Moderne. Berlin u.a. 2003. 237-260.
Luthers Tischreden. In: Luthers Tischreden. Zusammengestellt von Jürgen Henkys. Mit Reproduktionen nach Punzenstichen von Hermann Naumann. Leipzig 2003. 7-16.
Wort und Doppelwort. In: Wolfgang Erk/Dirk Evers (Hg.): Für Eberhard Jüngel. Eine Festgabe. Stuttgart 2004. 46-47.
Ein Meister des Unterstapelns. Theodor Fontane: Summa Summarum. In: Marcel Reich-Ranicki (Hg.): Frankfurter Anthologie. Gedichte und Interpretationen. 28. Band. Frankfurt am Main 2005. 85-88.
[zusammen mit Inge Jens] „Bücher frei von Blut und Schande". Eine literarische Debatte aus den vierziger Jahren im Hinblick auf die ‚Weiße

Rose‘ weitergedacht. In: Michael Kißener/Bernhard Schäfer (Hg.): „Weitergetragen“. Studien zur „Weißen Rose“. Festschrift für Anneliese Knoop-Graf zum 80. Geburtstag. Konstanz 2001. 45-54.

4. Aufnahmen

[MC] Heinrich Schütz: Matthäus-Passion. Mit Zwischentexten von Walter Jens. 1997 [vocal-concertisten. Leitung: Kristian Commichau].
[CD] Wolfgang Amadeus Mozart: Requiem, Kyrie in d-Moll. Henry Purcell: Funeral Music of Queen Mary. Mit Zwischentexten von Walter Jens. 1998 [vocal-concertisten. Leitung: Kristian Commichau].
[CD] Joseph Haydn: Die sieben letzten Worte unseres Erlösers am Kreuze. Mit Zwischentexten von Walter Jens. 1997 [Bayerische Kammerphilharmonie. Leitung: Alan Buribayev].
[CD] Joseph Haydn: Die sieben Worte Jesu Christi. op. 51 Hob. III: 50-56 mit Texten von Walter Jens. 1999 [Auryn Quartett].

5. Aufführungen

Der Fall Ödipus. Uraufführung: Städtische Bühnen Münster, 5. Mai 1993. Regie: Carsten Bodinus.
Friedrich der Große und Ödipus Rex. Uraufführung: Potsdam, 21. Juli 1994. Regie: Peter Kuiper.

6. Interviews

Ein Weg aus der Depression. In: Psychotherapie im Dialog 4 (2001). 519-526.

III. Arbeiten über Walter Jens

1. Autobiographisches:

Freiburg im Krieg, in: Ortsbeschreibung. Autoren sehen Freiburg, hrsg. v. D. Kayser, Freiburg/Br. 1980, S. 9-13.
Mein Lehrer Ernst Fritz, in: Frankfurter Allgemeine Zeitung vom 15. August 1981. Wieder abgedruckt in: Meine Schulzeit im Dritten Reich. Erinnerungen deutscher Schriftsteller, hrsg. v. M. Reich-Ranicki, Köln 1982, erw. TB-Ausgabe München 1992, S. 99-108.
Lobrede auf mein Hamburg, in: Radius-Almanach 1992/93, Stuttgart 1992, S. 5-11.
Vergangenheit – gegenwärtig. Biographische Skizzen, Stuttgart 1994, S. 51-86.
Freiburg im Krieg – Memento. Zur Erinnerung an den 27. November 1944, in: W. Jens, Macht der Erinnerung. Betrachtungen eines deutschen Europäers, Düsseldorf – Zürich 1997, S. 100-128.

2. Zur Werk- und Wirkungsgeschichte:

Walter Jens. Eine Einführung (mit Beiträgen von G. Just, W. Weber, R. Lalou, H.-J. Baden, M. Reich-Ranicki, H. Mayer), München 1965.

H. Kraft, Das literarische Werk von Walter Jens, Tübingen-Bebenhausen 1975.
M. Lauffs, Walter Jens, München 1980 (Autorenbücher 20).
W. Barner – M. Gregor-Dellin – P. Härtling – E. Schmalzriedt (Hrsg.), Literatur in der Demokratie. Für Walter Jens zum 60. Geburtstag, München 1983.
Festgabe für Walter Jens. 111 Grußadressen in Handschriften, Typoskripten und Zeichnungen zum 65. Geburtstag, eingel. und hrsg. v. K. Marti, Stuttgart 1988.
W. Hinck, Walter Jens. Un homme de lettres. Zum 70. Geburtstag, München 1993.
D. Marciniak, Die Diktion des poeta doctus. Zur Essayistik und Rhetorik von Walter Jens, Hamburg 2000.
K.-J. Kuschel, Walter Jens: Literat und Prostestant, Düsseldorf 2003.

3. Beiträge zum Werk:

K. Scharf, Christen und die Frage der Nation, in: Literatur in der Demokratie. Für Walter Jens zum 60. Geburtstag, hrsg. v. W. Barner u.a., München 1983, S. 187-197.
H. Albertz, Was wirkt das Wort?, in: Literatur in der Demokratie. Für Walter Jens zum 60. Geburtstag, hrsg. v. W. Barner u.a., München 1983, S. 85-88.
N. Greinacher, Aufklärer mit Herz. Assoziationen zu Johann Peter Hebel und Walter Jens, in: Literatur in der Demokratie. Für Walter Jens zum 60. Geburtstag, hrsg. v. W. Barner u.a., München 1983, S. 315-321.
E. Jüngel, Am Anfang: Er. Hinweis auf eine geglückte Übersetzung, in: Evangelische Kommentare 12(1979), S. 284f.
C. Paschek, Walter Jens. Begleitheft zur Ausstellung der Stadt- und Universitätsbibliothek Frankfurt am Main 24. Juni - 31. Juli 1992.
Dossier: Für Walter Jens. In: Galerie. Revue Culturelle et Pédagogique 15 (1997). 354-390
Dank an Walter Jens. Reden beim Abschiedsfest für den Präsidenten der Akademie der Künste (Berlin, 25. Mai 1997), Berlin 1998. (Anmerkungen zur Zeit Nr. 34).
Verleihung der Bruno Snell-Plakette an Walter Jens, Hamburg 1998 (Hamburger Universitätsreden Nr. 58).
K.-J. Kuschel, Jesus in der deutschsprachigen Gegenwartsliteratur. Mit einem Vorwort von Walter Jens, Zürich – Gütersloh 1978, S. 212-227; ders., Jesus im Spiegel der Weltliteratur. Eine Jahrhundertbilanz in Texten und Einführunge, Düsseldorf 1999, S. 162-281 (zu »Der Fall Judas«).
W. Ludwig, Literatur und Geschichte – Ortwin Gratius, die ›Dunkelmännerbriefe‹ und ›Das Testament des Philipp Melanchthon‹ von Walter Jens. In: Mittellateinisches Jahrbuch 34 (1999), S. 125-167.
V. Geng – A. Grabenstein, Walter Jens auf der Kanzel. Eine Ausstellung der Stadtbücherei Stuttgart in der Zentralbücherei im Wilhelms-Palais. Begleitheft, Stuttgart 1999.

K. von Oppen, „Man muß jetzt laut schreien, um gehört zu werden." Stefan Heym, Walter Jens, Helga Königsdorf – an intellectual opposition. In: C. A. Costabile-Heming (Hg.): Textual responses to German unification. Processing historical and social change in literature and film. Berlin u.a. 2001, S. 109-129.

B. Seidensticker, Aufbruch zu neuen Ufern. Tranformationen der Odysseusgestalt in der literarischen Moderne. In: Ders./M. Vöhler (Hg.): Urgeschichte der Moderne. Die Antike im 20. Jahrhundert. Stuttgart 2001, S. 249-270.

F. Schorlemmer, Er hört das Sprudeln der Quellen. Walter Jens als protestantischer Hermeneut. Eine Einführung, in: W. Jens, Pathos und Präzision. Acht Texte zur Theologie, Stuttgart 2002, S. 9-29.

B. Seidensticker, „Die Götter sind sterblich". Walter Jens und die Antike. In: Ders./M. Vöhler (Hg.): Mythen in nachmythischer Zeit. Berlin u.a. 2002, S. 186-207.

A. Jhala, Die poetologische Rekursivität des Mythos. Die „Troerinnen" des Euripides und ihre Bearbeitungen in der Literatur des 20. Jahrhunderts. Dargestellt anhand der Adaptionen von Franz Werfel, Jean-Paul Sartre und Walter Jens. Wien 2003.

D. T. Seger, Walter Jens. In: Internationales Germanistenlexikon 1800–1950. Hg. Ch. König. Berlin u.a. 2003. Bd. 2, S. 847-849.

H.-G. Kemper, „Der Mann der nicht alt werden wollte". Walter Jens' Rekonstruktion der Herkunft eines Germanisten aus F. In: B. Thums (Hg.): Herkünfte. Historisch – ästhetisch – kulturell. Beiträge aus Anlaß des 60. Geburtstags von Bernhard Greiner. Heidelberg 2004, S. 281-311.

4. Filme

A. Ammer, Walter Jens – der gute Mensch von Tübingen. Produktion des Fernsehsenders Arte. Erstsendung: 25. März 2006.

5. Archivalisches

Akademie der Künste Berlin-Brandenburg. Walter Jens-Archiv (eingerichtet 1997).

6. Preise

2002: Deutscher Predigtpreis.
2003: Corine. Internationaler Buchpreis (mit Inge Jens).

7. Ehrendoktorate

2005: Dr. h.c. Universität Hamburg (Evangelisch-Theologische Fakultät).

IV. Thematisch relevante Publikationen von Karl-Josef Kuschel

Jesus in der deutschsprachigen Gegenwartsliteratur. Mit einem Vorwort von Walter Jens, Zürich–Gütersloh Benziger – Gütersloher Verlagshaus Gerd Mohn 1978, TB- Ausgabe München 1987 (Serie Piper 627).

Im Spiegel der Dichter. Mensch, Gott und Jesus in der Literatur des 20. Jahrhunderts, Düsseldorf (Patmos Verlag) 1997 (auch in englischer Ausgabe).

Vom Streit zum Wettstreit der Religionen. Lessing und die Herausforderung des Islam, Düsseldorf (Patmos Verlag) 1998.

Jesus im Spiegel der Weltliteratur. Eine Jahrhundertbilanz in Texten und Einführungen, Düsseldorf (Patmos Verlag) 1999.

Gottes grausamer Spaß? Heinrich Heines Leben mit der Katastrophe, Düsseldorf (Patmos Verlag) 2002.

„Jud, Christ und Muselmann – vereinigt?" Lessings „Nathan der Weise", Düsseldorf 2003.

Das Weihnachten der Dichter. Große Texte von Thomas Mann bis Reiner Kunze, Düsseldorf 2004.

Weihnachten bei Thomas Mann, Düsseldorf 2006.

„Gott liebt es, sich zu verstecken": Literarische Skizzen von Lessing bis Muschg, Ostfildern 2007.